乡村振兴背景下
农民合作社绩效研究

秦德智　邵慧敏　著

科 学 出 版 社
北 京

内 容 简 介

　　改善民生，振兴乡村，实现共同富裕，是全党全国各族人民始终不渝的奋斗目标。农民合作社作为农村发展的重要经济载体，其益贫性在巩固农村脱贫攻坚成果方面具有不可忽视的作用，这使其能够成为乡村振兴的理想载体。本书从合作社成员、合作社振兴项目、合作社自身建设及合作社政策等四个层面综合剖析了合作社助力乡村振兴的作用机理，从微观到宏观层面系统探究了影响农民合作社绩效的因素，构建了农民合作社绩效研究的系统性框架，为乡村振兴和合作社绩效研究提供了综合性视角。

　　本书以期为农村地区的干部群众及关注"三农"问题的人们，提供一点帮助与启发，同时可供农业经济管理、乡村振兴等研究院所的学者参考。

图书在版编目（CIP）数据

乡村振兴背景下农民合作社绩效研究/秦德智，邵慧敏著. —北京：科学出版社，2023.4

ISBN 978-7-03-070949-3

Ⅰ. ①乡…　Ⅱ. ①秦…　②邵…　Ⅲ. ①农业合作社-经济绩效-研究-中国　Ⅳ. ①F321.42

中国版本图书馆 CIP 数据核字（2021）第 260363 号

责任编辑：李　嘉 / 责任校对：贾娜娜
责任印制：张　伟 / 封面设计：有道设计

科学出版社出版
北京东黄城根北街 16 号
邮政编码：100717
http://www.sciencep.com

北京华宇信诺印刷有限公司印刷
科学出版社发行　各地新华书店经销

*

2023 年 4 月第 一 版　开本：720×1000　1/16
2024 年 1 月第二次印刷　印张：12 1/4
字数：246 000

定价：**138.00 元**
（如有印装质量问题，我社负责调换）

前　言

笔者于 2018 年获批国家自然科学基金项目"农民合作社内部信任及其对绩效的影响研究"（71763032），为完成项目任务，课题组于 2018 年初开始收集农民合作社内部信任、治理机制和绩效的相关文献，并设计问卷，先在昆明市禄劝彝族苗族自治县云龙乡进行了预调研，然后相继对建水县、澜沧县、禄劝彝族苗族自治县、昌宁县、梁河县部分农民合作社进行了实际调研。基于此，课题组开始撰写本书中的农民合作社绩效相关内容。然后笔者于 2020 年获批国家自然科学基金项目"农民合作社异质性与反贫困绩效研究"（72063036），同时考虑到 2020 年中国脱贫攻坚战的打赢，近几年我们要面临巩固拓展脱贫攻坚成果同乡村振兴有效衔接的任务，课题组决定在乡村振兴背景下研究农民合作社绩效问题，为乡村振兴和合作社绩效研究提供综合性视角。

农民合作社是广大农民群众在家庭承包经营基础上自愿联合、民主管理的互助性经济组织。党的十九大以来，农民合作社等新型农业经营主体作为乡村振兴的内生力量和有效载体被赋予新的历史使命，具体可通过优质优价、就地加工等提升农业经营综合效益，增加成员家庭经营收入；可通过促进劳动力转移就业，提高农民工资性收入；可通过引导成员多种形式出资获取分红，增加农民财产性收入。由此可见农民合作社对乡村振兴、带领农民增收致富具有不可替代的重要作用。农民合作社在乡村振兴中发挥的作用逐渐外显，已受到各界的肯定，但相关农民合作社绩效的研究较少。为此，课题组在已有研究成果及调研的基础上，采用交易成本、政策协调、利益相关者等理论对合作社绩效问题进行研究。其主要研究内容如下。

第一，剖析了农民合作社可持续发展机理。结合我国乡村振兴背景从农民合作社可持续发展的结构、功能两个方面明晰了其助力乡村振兴的作用机制。同时，在梳理农民合作社可持续发展和绩效研究成果的基础上，分析了农民合作社的可持续发展作用机理，提出了农民合作社绩效的构成维度。

第二，厘清了农民合作社助力乡村振兴模式。通过对合作社助力乡村振兴典型案例进行分析，得出了农民合作社助力乡村振兴的主要模式。同时，通过对其他地区合作社助力乡村振兴案例的分析，得出三种云南省合作社可借鉴的模式。考虑到合作社助力乡村振兴模式有多种，要因地制宜地做好模式选择，为此，根据目前云南省的具体形势给出了三种助力乡村振兴模式选择的方法。

第三，明晰了农民合作社绩效。基于农民合作社可持续发展机理分析，结合云南省农民合作社的发展状况和存在问题，将农民合作社绩效分为收入绩效、能力绩效和权利绩效，运用层次分析法确定合作社绩效各指标的权重，最后选取了10个样本合作社，评估其绩效。

第四，探讨了脱贫攻坚完成后基于农民合作社的振兴项目是否可持续、农民合作社是否适合发展农村电商等亟须解决的问题。基于我国农民合作社助力乡村振兴中存在问题的研判及国外农民合作社助力乡村振兴实践剖析，课题组在已有研究成果基础上采用问卷调查、因子分析等研究方法剖析了农民合作社振兴项目可持续性评价维度，构建了评价指标体系，并进行了可持续性实证分析。此外，具体分析了农民合作社促进乡村振兴的具体机理及现实实践，探索了农民合作社发展农村电商的优势及必要性。

第五，基于政策协调视角探索了促进农民合作社发展的路径。以云南省现行有效的农民合作社发展政策群为研究对象，构建了"政策部门—工具—目标"三维度协调性分析框架。

课题组采用案例分析、问卷调查、半结构访谈等方法，对云南省部分农民合作社进行了调查研究，搜集了社员与合作社管理者的相关数据，并对样本数据进行了整理与统计，得出以下结论。

（1）农民合作社分别从提高社员收入、能力及权利三个方面助力乡村振兴。在农民合作社可持续发展机理分析的基础上，结合农民合作社助力乡村振兴的具体实践，认为农民合作社绩效主要包括收入绩效、能力绩效和权利绩效三个维度。

（2）农民合作社能够开展多样化助力乡村振兴模式。农民合作社助力乡村振兴的典型模式有产业振兴模式、劳务振兴模式、能人带动模式及社会帮扶模式。同时，通过对其他地区合作社助力乡村振兴案例的分析，得出三种可借鉴的模式，即互助合作社助力乡村振兴模式、乡村旅游合作社助力乡村振兴模式及整村推进助力乡村振兴模式。

（3）不同的农民合作社具有不同的绩效优势。在乡村振兴背景下，具有示范级别的合作社绩效较高；由村支书牵头的合作社，社员权利享有比较充分；与高校和农科院合作的合作社绩效较高。

（4）农民合作社助力乡村振兴存在诸多共性问题。这些共性问题包括农民合作社助力乡村振兴功能尚没有完全发挥出来，农民合作社参与乡村振兴的可持续发展能力不足，乡村振兴资金使用不规范、监管不到位，存在农民合作社空壳化问题；内生型农民合作社的主要问题有农户融资和还款难度大、组织管理机构不健全，无法保障普通社员利益；外生型农民合作社的主要问题有存在不规范运营、发展过度依赖政府和基层干部。

（5）国内农民合作社促进乡村振兴机理发现农民合作社发展可以改善农民生计资本，国外农民合作社促进乡村振兴实践发现农民合作社地位的确认、自身建设的加强及外部环境的营造有助于其助力乡村振兴功能的发挥。

（6）四大影响因素对农民合作社振兴项目可持续性具有显著影响。实证发现，可持续评价体系的四个公因子即市场因子、激励因子、信息技术因子及政策因子均有较大提升空间，信息技术因子差的合作社其振兴项目可持续性综合得分相对较差。

（7）农民合作社发展农村电商研究发现，利用规模经济、交易成本、利益机制和要素流动等基础理论可以解释农民合作社发展农村电商的具体机理，因此农村电商推动生产要素集聚可以实现合作社向联合社的升级，促进交易成本向管理成本转化可以实现成本缩减，完善利益联结机制可以实现农民增收，带动农村消费可以实现城乡要素双向流动。

（8）通过对农民合作社发展政策的多维度实证分析发现政策群存在五个方面的协调障碍。一是政策群整体连续性较好，但稳定性不足；二是农民合作社政策纵向协调不够；三是多部门政策的横向协调不足；四是重视社会效益目标而轻视合作社自身发展质量；五是供给侧和环境侧政策工具应用较多，而需求侧政策工具应用严重不足。

本书的创新点在于：①研究从合作社成员、合作社扶持项目、合作社自身建设及合作社政策等四个层面综合剖析了合作社可持续发展作用机理，从微观到宏观层面系统探究了影响农民合作社绩效的因素，构建了农民合作社绩效研究的系统性框架，为合作社助力乡村振兴研究提供了综合性视角。②厘清了农民合作社的可持续发展机理，扩展了农民合作社绩效评价的内容。评价内容不再局限于组织的经济效益评价，更加注重个人与社会的效益评价，为合作社绩效的量化研究提供了新的理论指引。

研究结果可丰富乡村振兴的研究内容，进一步充实合作社可持续性发展的理论内涵，为乡村振兴的实践奠定理论基础。同时，研究结论既有助于规范农民合作社发展和质量提升，加强示范引领，不断增强合作社经济实力、发展活力和带动能力，又能充分发挥其服务农民、帮助农民、提高农民、富裕农民的功能作用，为推进乡村全面振兴、加快推进农业农村现代化提供有力支撑。

秦德智

邵慧敏

2022 年 9 月

目　　录

第一章　农民合作社与乡村振兴

第一节　农民合作社

农民合作社是市场经济条件下发展适度规模经营、发展现代农业的有效组织，有利于提高农业科技水平、农民科技文化素质和农业综合效益。

一、农民合作社内涵界定

依据合作社的概念和原则，我们可从该组织是不是经济实体、社员是不是独立的生产者、所有者和惠顾者身份是否同一、该组织是否谋求社员利益最大化四个方面判定一个组织是不是合作社。关于中国各类农民组织的识别与判定见图 1-1。

考虑到随着城镇化的快速推进和农村劳动力的大量转移，农业规模化经营快速发展，农民对合作的内容、层次和形式的需求呈现出多样化的态势；同时，农民对合作社提供服务的需求也日益多元，不再局限于同类农产品或者同类农业生产的经营服务范围，故本书将从事专业合作、股份合作、信任合作、劳务合作等各种类型的合作社统称为农民合作社。这一称呼也符合党中央多次提出的发展农民合作社的要求。

二、农民合作社性质

农民合作社是我国特殊背景下的产物，国外没有和它完全匹配的合作社组织。不过，国外合作社的内涵仍然是合作社，因此，国外对其性质的界定可对国内研究起到借鉴作用。西方学者对合作社性质的界定主要集中在以下三种：企业、契约集体、追求效用最大化的亚群体联盟。我国学界针对合作社的性质主要形成

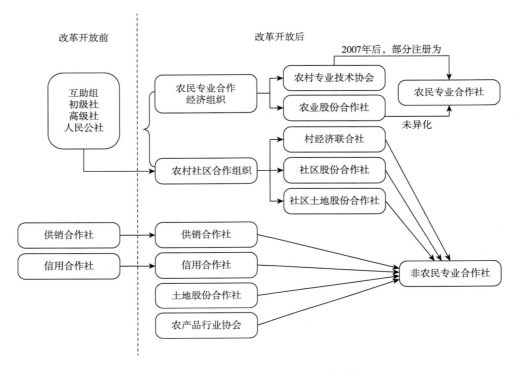

图 1-1　中国各类农民组织的识别与判定

了集体经济组织学说[1, 2]、企业说[3, 4]、法人说和法律地位多元说[5, 6]。国内大部分学者的观点是把合作社看作法人性质，不过他们所确定的法人类型有一定的差异，有社团法人说[7, 8]、非营利法人说[9]、合作社法人说[10]、特殊法人说[11]和营利法人说[12]等。

　　近年来，众多学者开始关注合作社的性质问题，将其作为研究的重点，主要分析合作社与其他组织到底存在怎样的差异，但是目前对合作社的性质界定仍然没有达成统一共识，研究尚处于探索阶段。鉴于合作社的法人性质、合作社与公司等一般企业法人存在差异及中国本土特色，本书将农民合作社定性为特殊的企业法人，即政府扶持的自治自律互助式农业企业法人。农民合作社自治自律并非没有界限，它必须在农民合作社法律划定的框架内进行。为充分保障合作社的自治性质，农民合作社治理应主要由合作社自主决定，法律并不干预合作社治理中的具体活动，但法律在其中具有重要作用，如提高信息披露水平、保持合作社社员谈判的可能性和约束他们之间不守信用的行为。

三、农民合作社组织特质

（一）农民合作社发展的时代特征

为了能更好地总结合作社发展的时代特征，本书将合作社与人民公社进行对比分析。①二者在组织性质上有着本质的区别。人民公社是政社合一的组织，是20世纪50年代那个特定历史阶段我国社会主义社会和社会主义政权在农村中的基层单位，具有经济、政治、社会和文化等多方面的职能；按照《中华人民共和国农民专业合作社法》（简称《农民专业合作社法》）的规定，合作社则是一个由农产品的生产经营者或者农业生产经营服务的提供者、利用者民主管理的互助性经济组织。②在人民公社时期，土地归集体所有，并主要体现为归生产队所有；合作社则建立在土地集体所有、农户以家庭为单位承包经营的基础上。③人民公社内嵌于村落之中，实现了革命与传统的有机衔接；合作社内嵌于村落或超越于村落之上，受村落传统与村落文化的影响。④在人民公社时期，社员被强制纳入集体之中，没有自主选择权和自由退出权；在合作社的发展中，社员可以自愿加入、自由退出。⑤在人民公社时期，农民被束缚在土地之上，农业经营内卷化现象严重；农民合作社快速发展则建立在大量农村劳动力外流、农业从业者人员不足的基础上，反而有利于增加就业机会，提升劳务从业者的就业质量，培养职业农民。除此之外，二者在养老、医疗等保障制度方面也存在一定的区别。比如，在人民公社时期，农村实行普通社员家庭养老与特殊群体集体养老服务保障制度，而在医疗方面实行的是合作医疗保障制度，社员看病主要依靠赤脚医生；现阶段，随着新型农村合作医疗的发展，合作社较少介入社员养老和医疗等社会保障事业。

（二）农民合作社发展的本土特质

关于农民合作社的发展方向，应当借鉴日本、韩国等东亚国家的发展经验。通过对日本、韩国的综合农协模式进行简单的介绍和比较分析，从中总结、归纳当前中国农民合作社发展的本土特质。

①中国农民合作社多遵循自下而上的发展模式，层级架构仍需改善。日韩农协遵循的都是自上而下的发展逻辑，政府在组织的诞生与发展中发挥主导性作用，是合作组织与合作制度创新及变迁的基本推动力量。与之相比，在自下而上模式中，中国政府部门对合作社的建设多是起到了间接的扶持作用，具体效果相对有限。②从经营的角度讲，中国农民合作社涉及的业务比较少，盈利能力不

强。日韩农协的经营业务繁多，涉及农业生产经营链条的多个环节，均为综合性合作经济组织。③中国农民合作社的成员以农民为主体。每个成员无身份差异均享同等的合作权利。日韩农协都积极吸纳非农民社员加入组织，但对他们的合作权利予以严格的限制。④中国农民合作社的法律定位是一种互助性经济组织，具有显著的经济功能和价值，社会作用较为缺乏。但日韩农协秉持经济与社会不分家的原则，经营业务涉及农民生产、生活的各个方面，为社员提供的是全方位的服务，他们通过开展各项经济业务获得利润，并以此为组织社会功能的发展提供经济支撑，从而实现经济功能、社会功能，以及文化教育等功能在组织内部的互补。

（三）公司与农民合作社治理机制比较分析

一直以来，我国农民合作社的组织结构设计与实施都受到公司治理的影响，两者虽然有很多相似之处，但也有着本质的区别[13]，见表1-1。

表1-1　农民合作社与公司治理机制区别

治理机制区别	农民合作社	公司
性质	人合法人	资合法人
成立目的	直接目的是社员之间的互助，根本目的是提高社员的福利，目的是为社员服务	通过盈利来实现股东资本的增值
权利基础	社员的劳动	出资
组织结构复杂程度	相对简单	相对复杂
享受的优惠条件	政府扶持力度较大	除特殊产业的公司外，必须按照法律的规定缴纳税款，国家除了提供一个公平竞争和平等有序的市场环境外，在政策上并未给予公司以特殊的扶持
表决权	一人一票，不以社员的出资多少对社员给予不同的表决权	资本多数权，按出资比例或股份取得
服务对象	社员	消费者
退出机制	自由退出	公司法一般不允许股东在公司成立之后抽回出资，股东只能向第三人转让其所持有的公司股份
权利能否转让	社会权利不能转让，成员缴纳的入社股金，也不可转让	股东权利拥有的股权可以自由流通
盈余分配	惠顾返还	提取公积金、留存收益用于扩大再生产

四、农户加入农民合作社的根本动机

在西方经济学领域，现代企业理论是非间接性地探究组织的构成机制的始端。

在西方现代企业理论中，一直是以科斯首创的交易费用理论为主流，交易费用解释企业组织的形成问题，等于是对企业存在合理性的解释。市场与经济组织能够相互融通，双方都将协调方式作为根本内容的机制设定，市场能够被经济组织替代，是由于能够节约交易的耗费。

科斯在对企业存在的合理性进行解释时，将其当成众多基于劳资关系而制定的合约，其主要观点就是市场资源配置离不开物资的投入[14]。单一协约能够代替众多协约，长久协约能够代替较短时期的协约，这就是企业存在的原因，最终致使协约的数目下降。科斯借用交易费用理论阐释了企业产生的原因。1957年，威廉姆森探究了决定交易耗费的因子，这些因子包含有限理性、机会主义、环境不确定或复杂性、小数目交易、信息不对称性。因此，威廉姆森所谈及的情况深受环境因素及人的因素的影响，并且这些因素常常是同一时间发挥效用（图1-2）。交易费用理念的协约代替，减少了商品流通环节的耗费。

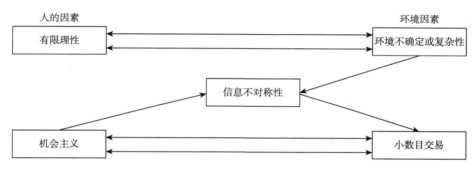

图 1-2　交易费用的影响因素

如图 1-3 和图 1-4 所示，分别反映了农户直接进入市场的交易费用的剩余情况和农户通过农民合作社进入市场的交易费用的剩余情况。假设 SS 为产品供给者的供给曲线（即供给者的边际成本曲线 MC_1），MR_1 为产品供给者的边际收益曲线；DD 为农户对产品的需求曲线（即农户的边际收益曲线 MR_2）；MC_2 为农户获取产品的边际成本。在完全竞争市场中，市场均衡点为 SS 与 DD 的交点 E_0，均衡价格为 P_0，产品供给者的生产者剩余 PS_0 和农户的消费者剩余 CS_0 分别为 $\triangle P_0E_0A$ 的面积、$\triangle P_0E_0B$ 的面积。然而在实际交易过程中，由于单个农户往往处于不利的谈判地位，成为被动的价格接受者，市场均衡点为 MC_1 与 MR_1 的交点 E_1，价格为 P_1。在这种情况下，产品供给者的生产者剩余 PS_1 和农户的消费者剩余 CS_1 分别为 $\triangle P_1FA$ 的面积和 $\triangle P_1CB$ 的面积。

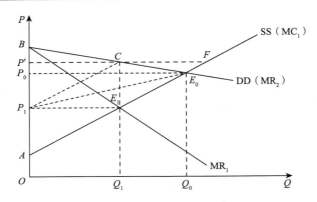

图 1-3 农户直接进入市场的交易费用剩余情况

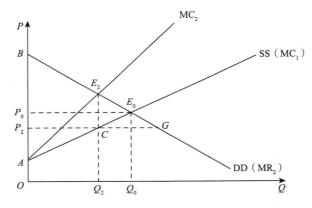

图 1-4 农户通过农民合作社进入市场的交易费用剩余情况

如图 1-3 所示，农户的消费者剩余减少了 P_0E_0CP' 这块梯形的面积，这部分剩余被农户直接进入市场所承担的市场交易费用所消耗了。当农户通过合作社进入市场时，不直接与供给者接触，而是由合作社以一个团体的身份——供给者进行交易，其谈判能力比单个农户显著增强。当农民合作社的实力与供给者的实力相当时，市场均衡点为 SS 和 DD 的交点 E_0，均衡价格为 P_0，农户的消费者剩余与完全竞争情形下的消费者剩余相等，分别为 PS_0 和 CS_0；当农民合作社的实力较强时，农户在谈判中处于优势地位，将迫使供给者接受自己的条件，以达到利润最大化，即 $MR_2=MC_2$，市场均衡点为 E_2（图 1-4），这时供给者的生产者剩余 PS_2 和农户的消费者剩余 CS_2 分别为 $\triangle P_2GB$ 的面积、$\triangle P_2CA$ 的面积。农户凭借合作社的整体优势，使消费者剩余增加了梯形 $P_0E_0GP_2$ 的面积，其中面积 $P_0E_0CP_2$ 为供给者本应拥有的一部分生产者剩余。当农民合作社的实力较弱时，处于谈判劣势地位，情形与农户直接进入市场相类似，但由于合作社的总体实力大于单个农户，消费者剩余的损失将小于农户单个进入市场的损失量。因此，农户通过农民合作社进入市场会大大降低交易费用，增加收益率。

五、农民合作社振兴乡村功能

农民合作社在振兴乡村过程中具有与众不同的优势，一方面，作为市场主体之一的合作社在农业产业化和市场化活动中的延伸及拓展与农村市场化发展需要相适应；另一方面，合作社作为农户利益联结的组织载体，可以更好地反映农户的需求，提高扶持资源响应农户的程度。通过发挥合作社联结作用，增强农户自主发展意识和话语权，形成一种农户资产收益的长效机制，转变产业链中农户的角色与分工，提高农户的自我发展能力。

（一）通过发动农户参与和主导合作社，增强农户自主发展意识和话语权

1. 鼓励农户参与合作社，组织和带动农村人口

农民合作社通过组织、服务农民"抱团"参与市场竞争，在建设现代农业、推动乡村振兴中发挥了积极作用。2019 年，《关于开展农民合作社规范提升行动的若干意见》中提及要"增强服务带动能力"，明确了农民合作社发展乡村产业、强化服务功能、参与乡村建设、加强利益联结、推进合作与联合等重点任务。因此，政府应鼓励合作社积极吸纳农户入社，并给予有梯度的资金奖励，充分发挥合作社对农户和农村的带动作用。

2. 提高农户对资源和决策的控制权

资源的缺乏、决策权的不足是造成农民不富裕的主要原因，而合作社在乡村治理结构中的核心角色和重要地位决定了该组织在项目资源分配与利用过程中拥有主导权；合作社决策和资源分配主要受自身权力结构和社员结构的影响，因此农户在组织结构中所处的位置、社员的比例都会影响扶持资源的控制和分配。提高农户在关键事项上的话语权及对合作社资源和决策的控制权，使农户的利益得以体现和保护，构建农户充分参与和决策的治理结构，不断增强农户的自主发展意识。

（二）依托合作社平台，形成农户资产收益长效机制

1. 解决农户生产和发展资金短缺难题

部分农户面临生产和发展资金短缺的难题，这是制约落后地区农户发展的关

键问题。从实地调查情况来看，有极个别农户反映缺乏资金发展生产；个别农户买得起便宜的生产物资，但却无足够的资金购买较好的种苗和种畜禽，配备较好的种养条件，导致农副业生产回报少、生产效率低。在合作社产业扶持治理项目中，合作社和村庄是扶持资金的主要使用和分配载体，尤其是合作社主导着项目中"有条件支持合作社发展资金"的使用、分配和管理权。按照项目规定，合作社中承接的"有条件支持合作社发展资金"必须全部股本化，确保农户有优先股，而且要体现对农户的差异化扶持，这种机制安排使农户获得更多的生产和发展资金，通过增加农户资产促进农户在合作社中收入增长幅度的提升；同时，发展资金股本化到农户家庭或个体，避免直接将扶持资金以现金或简单的实物发放方式分配给农户，确保发展资金能真正用于农户的生产发展，解决农户家庭生产发展中的资金短缺难题。

2. 保障农户产权和公平受益机会

产权是合作社制度的核心，决定了合作社的性质和结构。农户通过土地、资金等方式入股合作社以享受到权益，促进合作社产权制度合理运作。在实地调查抽样的合作社中农户参与合作社的主要方式有：免费获得或低价购买生产资料、土地出租获取低租金、土地入股获得股份分红、替合作社生产基地打工获取劳动收入、获得技术指导和培训、通过合作社销售产品等。给合作社注入有利于合作社发展的资金，使农户拥有合作社股份、产权，获得公平分享收益的机会，保障农户的合作收益。

（三）以组织化建设和产业化经营为基础，转变产业链中农户角色与分工，提高农户自我发展能力

1. 提高农户组织化程度

良好的合作社配套条件、农业产业链技术革新、农作物小额保险、专业技术咨询和培训等措施有助于提高农业生产效率，促进合作社共同利益的实现，提高组织化效率；发展资金股份化分配，规范收益分配机制，确保体现对农户的倾斜和优先考虑农户需求，促进农户的可持续获益。合作社项目中通过配套合作社办公用房、办公设备，提供加工、贮藏、销售等产业链延伸服务的配套设施设备，为合作社机构设置和发展优势产业改善硬件基础。通过合作社辅导员的指导，开展合作社管理、运行和销售等技能培训，提供农畜产品小额保险，提高农户参与和互动，改善技能和服务能力，防范生产风险和市场风险，改善合作社组织运行和经济独立，通过合作社与市场、涉农企业合作，促进农业发展和农户增收，从

而通过共同利益的实现提高合作社组织化程度和集体行动能力。

2. 以合作社产业化经营推动农户在产业链中分工角色的转变

农民合作社是引导和组织分散农户进入市场、推动农业产业化经营的重要载体，在激活、延伸和整合农业产业链发展中发挥着重要作用。在以市场为基础的产业振兴中，治理困境主要表现在政府寻租和乡村能人俘获、资源分配不公平、政绩项目和高税收企业获利等方面，究其原因在于缺乏连接政府和农户的中间制度载体。在全国大力发展农民合作社以后，在连接市场和小农家庭之间，合作社提供了有效的沟通平台，在合作社扶持项目中，项目规划致力于在村落发展组织良好和独立自主的农民合作社，能与提供市场渠道的涉农企业平等合作的市场主体。通过合作社配套硬件建设、提升组织管理和运行、提供技术咨询和培训服务等，提升合作社的综合竞争力，帮助农户提高自我发展能力，政府汇集产业发展专家、公私企业和企业家、行业中介、相关产业协会等市场和社会力量组成技术咨询小组，为合作社发展把脉，为投资项目和规划把关，为合作社产业发展提供实时咨询服务。在产业链发展方面，项目不再对产业链条中无关紧要的因素进行扶持，合作社也不再仅仅是简单生产资料的发放平台，而是投入资金全面新建或改造合作社发展所需的加工、仓储、运输和贮藏条件，以合作社为平台，打造生产、加工、物流、市场推广、销售等环节综合发展的全产业链模式，把农产品高附加值留在合作社，使合作社和农户从产业链最底层融入全产业链，通过自身竞争力的提高，转变在产业链中的角色和分工。

3. 提高农户自我发展能力

阿马蒂亚·森将可行能力定义为"一个人选择有理由珍视的生活的实质自由"，即人有可能实现、各种可能的功能性活动的组合。为此，能力恢复和建设成为农民可持续发展的可行选择。国内和国外多个项目都十分注重受益对象的能力建设，但部分项目受制于政府主导思维或项目情境化的限制，一种强调"政府+机构"资源、技术、培训的主导性，帮扶资源呈政府、村委会、农户单向输送，忽略了农户的主观需求和实用性，出现漫灌帮扶、帮扶走过场、技术培训走形式等问题；另一种注重农户的参与和自主，在项目建设期间给农民赋权，创造条件和机会增强农民实现权利的能力，使农民自我管理和发展能力得到提升，但一旦社区建设内容完成、项目组撤离，项目情境不复存在，农民难以学以致用。在合作社产业帮扶项目中，项目对农户自我能力的提升不仅关注农户内力的改善，而且着眼于外力（资源、条件）的整合，构建稳定的内力和外力互动的合作平台。

六、乡村振兴背景下农民合作社存在的问题

（一）农民合作社存在的共性问题

1. 农民合作社助力乡村振兴功能尚没有完全发挥出来

1）农民合作社辐射带动能力仍有提升空间

若要农民合作社取得长久的促进乡村振兴成效，需要持续地提高对农户的带动能力。农民合作社在乡村振兴中应起到的作用是引领小农户衔接现代农业、保障现代农业要素、联结各利益相关主体，以推动乡村产业兴旺、生态宜居、乡风文明、有效治理、生活富裕。但在针对管理者调研的 18 家农民合作社中，仅有 10 家能够依靠自身的运营与盈利带动社员致富、促进乡村振兴，其余的 8 家均存在资金短缺、运营能力不足、对该地区的辐射能力和对农户的带动能力有限等问题。然而针对合作社社员调研的 28 家合作社在进行绩效测算时，其绩效总体上有待提高。农民合作社运营资金主要通过社员投资，而社员人数不能随意增加，因此农户集资受到限制，导致无法形成规模效益，再加上经营方式和水平有限，农民合作社的运营活动多是围绕转卖社员生产的农作物进行经济活动，很少涉及农作物的深层加工和包装，尚未挖掘出农作物的隐藏价值。因此合作社难以形成利润和积累，没有良好的可持续运营机制，不能保障自身持续运营，农户无法依靠合作社创收增收，农村地区也无法通过合作社的辐射功能和带动能力来发展经济，这又影响合作社的绩效。

2）农民合作社内部、外部发展制约乡村振兴成效

①农民合作社内部主体利益分配不均甚至无盈余分配。从针对管理者调研的 18 家合作社盈余分配来看，只有 7 家进行了盈余分配，占比 38.89%。在调研的同时发现，在合作社盈余和利益分配时，会出现盈余分配不均的现象。这种社内盈余分配不均的问题会降低合作社的帮扶成效，也会限制农户和合作社的长远发展。②农民合作社之间无有效联合。一个合作社单打独斗，自身发展受限，其带动成效也不佳，如若可以有效联合，可能会产生更多的效益与盈余，不仅能够壮大合作社自身，还能更好地带动农村人口可持续发展。

2. 农民合作社参与乡村振兴的可持续发展能力不足

①农户缺乏主体意识和合作观念。入社的农户长期进行小农分散生产，文化水平较低，他们缺乏市场营销和经营管理的知识，对合作社的发展没有足够的重视，合作意识淡薄。尤其是存在部分农户担心入社后会损害自身原本不多的钱财

和利益，对农民合作社的性质和作用心存疑虑，甚至不肯入社。农户作为农民合作社的主体，主体与合作社这个载体分离，势必达不到发展经济和有效振兴的目的。②多数农民合作社没有形成良性循环的产业链条。调研发现多家农民合作社因受资金缺乏、主体意识缺失且管理不规范的制约，自身没有能力对主营产品进行有效整合，也就不能扩大规模，深挖现有产业的潜在价值。因此，这样的农民合作社很难实现向产前、产后延伸，从单一的养殖模式向复合型经济增长模式转变并提高产品的经济附加值。农民合作社只从事种植和养殖，农业生产风险高，没有形成产前培训、产中指导、产后加工的良性循环的产业链条，社员增收较难，形不成合作社发展带动广大农村人口发展的良性循环机制。③农民合作社缺少人才。乡村振兴，人才是关键。调研发现，即使在政府扶持、能人带动的合作社中也会出现缺少市场信息、不懂经营管理、不了解乡村振兴政策的现象，农民合作社缺乏专业人才作为"领头羊"管理。政府搭建的专家服务基层平台中的人才虽然对本村专业合作社情况有所了解，但也缺少自觉主动性，没有进行参与和管理合作社，不能很好地成为乡村振兴工作的"参谋长"。

3. 乡村振兴资金使用不规范、监管不到位

调研发现多家农民合作社在收到财政资金后，并未投入合作社集体运营，而是转投其他企业或是农户单独经营。对于接收财政资金后无实际运营、经营不善、资金外挪等现象，相关法律法规并无具体规定，特别是财政资金本金的归属问题也不甚清楚，财政资金规范使用和监管还存在缺陷。

4. 农民合作社存在空壳化现象

自 2007 年《农民专业合作社法》施行以来，我国合作社发展迅速，在助力脱贫攻坚和乡村振兴方面发挥了重要作用，但与此同时，也出现了不少合作社沦为空壳社的问题。为加强合作社规范管理，中央农村工作领导小组办公室、农业农村部、国家市场监督管理总局等印发了《开展农民专业合作社"空壳社"专项清理工作方案》，着重处理农民合作社空壳化问题。课题组在调研过程中，发现云南省存在着空壳农民合作社的现象，空壳农民合作社问题不仅会影响合作社的整体社会形象、社会信誉和健康发展，还会对政府的公信力产生不良影响。产生这一现象的主要原因有：①合作社发起人政策投机。因注册合作社门槛低，工商部门不收费，为了获得政府的项目资金或扶持资金，有部分合作社发起人政策投机进而催生了一些空壳合作社。②部分地方政府政绩考核催生和保留一批空壳社。③涉农经营主体为套取税收优惠，催生一批。④精准帮扶和乡村振兴引发新一轮空壳社。合作社没有运营，便无法持续发展；合作社不能稳定持续发展，便无法发挥应有的助力乡村振兴成效。

（二）不同类型的农民合作社存在的主要问题

1. 内生型农民合作社的主要问题

1）农户面临融资和还款问题

内生型合作社是基于农民内在需要而建立的组织，是农村社会的自主性整合[15]。基于这种自发性，农户有强烈的自我发展意愿，却无经济实力进行大规模投资。由于无法预见经济收入，农民合作社的前期投资一般是由发起农户垫付，等到盈利了，其他成员才愿意出资。一方面，农户缺乏申请贷款的途径，也缺乏足够的资产去抵押，在实际调研中发现部分农户表示没有申请帮扶资金的信息，缺少门路，融资较为困难；另一方面，农户贷款成功后运营合作社，也可能出现因为贷款金额大、还款期限短而畏惧还款的现象。农户融资困难且无力还款会导致合作社运营不稳，农户收入难以为继，阻碍乡村振兴进程。

2）农民合作社组织管理机构不健全

农民合作社的成立一般依靠地缘或成立人员的血缘关系，这种内在关联在一定程度上是合作社的组建和发展的基石[16]，正是由于这样的内部关系，合作社的组建和运营更需要超越内部关联的外部章程和规定，保障合作社的顺利组建和正常运营。在合作社的运营中，这种熟人管理已导致合作社出现章程不规范，出资管理不透明，社员大会、理事会、监事会等机构不设置或是设置不全和具体运作中财务制度、监事制度的不完善等问题[17, 18]，这些问题会严重影响合作社的合理运营和科学管理。相对而言，普通社员处于弱势地位，在合作社的运营管理中，少数核心成员自然地充当了"企业家"的角色，拥有较多的控制权，一人一票的制度也会形同虚设[19]。普通社员仅凭有限的出资额和控制权，其主体地位无法保证，盈余和利益也就不言而喻。

2. 外生型农民合作社的主要问题

外生型农民合作社主要是指农民自办类型以外的合作社，其存在的问题主要有以下几个方面。

1）农民合作社存在不规范运营

①名为合作社，实为公司[20]。按照有关规定，合作社收购本社员的产品，可以免征 11%的增值税，开具发票也可免税。例如，这种依托企业实体而组建的农民合作社，成立的初衷就是为了配合公司的发展，合作社入股公司，公司通过农民合作社享受开发票免税或当地其他优惠政策。合作社可吸纳国家直接发放到农民合作社账户的扶持资金，合作社是公司的一部分，这笔资金公司便可无偿使用。

多数农户并没有因为"合作社+公司"的模式创收、增收,没有实现真正高效的致富[21]。②农民主体严重缺位。在调研地区走访入户过程中,随机抽查社员,被访问者表示只知道村中有合作社,但并不知合作社谁在经营、具体经营什么,自己是否已经入社,只是有村委会发放的扶持资金入股分红的凭证。《农民专业合作社法》规定农民专业合作社的成员中,农民至少应当占成员总数的百分之八十。但入社农户对合作社一无所知,会直接导致合作社中农民的主体缺位,并削弱合作社的带动发展能力。

2）农民合作社的发展过度依赖政府和基层干部

①在对管理者进行调研的 18 家农民合作社中,50%的合作社负责人认为合作社的成立离不开政府的政策扶持和财政资金的注入,其余的 9 家合作社里,50%的合作社负责人认为合作社成立后若没有相关优惠政策的扶持、驻村干部的帮扶及与企业的合作,合作社的发展难以为继。面对市场地位和政府作用的变化,很多合作社实现不了市场框架内的自我良性发展,过度依赖政策扶持,不能正确发挥自身内生发展优势,也无法发挥其联合农户可持续发展的带动作用。②农民合作社对基层干部依赖较多。在走访的农民合作社中,村干部在管理层中担任主要职务的有 7 家,占比达 38.89%。其中由村支书或村民委员会主任担任理事长的有5 家,占调研合作社数量的 27.78%。农户在选择加入合作社的时候,普遍相信村干部。由村干部发起或组建的合作社,往往容易获得农户的信任。但正是由于这种信任,甚至是依赖,在合作社的实际发展与运营中,农户往往指望村干部带领自己发展,而不是积极主动地参与到合作社的发展建设中去。在这样的情况下,农户的主观能动性并未得到充分的调动,合作社成立就不易达到"授之以渔"的带动功效。

第二节　乡村振兴

党的十九大报告指出,农业农村农民问题是关系国计民生的根本性问题,必须始终把解决好"三农"问题作为全党工作重中之重,实施乡村振兴战略①。2020年脱贫攻坚战的圆满完成表明农村接下来的重点在于实现振兴,探索乡村振兴的研究现状对农村可持续发展具有重要的理论意义与现实必要性。

---

① 习近平:决胜全面建成小康社会 夺取新时代中国特色社会主义伟大胜利——在中国共产党第十九次全国代表大会上的报告,http://www.gov.cn/zhuanti/2017-10/27/content_5234876.htm[2022-05-09]。

一、乡村振兴的历史渊源

在中国经济持续快速增长、政府主导精准扶贫和社会各界齐心协力参与反贫三重强力推动下，中国农村贫困结构发生了显而易见的变化，绝对贫困已消除，相对贫困日益凸显，返贫现象时有发生，收入贫困、能力贫困、权利贫困等多维贫困并存，因此乡村振兴迫在眉睫。

（一）绝对贫困得以消除

改革开放以来我国缓解农村绝对贫困的过程，可以分为四个阶段[22]。

第一阶段是 1978 年到 1985 年的发展式反贫阶段。农村经济全面快速增长，爆发性的经济增长使得低收入人群数量急剧下降。

第二阶段是 1986 年到 2000 年的开发式反贫阶段。政府开始通过专项扶贫计划，实施针对低收入人群的政府努力。

第三阶段是 2001 年到 2010 年的综合性反贫阶段。农村贫困性质的转变和政府扶贫努力面临战略取向调整，尽快解决少数低收入人群温饱问题，进一步改善欠发达地区的基本生产生活条件，巩固温饱成果，提高低收入人群的生活质量和综合素质，加强欠发达地区的基础设施建设，改善生态环境，逐步改变欠发达地区经济、社会和文化落后状况，为达到小康水平创造条件。

第四阶段是 2011 年到 2020 年的精准化反贫阶段，我国采取"精准扶贫，精准脱贫"基本方略，按照"一二三"脱贫标准（"一"是收入高于 2011 年的不变价农民人均年收入 2300 元；"二"是两不愁，即不愁吃、不愁穿；"三"是三保障，即义务教育、基本医疗和住房安全有保障），改变过去大水漫灌的粗放型扶贫方式，将扶贫政策和措施下移到村到户，对低收入家庭和人口进行精准帮扶以解决导致其贫困发生的各种因素和障碍，实现真正意义上的脱贫致富。

随着中国经济的发展、政府在反贫困方面的努力及农民自身的不断努力，中国已消除绝对贫困。到 2020 年底，中国如期完成新时代脱贫攻坚目标任务，现行标准下 9899 万农村贫困人口全部脱贫，832 个贫困县全部摘帽，12.8 万个贫困村全部出列，区域性整体贫困得到解决，完成了消除绝对贫困的艰巨任务。

（二）相对贫困日益凸显

世界银行在《1981 年世界发展报告》中关于相对贫困的描述是"当某些人、某些家庭或者某些群体没有足够的资源去获取他们那个社会公认的、一般都能享受到的饮食、生活条件、舒适或者参加某些活动的机会，就是处于贫困状态。"一般认为，相对贫困是指收入水平低于社会平均收入一定程度的社会生活状态，重点表现在收入差距的不断拉大导致部分低收入人口在生产生活、社会参与、市场竞争等各个方面的边缘化和弱势化。世界银行将低于平均收入三分之一的社会成员视为相对贫困人口，欧洲联盟将中位收入在 60% 以下的人口归入相对贫困人口，英国将全国家庭收入中位数在 60% 以下的人口划入相对贫困人口，新加坡将相对贫困人口确定为全国收入排名（由低到高）中前 20% 的家庭，日本将相对贫困线的标准确定为收入达不到中等收入家庭 50% 的家庭。

国家统计局发布的数据显示，2019 年全国居民人均可支配收入中位数 26 523元，比上年增长 9.0%。按常住地分，城镇居民人均可支配收入 42 359 元，比上年增长 7.9%，扣除价格因素，实际增长 5.0%。农村居民人均可支配收入 16 021 元，比上年增长 9.6%，扣除价格因素，实际增长 6.2%。按全国居民五等份收入分组，低收入组人均可支配收入 7380 元，中间偏下收入组人均可支配收入 15 777 元，中间收入组人均可支配收入 25 035 元，中间偏上收入组人均可支配收入 39 230元，高收入组人均可支配收入 76 401 元，高收入组是低收入组人均可支配收入的十余倍，差距悬殊。联合国有关组织规定，基尼系数低于 0.2，收入绝对平均；0.2～0.3，收入比较平均；0.3～0.4，收入相对合理；0.4～0.5 收入差距较大；0.5 以上收入差距悬殊。2003～2018 年中国的基尼系数一直高于国际公认的警戒线水平 0.4（图 1-5）。2014 年数据显示，日本（0.381）、德国（0.283）、法国（0.327）、英国（0.340）、加拿大（0.326）和意大利（0.360）的基尼系数都是在 0.4 以下。2017 年美国的基尼系数为 0.482，2018 年上升至 0.485，但 2018 年美国家庭收入中位数增加到 61 937美元，高于中国。不管是从城乡居民人均收入数据还是基尼系数来看，相对贫困的化解仍将贯穿于我国现代化的始终，而且是今后一个时期乡村振兴面临的主要挑战。

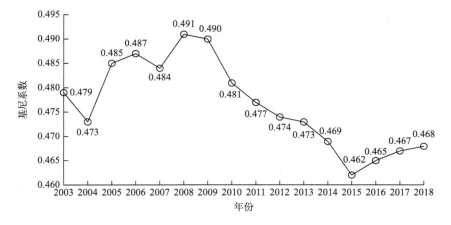

图 1-5　2003～2018 年中国基尼系数

（三）多维贫困有待重视

贫困是一个复杂的现象，涉及经济、社会、政治、人文等诸多领域。这样的复杂性，就决定了贫困的内涵与外延的多维性。

1973 年，诺贝尔经济学奖获得者阿马蒂亚·森在其《贫困与饥荒：论权利与剥夺》一书中提出了多维贫困的概念，指出贫困不仅是指收入上的缺乏，还应当包括受教育权、健康权、养老权等的缺失。自此以后贫困的界定由一维向多维扩展。

1990 年，联合国开发计划署（The United Nations Development Programme, UNDP）基于阿马蒂亚·森的能力视角，首次提出了"人类发展"的概念，将人类发展视角定义为一个有关个人福祉、社会安排及政策设计和评估的规范性框架，同时，推出了涵盖长寿且健康的生活、教育及体面生活、尊严三个维度的人类发展指数（human development index，HDI）。与此同时，世界银行也从能力视角下充分借鉴多维贫困的理念，在《1990 年世界发展报告》中明确指出贫困不仅指物质匮乏，还包括教育和健康等方面的不足。

2008 年，英国牛津大学贫困与人类发展研究中心的 Alkire 和 Foster 基于阿马蒂亚·森的多维贫困理论，提出了多维贫困的识别和分解方法，被称为 AF 方法，认为收入贫困只是致贫的表层原因，其本质特征具有层次性和多维性，主要在于健康、教育和生活水平等方面的欠缺，并以此形成了多维贫困指数。

《2010 年人类发展报告》首次公布了基于 AF 方法测算的全球 104 个国家和地区的多维贫困指数，随后每年对该指数进行更新。AF 方法是第一个将多维贫困测量广泛应用于全球多维贫困测量实践并得到越来越多国家采纳的方法。全球多维贫困指数具体维度、指标、阈值和权重设置见表 1-2[23]。

表 1-2　全球多维贫困指数具体维度、指标、阈值和权重设置

维度	指标	阈值	依据	权重
健康	营养	家中有 70 岁以下人口营养不良	SDG2	1/6
	儿童死亡率	调查前 5 年内家中有儿童死亡	SDG3	1/6
教育	受教育年限	10 岁以上人口未完成 6 年学校教育	SDG4	1/6
	入学儿童	8 年级之前的适龄儿童未入学	SDG4	1/6
生活水平	做饭用燃料	家中使用牲畜粪便、秸秆、灌木、木材、木炭或煤做饭	SDG7	1/18
	卫生厕所	厕所设施没有得到改善（依据 SDG 指南）或与其他住户共用改善了的厕所设施	SDG11	1/18
	安全饮用水	家中不能获得安全饮用水（依据 SDG 指南）或来回至少需步行 30 分钟才能获得安全饮用水	SDG6	1/18

续表

维度	指标	阈值	依据	权重
生活水平	用电	家中不通电	SDG7	1/18
	住房	家庭住房不足：地面由泥土、沙土或粪便制成，住宅没有屋顶或墙壁，住宅或墙壁使用的是未经装修的自然材料（甘蔗、棕榈、松散石头等）	SDG11	1/18
	耐用消费品	下列资产中家庭所拥有的不超过 1 项：收音机、电视、电话、电脑、动物拖车、自行车、摩托车或电冰箱，并且没有汽车或卡车	SDG1	1/18

注：SDG（sustainable development goal，可持续发展目标）

2013 年，多维贫困同行网络正式建立，包括中国在内的 50 多个国家及 19 个国际组织都是其成员。选择多维贫困标准的国家，大多是面临着发展差距扩大的发展中国家。在实践层面，多维贫困测量方法在墨西哥、哥伦比亚、南非、越南等发展中国家取得了较好效果[23]。多维贫困理念的出现是贫困研究领域的一次历史性飞跃，深入刻画了贫困本质，有效拓展了贫困内涵，带来了多维贫困理论和实践的蓬勃发展。

多年来中国政府一直将"三农"问题作为工作的重点，不断深化农村改革，持续加大强农惠农富农政策力度，全面改善农村民生，使得中国农村的面貌和农村居民的生活条件发生了天翻地覆的变化。同时，多年来有计划的反贫困行动，诸如以改善欠发达地区生产生活条件为目标，以乡、村为单位进行的基础设施、基本农田、生态修复、产业开发、整村推进等建设工作，以低收入人群发展能力建设为核心的精准帮扶，包括教育扶贫、技能培训、易地搬迁、危房改造、饮水安全、金融支持等，以及农村低保、医疗保险、医疗救助、养老保险等制度体系建设，使得欠发达地区的生产生活条件得到极大改善，低收入人群的生活质量明显提高。随着全面建成小康社会的如期完成，在单一的物质保障之外，低收入人群也要在住房、教育、医疗等方面得到更为综合性的保障，中国城乡家庭都存在收入维度之外的多维贫困[24]，以单一收入为测度的贫困标准具有向多维测度贫困标准转型的必要性。

从 2014 年开始，中国实施精准扶贫战略，确定了以"两不愁三保障"为主，家庭年人均纯收入为辅的低收入人群精准退出标准，意味着中国对贫困的理解由单维转向多维。诸多学者也开始采用多样化的指标系统对中国多维贫困进行大量研究，普遍发现基于多维视角的贫困发生率一般远高于基于单一收入维度的贫困发生率，中国农村相比城市而言有更高的多维贫困发生率。多维贫困主要体现在教育、医疗、健康、社会保障等方面，虽然欠发达地区教育、医疗等基础设施条件已得到很大改善，但高水平的医生、教师资源仍比较短缺。因此，需要重视除了收入之外的其他维度贫困，对多维贫困进行多维测量和识别是解决 2020 年后农村相对贫困问题的前提。

（四）返贫现象时有发生

在乡村振兴战略背景下，如何巩固脱贫攻坚成果、保障高质量可持续脱贫，关键在于阻断返贫现象。出现返贫现象主要有以下几个方面。

第一，低收入群体容易因病、因灾致贫。除了绝对贫困人口以外，我国现阶段还有很大一部分的低收入群体。低收入群体无法或者很少享有政策扶持，这意味着部分脆弱性问题得不到缓解，而且他们大多处于边远和自然条件恶劣地区，自身拥有资产质量很低，以致生产经济发展边际效益低下。此外，他们自身综合素质、能力有待提高，所以很难在现有资产水平基础上迅速提高收入和积累，从而改变这种被动状态。因此，在受到疾病、自然灾害及家庭需要大的开支时，存在转化为新增低收入人群的风险。

第二，低收入群体的内生发展动力不足。低收入群体内生发展动力是指低收入群体为满足收入、权利等多元化需求，主动利用自身知识、技能同社会资源相连接，并使社会资源转化成能推动自身长效可持续发展的一种潜在行动趋向力。一方面，一些低收入群体"等、靠、要、懒"思想相对严重，缺乏致富发展的目标追求和强烈愿望；另一方面，部分低收入群体因自身受教育程度较低、专业技能水平不高而缺少必要的生产技能和实用技术技能，在乡村振兴过程中能够选择的生计方式有限，而可持续生计能力不足导致其风险抵御能力较弱。

第三，脱贫成果巩固难度大。2020 年脱贫攻坚战完成后，如何稳固脱贫成效是当前各级政府亟待解决的难题。脱贫攻坚期间的扶贫工作保障贫困家庭脱贫，但如果缺乏后续性保障，将无法有效改善其生计系统，生计脆弱性没有得到根本性解决，抗风险能力依然较差，容易出现家庭收入较低的暂时性贫困状况，如果持续性地跨越贫困警戒线，可能会出现滑入长期贫困陷阱的境况。

二、乡村振兴的研究现状

（一）产业振兴相关研究

在农村社会经济的快速发展中孕育出了农业生产方式求新图变的新契机，乡村振兴战略的实现与农业生产方式的变革有着内在的本质关联[25]。因此，实现农业产业振兴应充分抓住历史机遇，尊重农业产业发展规律，着力推动相关政策不打折扣地落地生效，切实增强农业产业内在发展动力，提高农业产业风险保障能力，多路径实现乡村产业振兴[26]。首先，应继续发挥产业振兴政策对农户收入增长的作用，如农村电商创业活动促进当地乡村产业振兴目标的实现[27]。其次，在推进农业产业化支持政策转型升级方面应有新突破，从而能够更好地解决龙头企业融资困难和风险防范机制薄弱的困境[28]。再次，发展田园综合体以实现农业、休闲与社区的融合。中央在政策合法性塑造与效率初始支持上已扮演重要角色，但仍需完善问题研判机制，引导地方规避政策扩散的不确定性风险；地方则需从禀赋条件相近的"田园样本"中汲取精华，并对符号型政策进行个性内容填充和政策再创新[29]。最后，深入推进农村土地制度改革，加大农村产业用地制度创新，为实现产业兴旺提供用地保障[30, 31]。

（二）人才振兴相关研究

乡村振兴战略是解决新时代人民日益增长的美好生活需要和不平衡不充分的发展之间的矛盾，实现全体人民共同富裕，过上美好生活的必然要求。农民自身发展能力的高低，直接影响其主体实践创造成效和乡村振兴的实效，故实现乡村振兴迫切需要以提升农民的发展能力，即把提升农民的创造美好生活的能力作为内生力量[32]。乡村振兴不能自发地形成，也不能自动地实现，需要激发广大农民内生动力，不断壮大农民队伍，不断提升农民能力，不断调适和改进乡村振兴政策，引导亿万农民关注乡村振兴、推动乡村振兴、融入乡村振兴，为乡村振兴提供坚实的主体保障[33]。温涛和何茜[34]认为我国农村人力资本无法适应现代农业农村发展需要，应当加快改造农村人力资本建设，为乡村振兴做好人才积累与创新。王露璐[35]的研究以发展伦理学为主视角，从价值目标、伦理根基和道德评价三个层面探讨乡村发展问题，并指出应当以农民的全面发展作为乡村发展道德评价的最高标准，并处理好它与乡村生产力发展和社会进步之间的关系。袁威[36]结合我国实施乡村振兴战略的发展要求，强调通过激活工商资本参与乡村产业开发积极性摆脱制约农民主体作用发挥的现实困境。

（三）文化振兴相关研究

文化建设能够为乡村振兴注入思想活力，能够改善村民的精神风貌从而凝聚乡村振兴合力，能够为乡村振兴培育优秀人才[37]。但在乡村振兴背景下，文化建设仍然需要巩固基层思想阵地，建立长期扶助制度，形成城乡文化互动格局；需要坚持走差异化道路，充分利用现代信息技术，形成产业集群效应[37]。鲁可荣[38]认为脱贫村应该立足"道法自然"的传统农耕文化资源，再造有机循环农业，发展特色传统产业促进产业兴旺；立足"天人合一"的村域生态文化资源，重建生态宜居的美丽乡村。陈宝月[39]以福建省龙海市卓港村为例，认为其乡村振兴应该走"红色文化+绿色生态"之路，具体路径包含创新宣传途径，塑造红色品牌；坚持统筹规划，突出多元投入；打造振兴主力军，突出人才支撑；加快产业升级，提升旅游价值。其中，乡村文化振兴作为乡村振兴战略的铸魂工程，是实现文化自信与乡土自信的根本依托，具有凝聚认同、社会治理和实现文化复兴的价值[40-42]。国内外学界对该问题进行了广泛的研究，主要集中在以下几个方面：①乡村文化振兴面临的困境研究。李佳[43]以乡村社会变局为主要研究视角，认为当前乡村社会在时间和空间的二维框架中存在意义上的坍塌，并且导致乡村文化逐渐衰落；孙喜红等[44]认为当前乡村文化同质化现象严重，尤其在乡村文化遗产的开发利用方面，简单照搬城市模式，使得村落的独特风貌遭到严重破坏；孟祥林[45]认为农民价值观念碎片化及居民群体异质化导致了乡村公共文化空间式微，进而遏制乡村文化共同体的建构；徐顽强等[46]认为政府与社会角色不明及社会组织内部管理能力不够成熟，严重阻碍了乡村文化振兴的实际进程。②关于乡村文化振兴的路径研究。舒坤尧[47]认为应深入发掘中华优秀传统文化，以中华优秀传统文化促进乡村文化振兴；围绕顶层设计角度，周军[48]提出乡村文化建设应着重建构知识与价值、文化保障、文化管理及其文化动力等方面的运行系统；围绕路径机制方面，范玉刚[49]认为乡村文化复兴的意蕴旨在实现乡土文明的价值重构，内在理路就是要实现乡村文化与城市文化二者互补交融发展；围绕制度建构层面，李明等[50]认为围绕建章立制、重塑乡规民约，营建乡村文化振兴的制度体系是实现乡村文化繁荣发展的关键。

（四）生态振兴相关研究

生态振兴作为改善乡村生态环境的必要实践路径，是实现乡村全面振兴的生态基础保障，更是推进生态文明建设的重要践行方略，强调农村自然资源和人力资源的可持续发展[51-53]。国内外关于生态振兴的研究集中于发展模式、存在问题及发展路径三个方面。①关于发展模式的研究。孔祥智和卢洋啸[51]总结建设生态宜居美丽乡村有五大模式，包括非农产业带动型、农产品加工业带动型、农业旅游业融合带动型、一二三产业融合带动型和种植结构优化带动型；钟春艳等[54]认为乡村生态振兴模式包含全区生态至上、绿色产业富民、乡村美丽宜居和文明治理融合四种。②关于存在问题的研究。曹桢和顾展豪[55]通过对浙江省美丽乡村的调查发现，其生态宜居建设存在生态基础设施建设不完善的制度政策问题，政府对于风险管控与应急管理有待加强的地方政府行为问题及农村居民参与的积极性不高的行为问题；刘煜杰等[56]从生态环保视角发现乡村振兴存在着生态环境基础较为薄弱、生态产业发展和增收效果不明显、环境治理体系和能力亟须提升、农民生态环境保护意识有待加强等问题。③关于发展路径的研究。王宜伦[57]认为在进行生态宜居乡村建设时，必须要加强农村的生态环境、重点改善农村的居住环境、倡导绿色低碳的生活理念，并为农民传播宜居的文化生活；黄国勤[58]从生态规划、生态意识、生态治理、生态建设、生态文化、生态人才等方面统筹性地提出了乡村生态振兴应采取的发展举措。

（五）乡村振兴政策相关研究

"十四五"时期是乡村振兴战略的发力期，也是农村全面小康后向全面实施乡村振兴战略转变的关键期[59]。根据我国乡村振兴的规律，未来我国乡村振兴将实现人与自然、人与社会的和谐统一，实现乡村与城市的和谐共荣[60]。制度建设是战略绩效目标和任务得以实现的重要保障。首先是法律制度的建设，以农业法为基本法，以乡村振兴促进法为依托，加强农村土地管理、农业经营制度、资源开发与环境保护、农业产业化等方面立法内容的协调，推动乡村振兴法律体系的构建[61]。其次是建立现代的农村财政制度，建立乡村治理中央与地方事权、支出责任和财力相适应的制度，建立财政涉农资金的现代预算制度，完善农业农村税收优惠政策，优化财政支农政策，完善农村社会保障制度能够有效助推乡村振兴[62]。最后是加快农村普惠金融政策、农业科技管理政策及农村信息管理政策改革从而有效推动农村土地流转和有序推进农村剩余劳动力资源的转移，实现农村资源优化配置[63]。政策在促进乡村振兴发展中处于首要的地位，然而各种政策的最终落实和维护都需要基层政府卓有成效地执行，这必然要求拥有强大的基层政府政策能力；通过多元联动发展，打破乡村振兴政策支持碎片化态势，提升政策支持效率；加强以相关主体激励、政策内部协调、绩效分类评价、多元执行监督为主要内容的运行保障[64-67]。也有一些研究国外乡村振兴的政策，研究主要把韩国、日本、英国、意大利、美国等发达国家的乡村建设政策作为分析对象，韩国形成了较为完善的政策扶持体系和发展模式进而推进了农业农村可持续发展[68]；日本由合作性金融、政策性金融、商业性金融及农业保险等构成的全方位金融支农服务体系助推农业农村的发展[69, 70]；英国自上而下的政府顶层设计，通过法制保障实现乡村有序治理[71]；意大利将地理标志作为促进乡村振兴的重要驱动力，在实现农民增收、增加农民就业，进而推动农村地区发展方面有重要作用[72]；美国依靠农业支持政策（尤其是财政支农政策）在一定程度上推动了农业的发展[73-76]。

三、脱贫攻坚完成后乡村振兴机制

脱贫攻坚完成后乡村振兴的下一步工作要继续坚持"三管齐下"策略，首先是完善帮扶机制，其次是培养内生动力，最后是完善考核激励机制。

（一）完善帮扶机制

1. 创新帮扶工作思路

①更多地依靠外生力量扶持转向依靠内生力量，尤其是加强农民的自身能力建设，包括文化知识水平提升、产业与科技培训、劳动力外出转移技能培训等方面。②由粗放型帮扶向精准式帮扶转变。制度性帮扶与基础性帮扶属于普惠性质，多出现在帮扶过程的早期。在乡村振兴时期，关注的重点应该是农民返贫的根源分析，有针对性地制订整体性的扶持方案。③从单一帮扶向多元帮扶转变。强调在政府主导外生性力量扶持的基础上，进一步发挥群众、企业家、社会公益工作者、公务员、教育工作者、金融机构等不同治理主体广泛参与帮扶工作的作用，采取多元合作帮扶的共治模式，形成扶持合力。

2. 完善公共服务

进一步提升城乡公共服务均等化水平，缩小城乡相对差距。在乡村振兴背景下，教育、医疗、卫生、健康、就业等问题成为新的发展阶段的重点与核心。提升农村人口人力资本水平，是摆脱自然资源束缚、阻断文化代际传递的重要手段。因此，应继续加大优质教育资源、医疗资源向农村地区倾斜的力度，促进城乡义务教育的均衡发展，在保障农村学龄人口有学上的同时，将农村教育工作的重点向提高教育质量倾斜。针对农村普遍存在的健康问题与因病返贫问题，在进一步提高合作医疗和医疗救助水平的同时，强化农村疾病预防、医疗保健工作，从根本上提高农村居民健康水平。总之，从公共服务层面缩小城乡差距是提高农村人口发展能力、促进乡村振兴的重点和核心。

3. 完善特殊群体帮扶政策

①针对特殊人群制定制度化的帮扶政策，构筑社会安全网。当前和今后一段时期，老弱病残、儿童等弱势群体将是农村治理的主要群体，因此应根据其基本特征和实际需求构建综合性帮扶保障体系。通过构筑包含现金转移支付（有条件和无条件的）、食品相关计划、价格和其他补贴、公共劳务等在内的社会安全网，一方面使他们通过最低社会保障兜底和各项福利政策摆脱低水平发展，另一方面通过完善农村养老制度、医疗保障制度等，保障他们的基本生活。②创新农村发展型社会救助制度，通过进一步设置农村公益性就业岗位，如农村卫生保洁、生态林管护、集体经济管理、医疗保健等，促进农村发展性社会救助制度的完善与

提升。此外，还应继续完善各类农业支持与保护政策，确保农村特殊人口生计的可持续性。

（二）培养内生动力

1. 以内生式帮扶为抓手来推动乡村振兴工作发展

在乡村振兴工作中，需要明确三点：①要培养农村人口的主体意识。在乡村振兴工作推进的过程中，一定要明确理念是实践的先导，理念的转变才是最根本的思路。农民是乡村振兴的主体，是农村农业发展的主体力量，而政府只是外在的引导者和支持者。一定要培育农民的自我发挥、自我创新精神，以实现农村的内生性发展和农村人口的内生与实质发展。②要构建帮扶的综合协调体系。要通过体制机制的创新和制度层面的设计来实现农村的发展和振兴，而不是仅仅通过直接的普惠式的农村基础设施供给和对农村人口的救济。③要实现农村发展和脱贫成果的长期性和持续性。以政府为主导的给钱、给物、给设施的"输血式"帮扶只能解决一时的困难，而不能实现帮扶后期成果的巩固和持续。以农户为主体的本土内生式振兴力量是实现农村良性的、自我循环和自我可推广发展的根本动力与出路。

2. 以培育新型主体来保障帮扶工作有效推动

在近几年的中央一号文件中，党中央、国务院一直强调要培育新型经营主体，这里面就包括龙头企业、农民合作组织、家庭农场、种养殖大户这四类最为重要的新型经营主体。可以说，这些新型经营主体在解决"三农"问题中起到农业规模化经营、集约化经营的重要作用，通过搭建农户之间的关系，新型主体能够成为联系政府与农户之间的桥梁，并在此基础上塑造一个良性发展且有效运转的社会网络，让农户不再成为一个分散、孤立的个体。在巩固脱贫攻坚成果和乡村振兴的过程中，新型经营主体的运作机制让小农变成连片规模化经营的生产主体，在推进产业帮扶的过程中，采用过程合作和全要素合作，涵盖了劳动力、土地、资金、信息、技术和管理等要素，实现农户的可持续发展，使产业帮扶的网络贯穿农业生产的各个方面，以实现各个要素的整合来保障帮扶工作的有效和实质推动。

3. 发挥市场振兴功能

市场振兴功能直接体现在以下两个方面：①将农民从土地中解放出来，促进农民向劳动报酬更高的第二产业、第三产业领域转移，实现其家庭收入增长。②缓解农村人地关系紧张局面。人多地少是限制农业经营收入提高的根本因素，农民外出务工，将土地流转或是无偿交给亲戚邻居耕种，增加在村务农农民的耕作面积，让没有条件外出的农民扩大农业种植面积。农民的市场参与程度越高，对土地的依赖程度越低，土地流转规模越大，农业经营者的耕作面积越大。市场振兴功能在于它创造更多就业岗位以吸纳农村剩余劳动力，进而提升整个社会的劳动生产率。除此之外，市场在乡村振兴方面还具有一些间接功能，如改变农民的思想观念和提升农民的人力资本。

（三）完善考核激励机制

1. 在考核方面，以第三方评估倒逼帮扶工作成效

长期以来，扶贫成效的考核任务主要由扶贫系统内部及相关上级部门承担，系统内部考评的封闭性使得扶贫成效考评的认可度受到质疑。为避免地方政府扶贫部门"既当运动员，又当裁判"的弊端，同时充分发挥第三方评估机构在查找问题、统计分析、总结提炼等方面的优势，2016 年上半年开始，党中央、国务院对精准扶贫评估工作引入第三方评估机构，这种必要而有效的外部制衡机制在促进服务型政府建设、推进政治体制改革等方面发挥了不可替代的作用。为此，在乡村振兴进程中，应充分发挥好第三方评估机构的技术和人力优势，引导第三方评估机构参与各地的体验式评估，帮助各地尽早发现问题、压实责任、促进整改。第三方评估机构要加强研究，结合返贫具有多因性和综合性的现实，本着综合研判的原则，与时俱进完善评估体系指标，不断提升业务水平，对帮扶成效作出科学合理、政府认可、老百姓认账的评估。

2. 在激励方面，实施精准的激励式配套政策续接

根据农户自身的工资性收入、经营性收入等，给予相应比例的配套激励，多收入者多得奖励，奖励的形式可以是生产资料、货币资金等，因地制宜、因人施策以激发自我发展、继续扩大生产。注重完善激励的制度设计和公示监督机制，既要考虑操作成本又要兼顾公平有序。实施税收减免等措施激励企业在脱贫攻坚完成后依然参与帮扶行动，对治理成效突出的农民合作社等农村合作经济组织给予一定程度的政策倾斜或资金扶持，使其在乡村振兴进程中依然能发光发热。

第三节　农民合作社与乡村振兴的关系

一、农民合作社与产业振兴

农民合作社是可持续反贫困所需要的关键资源[77]，也是促进产业经济的重要力量[78,79]。农民合作社明显具有减贫作用，可以通过优先销售等产品参与方式增加经营性收入，通过雇工作业等劳动参与方式增加工资性收入，通过入股农地等资产参与方式增加财产性收入，通过项目入股等项目参与方式增加转移性收入[80,81]。对于产业发展中的农民合作社和农户而言，合作社提供产前、产中、产后、融资等服务供给[82]，推广农业科学技术、推进农业基础设施建设、实现农业加工增值、推广种植业养殖业保险[78]，使农民能够应对农业产业发展中的不确定性[83]。对于产业发展本身而言，农民合作社在产业链整合中扮演着多重角色，组建联合社以降低交易成本，实现产业链整合效益[84]。

二、农民合作社与人才振兴

农民合作社是农业生产和农村经济发展中非常重要的组织，是中国农业经营组织体制创新的突破点。黄祖辉和徐旭初[18]指出我国东部沿海地区农民专业合作社的治理结构是一种基于能力和关系的合作治理结构，进而分别分析了能力、关系对我国农民专业合作社的治理结构的独特作用；肖富群[85]认为专业合作经营是锻炼和培育农民合作能力的重要途径，农民合作能力会随着参加专业合作经营的时间延伸而不断积累和增强；李二超[86]指出合作社需加强八大能力建设，其中包含成员合作能力；刘凤[87]在剖析农民合作社社员在组织能力、管理能力、自我发展能力等方面的反脆弱性时探讨了其在联结农民个体、聚拢闲散资源方面的作用，进而研究了农民合作社的贫困治理能力。

三、农民合作社与文化振兴

首先，农民合作社是一种学习型组织，不以营利为目的，是对农民进行教育培训的有效平台，开展集体管理、社际交流、技术指导、定期培训等形式，可以提升农民对环境、技术、经济和社会等问题的认知，从而加强社员间的沟通和交流、增强社员的归属感、培养具有现代化意识的新农民[88,89]；其次，农民合作社的经营活动在增强农民生存能力的同时，也会提高其整体素质，他们不再视自己为国家社会生活中的无足轻重者，而是积极参与者，由此产生了尊严感和体面感，二者合一，激发出对家庭、合作社和国家的责任感；最后，农民合作社在熟人社会的环境中建立，由熟人圈子经营，在经营中逐渐形成富有特点的熟人文化，从而形成社会和谐的微观基础[90]。杜洁等[91]以具体案例地为例，发现自发形成的妇女合作组织更倾向于以社会建设和文化建设为工作抓手，重塑乡村社区公共文化空间，以此为基础形成可持续、生态化的乡村产业与就业创新模式。

四、农民合作社与生态振兴

农民合作社是优化生态环境的重要依托，其发展可以促进生态文明建设。Bardsley D K 和 Bardsley A M[92]以瑞士一家山区合作社为例，分析出其具有建立农业生态系统和农村社区复原力的作用，可以保持生物多样性、维护乡村景观；张渊媛等[93]认为农民合作社是建设农村地区生态文明过程中一个具有强大潜力的理想途径，发展农民合作社有利于提高农民的生态环保意识、增强农民的生态环保能力建设、为农村的生态文明建设提供智力支持，有利于促进生态农业产业化生产，从而使农村地区加快步入农业生产发展、农民生活富裕、农村生态良好的文明发展道路；李恩和孙为平[94]发现农民合作社通过各种宣传教育工作，能够不断提高农民的生态意识与合作意识；也可以组织农户进行集中化与专业化生产，有利于推广新技术，节省农业生产成本，推进生态农业的全面发展；胡平波[95]认为生态化建设是农民合作社的一个发展趋势，合作社生态化建设的目标是使合作社的生产经营活动朝低消耗、低污染、高附加值的方向发展，从而在实现生态效益的同时不断提高农产品质量，增加农民收入。

第二章 农民合作社可持续发展机理分析

第一节 引 言

农民合作社是由农户联合成立的互助性经济组织，制度安排天然具有益贫性的组织特征，易为广大农户接受，从而使其能够成为助力乡村振兴的理想载体。截至 2019 年 4 月底，依法登记注册的农民合作社达 220.7 万家，辐射带动全国近一半的农户，农民合作社的蓬勃发展为乡村振兴奠定了坚实的组织基础。因此，农民合作社被政学两界视为乡村振兴最适宜、最合意的组织，具有可持续发展的功能，它在支撑农村地区产业发展、衔接农民与外部资源、提升农民能力等方面，发挥着不可取代的作用。

虽然农民合作社的益贫功能已经得到政学两界的肯定，但合作社在乡村振兴中的作用机理、作用效果及衡量等问题仍有待深入探讨。基于此，本章运用可持续发展理论，结合农村地区社会背景和合作社实际情况，研究农民合作社绩效。本章的研究价值在于：一是有利于合作社掌握自身益贫成效，更好发挥合作社的经济和社会属性；二是有助于政府部门了解合作社助力乡村振兴效果，为乡村资源分配和合作社评级提供理论支撑；三是有助于财政扶持资金精准投放，加快乡村振兴。

第二节 相关研究综述

基于农民合作社可持续发展的研究主要集中于以下三个方面：①农民合作社功能价值研究。国外学者强调合作社在乡村发展中的重要地位，认为合作社对支持民生发展和减贫有重要帮助[96]，在农民生产生活中起到了节约成本、提高收入和储蓄的功能。在我国乡村振兴的政策背景下，农民合作社参与乡村发展被广泛关注，有学者认为农民合作社具有与生俱来的益贫性[97]，具有内源驱动特征[98]，能为农村人口提供市场进入[99]、价格改进[100]、收益返还[101]等功能。②农民合作社实践困境研究。我国农民合作社正处于快速发展阶段，相关制度不够健全规范，多元主体参与下的异化问题，尤其是对农户相关权益排斥性的问题特别突出[102, 103]。当前农民合作社主要面临着市场经营能力不足[104]、内部规范水平不高[105]、用地和信贷受限[106]与农民技能偏低[107]等问题①。③农民合作社发展对策研究。国外学者对农民合作社参与乡村振兴进行了一些个案研究，如分析了奶牛、咖啡等合作社对不同家庭可持续发展的影响[108, 109]，并提出参与式反贫困与发挥社区作用的理念[110]。我国学者基于地方特色资源，分别对典型县市[111]、贫困集中连片区[112]和经济区域[113]等进行了合作社参与可持续发展的案例研究，探索了农民合作社助力乡村振兴的创新体制，包括农民合作社治理机制[13]、农户互助机制[114]、合作社间合作机制[115]、政策构建[116]等方面的创新，形成了具有各地特色的发展经验，具有非常重要的现实意义。

综上所述，农民合作社对乡村振兴有着重要的作用，但是当前的研究仍存在以下不足：①合作社具有益贫性，能够促进乡村振兴，但仍存在许多不足；②既有研究更多是把合作社参与乡村振兴作为一个整体来看待，对其内部可持续发展机理的研究还有待进一步深入。因此，本书拟在已有研究成果及实地调研的基础上，进一步明晰农民合作社可持续发展的机理，探索其绩效的构成维度。

第三节　农民合作社可持续发展机理

一、农民合作社联合多主体合作发展机理

乡村振兴工作不是依靠单一主体的投入就可以完成，它需要发挥低收入群体的主体作用、政府的主导作用、市场的基础作用、社区的促进作用和合作社的联结作用，形成合力（图 2-1）。合作社特有的组织形式可以快速实现政府扶持资源的承接，低收入群体劳动资本和土地资源的整合，社区农户凝聚力的形成。通过整合资源，扩大规模，快速将小规模分散生产与大市场进行有效对接，从而在现代农业经营体系中发挥组织带动作用。

---

① 主要是指在脱贫攻坚完成之前合作社存在的现实困境，目前这些情况已有改善。

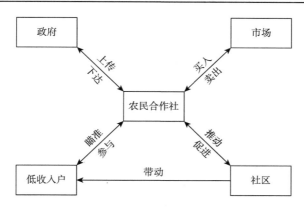

图 2-1 农民合作社联合多主体合作发展机理

（1）农民合作社与政府。农民合作社是低收入户和政府衔接沟通的桥梁，处于"上传下达"的位置。农民合作社能够为分散农户和政府搭建沟通的平台，上传低收入户的想法和需求，下达政府扶持资源和政策，最终实现扶持资源配置优化。

（2）农民合作社与市场。低收入户加入合作社有利于改变其弱势的市场地位，形成规模经济，增强农民抵御自然灾害和市场风险的能力。有利于提高农民经营的组织化程度，实现价格改进和低收入群体增收。

（3）农民合作社与社区。农民合作社根植于农村社区，通过创造农业产业体系、改善基础设施、提供就业岗位等帮助农村社区发展。虽然许多合作社对社员资格有一定限定，致使部分低收入户不能直接参与合作社，无法分享合作社发展带来的直接利益。但是，通过涓滴效应，社区经济发展可以自动影响低收入群体，未入社低收入户也能从合作社整体发展中受益。

（4）农民合作社与低收入户。农民合作社是基于血缘、亲缘、地缘成立的组织，熟人社会的组织和运行逻辑使其对社员农户及非社员农户都很了解，既可以精准识别和瞄准低收入户，实施精准扶持方式完成致富任务，又可以带动入社低收入户，增强低收入户发展能力，实现扶智。

二、农民合作社收入可持续性机理

目前，农民合作社实现低收入户增收效果已经被诸多学者证实。农民合作社通过集聚效应把低收入户组织到一起，形成生产上的规模经济，从而降低农产品生产和流通的交易费用，分散农户遭受自然灾害和参与市场竞争的风险，增强农产品的竞争力，增加农产品的销售收益，提高低收入群体的收入水平，从而调动低收入农户参与合作社的积极性和主动性。农民合作社促进低收入户增收的具体方式如下所示。

（1）市场对接。低收入户缺乏人力资源和社会资本，自己生产的农产品可能会卖不出去，顺利销售生产的农产品是农户的头等大事。通过合作社与市场对接，开展订单农业，从而改变传统小农户对接大市场的弱势地位，实现农产品顺利销售。

（2）价格改进。价格改进既包括生产成本的降低，也包括销售价格的提高。分散农户通过合作社联合起来，能够获得市场价格谈判能力。农民合作社产品的标准化生产与品牌化经营，帮助农户提升农产品品质，进一步提高市场价格谈判能力，进而争取更具竞争性的农业生产资料和产出农产品价格。最终实现社员产品价格高于市场价格，为社员提供农业生产资料的价格低于市场价格，从而帮助社员获得更高收入。

（3）盈余返还。盈余返还一般包括按交易额（量）返还和按出资比例返还，由于低收入社员出资能力有限，按交易额（量）返还就显得比较重要。通过组建、参与合作社，能帮助小农户获得生产的规模经济，节约由不完全和非对称信息及资产专用性的存在产生的交易费用，从而获得增值利润，社员也由此获得更多的利润返还。

三、农民合作社能力可持续性机理

乡村振兴重视培育新型农业经营主体等内生力量，以提升低收入群体发展能力，激发乡村的内源动力。原有的脱贫攻坚路径主要是物质资本投入和政策措施倾斜，但乡村振兴战略强调要注重增强低收入农户发展能力，注重扶志扶智，培育提升低收入群众发展生产和务工经商的基本能力。农民合作社作为新型农业经营主体之一，其助力乡村振兴的优越性在于它兼顾科技的支柱性作用和低收入人群的主体性作用，是对接农业科技的载体、传播科学技术的平台和社员农户的培训学校。

农民合作社通过技术推广提升农民个人能力。合作社引进先进、适用的新品种和种养新技术，通过宣传推广、技术指导及技术培训等方式传授给低收入农户，将其转化为新生产力；还通过为农户统一提供种子、化肥农药、技术指导等农田耕作标准与服务，提高科技对低收入户脱贫致富的贡献度；合作社在传递农业知识的同时，也提高了农村居民的社会适应性和竞争力，修补了农民在新经济背景下的能力缺陷。

农民合作社通过教育培训提升农民个人能力。教育是促进知识传播、提升人力资本、解决能力发展问题及促进欠发达地区自我发展的最有效途径之一。合作社对农户进行教育培训，为农民提供信息网络和社交平台，提高社员的劳动技能、科技水平和管理才能，实现了农户人力资本的积累，不仅有利于解决当前落后状态，更为再次致贫提供了免疫力。

四、农民合作社权利可持续性机理

不可持续性不仅是物质的匮乏，更是权利和机会的缺失。新时期的乡村振兴强调公平性，要求提高低收入群体的民主参与权利和发展机会，帮助低收入群体恢复话语权、建立合理的利益表达机制、争取正当权利。整体层面上看，农民合作社在政府和低收入户之间起着"上传下达"的作用，上传低收入群体现实状况和实际需求，提高了低收入群体的话语权，成为低收入群体表达自身政治诉求的有效渠道。从个体层面来看，在合作社中，低收入户拥有平等参与公共事务讨论和决策的权利，民主意识和参与意识得到加强，加入合作社的主人翁意识和归属感得到提升，从自己的自由投票中体会到自身的尊严和人与人之间的平等。农民合作社提供信息平台和农业技术，赋予低收入户农业生产销售现代化的机会，逐步增强其自信心，发挥低收入农户的主动性和创造性。此外，合作社为成员提供就业和增收机会，由此获得的收入用于子女教育，能够有效缓解落后的代际传递。

第四节　农民合作社可持续发展绩效框架

绩效是对组织运营效果和功能发挥的一种综合性衡量，因此农民合作社可持续发展绩效主要是对合作社助力乡村振兴功能发挥的衡量。从反贫困理论来看，合作社通过价格改进、社员教育、共同参与等途径增加社员收入，提升社员能力，让社员享有更多权利与机会，实现社员可持续发展，取得收入绩效、能力绩效和权利绩效。此外，长期快速的经济增长是战胜落后最根本和最重要的力量来源[117, 118]，经济增长往往通过涓滴效应和扩散效应来惠及低收入群体[119, 120]。农民合作社经济增长也同样会带来正向溢出效应。比如，为非社员低收入户提供就业机会，租用低收入户土地资源，带动非社员农户增收，从而实现非社员收入的可持续性。尽管这些措施主要是服务于合作社自身经济绩效，而非合作社对低收入群体的"刻意关照"，但就缓解收入可持续而言，其效果依然明显。

一、收入绩效

收入绩效是农民合作社可持续发展绩效的首要内容。从制度经济学角度来看，农户通过组建合作社解决农产品买卖难问题，降低了农产品生产和流通的交易费用，提高了成员的收入，通过返还盈余，进一步实现社员增收致富。此外，农民合作社在追求组织绩效过程中会对低收入户产生正向溢出效应，如在产业发展过程中，合作社创造出很多的就业机会，还会收购非社员低收入户的农产品，低收入户由此间接受益。合作社对非社员农户的正向溢出在一定程度上减轻了合作社排斥低收入户而使其难以获益的担忧。也正因为如此，可持续性不仅要考虑农民合作社对社员农户的直接效应，还要考虑非社员农户的外部溢出。因此，收入绩效既包括合作社直接带给社员低收入户的经济收入，又包括合作社经济溢出效应带给非社员低收入户的经济改善（表 2-1）。

表 2-1　收入绩效

构成维度	内涵
增收情况	社员本年度在合作社内获得的平均收入
	高出同业农户年收入比
市场对接	主要生产资料统一购买率
	主要产品（服务）统一销售率
	是否以保底价收购社员产品
价格改进	生产资料价格平均低于市场价格的比例
	收购社员产品价格平均高于市场价格的比例
盈余返还	按交易量（额）返还盈余比例
溢出效应	合作社提供就业岗位数
	带动非成员户中原建档立卡贫困户数

二、能力绩效

能力绩效是农民合作社可持续发展绩效的重要内容。农民合作社恰好具备了科学技术创新和科学技术传播功能，通过技术创新投入，推进技术进步，改进生产效率，提高科技扶贫贡献度；教育具有基础性、先导性和持续性作用，是促进知识传播、提升人力资本、解决能力发展问题和促进欠发达地区自我发展最有效途径之一，通过一系列教育与培训活动，增强农民获取、吸收和交流知识的能力，激发内源动力，提升自我发展能力，所以合作社能力绩效中应将培训次数，培训人数，是否引入新品种、新技术，是否建设网络信息平台纳入其中。技术引进和社员培训的结果是提升社员生产技术水平，实现标准化和专业化的农业生产，需要加入合作社后农业生产技术提高程度和标准化生产覆盖率来反映（表2-2）。

表2-2　能力绩效

构成维度	内涵
教育培训	培训次数：农民合作社本年度对社员进行技术、经营、合作社知识等内容培训的次数
	培训人数：本年度社员参与技术、经营、合作社知识培训的人次
技术服务平台	是否引入新品种、新技术
	是否建设网络信息平台
个人能力提升	标准化生产覆盖率：社员本年度按照国家和地方标准或合作社生产技术操作规程开展生产的面积，产量占总面积、总产量的比例
	加入合作社后农业生产技术提高程度

三、权利绩效

权利绩效是农民合作社可持续发展绩效的核心内容。要依托农民合作社实现乡村振兴目标，关键在于吸纳低收入农户广泛参与农民合作社。政府部门对农民合作社，尤其是对以可持续发展为目标的合作社的扶持，应以合作社能否积极吸纳低收入户为前提条件。合作社中原建档立卡贫困户的数量既表明低收入户是否享有加入合作社的机会，也反映低收入户加入合作社的难易程度，是合作社权利绩效的最直接反映。《农民专业合作社法》规定合作社成员拥有表决权、选举权、被选举权、知情权及收益分配权。对应的可以采用低收入户参与公共事务讨论与决策、是否有选举权、是否有被选举权、对合作社生产经营情况的了解程度、是否享有收益分配来衡量合作社权利绩效（表2-3）。其中原建档立卡贫困户成员总数由合作社自评，相关部门核查，其余维度由社员评价。

表2-3　权利绩效

构成维度	内涵
入社机会	原建档立卡贫困户成员总数
表决权	参与公共事务讨论与决策
选举权	是否有选举权
被选举权	是否有被选举权
知情权	对合作社生产经营情况的了解程度
收益分配权	是否享有收益分配

第五节　结　　语

　　农民合作社在乡村振兴中发挥的作用逐渐外显，辐射和带动作用受到各界的肯定，但目前对农民合作社可持续发展绩效的研究还相对滞后。本章初步探讨了农民合作社可持续发展的机理，为了实现助力乡村振兴功能，农民合作社首先通过联结利益相关主体，形成合力；其次利用合作社自身特性，提升农户收入水平，调动农户参与合作社的主动性和积极性，增添农户自主反贫活力；再次借助传播科技和培训教育来提升农户发展能力，激发自主发展的内源动力；最后赋予社员机会和政治权利，实现长期可持续发展效力。在农民合作社可持续发展机理分析的基础上，结合农民合作社助力乡村振兴的具体实践，提出了农民合作社可持续发展绩效的构成维度，主要包括收入绩效、能力绩效和权利绩效三个维度。本书为农民合作社绩效的评价提供了综合性视角，扩展了绩效评价的内容，不再局限于组织的经济效益评价，更加注重个人与社会的效益评价，同时对合作社助力乡村振兴功能的效果评价进行了探索性研究，为合作社可持续发展绩效的量化研究提供了理论指引。

第三章 农民合作社助力乡村振兴模式

第一节 农民合作社助力乡村振兴典型案例
——以云南省为例

一、会泽县峰源种植专业合作社抱团发展——共同致富，产业扶持四路财进

会泽县峰源种植专业合作社地处会泽县南大门驾车乡，是一家集"农业种植+畜牧养殖+休闲农庄+农产品加工"于一体的新型专业合作社。2018年，该专业合作社已建成3000亩①的马铃薯、中药材、牧草种植基地，3600平方米的标准化牛舍，牦牛存栏数180余头，建成占地5亩的休闲农庄，其乡村振兴措施如下。

一是转土地收租金，就地生财。土地是农民群众赖以生产的物质基础，但随着大量农民进城打工，大量耕地被长期闲置。为把闲置的土地集中利用起来，合作社与农户签订每亩200元的租赁协议，并建立地租价格稳定增长机制，每年递增一次，每次在上一次租金基础上增长20元。截至2018年，该合作社已流转土地3000亩种植马铃薯和中药材，涉及农户197户，每年仅地租一项，就可带动当地农民群众增收60余万元，其中，流转低收入户34户386亩，户均每年可获土地租金2270余元。通过土地流转，多年闲置的土地资源变废为宝，就地生财，为低收入户带来稳定的租金收入。

二是基地务工挣薪金，就地就业。合作社在基地季节用工上，优先向低收入户倾斜，采取先培训后就业的方式，不仅让低收入户增加了收入，还学到了新技

---

① 1亩≈666.6667平方米。

术，基地每年就地吸纳低收入户到基地务工 42 户，每人每天 80 元，实现季节性务工收入 13.78 万元，户均年务工收入 3280 元。同时，合作社开发打造牦牛特色休闲农业山庄，设置固定岗位优先招收低收入户到农庄就业。截至 2018 年，农庄常年转移低收入户就业 10 人，每人每月工资 2000 元加提成，每人年均实现务工收入 2.4 万元。例如，常年在合作社务工的低收入户杨姓夫妇，工资加提成一年的收入达 6 万元左右。通过就地就近就业，农户在家门口打工，既照顾了家庭，又获得了可观的务工收入。

三是单种植拿现金，就地销售。合作社每年积极参加各级组织的会商、会展，采取"走出去"推销、"请进来"展销、"借媒体"促销等方式，多措并举打通产销对接渠道，建立了"科研试验基地+区域示范基地+推广服务体系+农户"的链条式产业合作模式。合作社与低收入户签订马铃薯订单种植协议，采取预付订金的形式，免费为低收入户统一提供马铃薯种薯、统一种植技术指导、统一种植标准、统一防治、统一产品收购、统一产品销售。通过合作社，低收入户所种植的马铃薯产量和品质得到了极大提高，亩产达 2.5 吨，比传统种植亩增 0.5 吨。同时，合作社又以每公斤①高于市场价 10%的价格统一收购商品薯，带动了 288 户低收入户实现马铃薯产业户均收入 5400 元。

四是资金入股分红金，就地增值。农场对于既无发展路子又无劳动力和技术的低收入户，鼓励他们将产业扶持项目资金以折股量化的形式入股到合作社。合作社与低收入户签订《入股协议》，与当地政府签订《帮扶协议》，每年按低收入户投资金额的 8%以上（不得低于 8%）兑付投资分红。合作社吸纳低收入户 329 户产业扶持入户资金 163 万元进行折股分红，合作社每年返利低收入户分红 13.04 万元，每户增收 396.35 元。

五是积极探索创新养殖模式。合作社在养殖方面已探索推广母牛寄养、肉牛赊养、小牛托养等帮扶模式，带动农户发展肉牛产业发财致富。

二、寻甸琼浆坊蜜蜂养殖农民专业合作社——琼浆助振兴，合作奔小康

寻甸琼浆坊蜜蜂养殖农民专业合作社成立于 2013 年，主要生产蜂蜜和延伸蜂蜜产品产业链。王宏柏是该合作社创始人，毕业于云南农业大学蜂学专业。

一是能人返乡带动。王宏柏毕业于云南农业大学蜂学专业，在馨乐丽康能达生物科技（北京）有限公司工作过 5 年，在蜂蜜的生产、销售等环节都积累了丰富经验后，2000 年王宏柏回乡创业。2012 年，王宏柏改变经营模式，从单纯的收

---

① 1 公斤=1 千克。

购蜂蜜再出售转变为成立合作社，保证蜂蜜的源头，同时延伸蜂产品产业链。几年下来，不少社员因为养蜂脱了贫、致了富，盖房买车，一年纯收入都有八九万元。

二是"企业+党支部+合作社+农户"抱团发展。一方面，合作社引入琼浆坊在寻甸县河口镇立项投资 2000 万元，打造蜂蜜加工厂基地和推广蜜蜂养殖。另一方面与河口镇政府合作，合作社将蜂箱租赁给农户（待农户销售蜂蜜时扣除），政府对养蜂的农户进行补贴。每箱蜜蜂投资成本 830 元（蜂箱 130 元、蜜蜂 700 元），每户农户按养蜂 5 箱计算，投入 4150 元，政府每户补贴 2000 元，农户直接投入 2150 元。以苕子花蜜为例，每箱蜜蜂平均能产蜂蜜 50 公斤，收购价每公斤 20 元，养殖 5 箱蜜蜂就能收入 5000 元，净利润 2850 元。

三是强化技术支撑。2016 年 10 月 26 日，在河口镇政府办公楼四楼会议室举行河口镇精准产业发展（蜜蜂养殖）培训会，邀请蜜蜂养殖专家云南农业大学和绍禹教授、云南琼浆坊蜂业有限公司对蜜蜂养殖户进行培训，共有来自各村委会的蜜蜂养殖户 67 人参加培训。此次培训不仅提升了养殖户的养殖技能，而且有利于将欠发达地区农户共同致富和农村发展相结合，为实现河口镇产业振兴奠定基础。

四是加大宣传力度。《走遍中国》栏目组来到寻甸琼浆坊蜜蜂养殖农民专业合作社，取景拍摄"互联网+甜蜜事业 助力脱贫"节目外景，宣传专业合作社"企业+党支部+合作社+农户"的抱团模式，挖掘河口镇发展蜂蜜产业引导群众致富的经验。通过采访专业合作社负责人和当地群众，客观、真实地展现该合作社带动农户发展产业的模式。

三、元江县来吉桃李种植专业合作社——创新合作模式，助推产业振兴

元江县来吉桃李种植专业合作社成立于 2011 年 2 月，合作社基地坐落于羊街乡元车路双梁山、山路十八弯处。合作社主要从事水果种植、收购、销售，果苗培育、果品烘干、鸡的林下养殖、销售。截至 2018 年，合作社成员由 157 户发展到 304 户，带动非成员农户 450 余户。截至 2018 年拥有资产 5648.8 万元，其中固定资产 2877.8 万元。2012 年 5 月取得"来吉"商标，2013 年 10 月被评为省级示范社，2017 年 12 月获准桃李和桃子"绿色食品"认证资格。

一是"包销+原建档立卡贫困户种植"模式。针对有发展能力、缺技术的原建档立卡贫困户，合作社无偿向其提供技术培训和服务，由原建档立卡贫困户负责种植，合作社按市场价进行收购销售，解决了产品无销路、无市场的问题，实现

原建档立卡贫困户与合作社结对联业、共同发展。

二是"用工+原建档立卡贫困户就业"模式。针对有就业能力和就业意愿的原建档立卡贫困户，合作社雇用其帮助收购水果和市场管理，解决了原建档立卡贫困户外出务工不能照顾家庭、照顾家庭又没有收入的困境，实现了务工与照顾家庭两不误。

三是"经营+原建档立卡贫困户入股分红"模式。合作社吸收 471 户原建档立卡贫困户部分扶持资金 110 万元入股合作社，合作社自主经营，每年按 12%的利息分红，使原建档立卡贫困户收入细水长流。

四是"贷款+原建档立卡贫困户种植"模式。为进一步扩大种植业规模，强化农业生产标准化管理，在合作社社员资金短缺的情况下，经合作社调查了解，掌握其基本情况后，以合作社的名义与元江县的中国邮政储蓄银行协调实行"三联保"贷款 1280 万元，共计 160 户。通过扩大种植面积，引进优质的品种，采取科学的管理技术，系统地对种植户进行培训，不断提高农户种植技术，打造具有市场竞争力的优质产品。

合作社稳步发展，社员种植的桃李、油桃、杧果进入盛产期，社员的交易量逐年增加，返还增多，加上入股分红，2017 年社员平均每户的收益在 2 万元左右。合作社累计完成投资 1600 余万元，种植规模达到 7650 亩，并辐射带动全乡经济林果种植 15 000 余亩，示范带动非成员农户 450 余户，合作社经济林果产业已初具规模，已成为羊街乡广大群众增收致富的亮点产业。

四、镇雄县盛农养殖农民专业合作社——发展黄牛养殖，助推乡村振兴

镇雄县盛农养殖农民专业合作社位于镇雄县芒部镇口袋沟村石灰窑村民小组，成立于 2015 年 3 月，成立初期注册资金 100 万元，初始社员 116 户，员工16 人。合作社以"生态、环保、绿色、无公害"为发展理念，以昭通黄牛和云岭牛为主要饲养品种，是一个集饲养、农用机械销售于一体的养殖农民专业合作社。2017 年存栏牛 680 头（其中母牛 563 头），出栏牛 408 头，销售农业机械 580 台，产值达 860 万元，125 户成员户均增收 8000 元以上。

一是土地流转帮增收。合作社流转的 7000 亩土地，年均流转金 150 元/亩，每年为农户增收 10 万元以上。

二是实施粮改饲项目带增收。2018 年合作社与农户签订了 2000 亩的全株玉米收购合同，项目参与农户每亩可增收 1000 元，农户共增收 200 万元。

三是入股分红促增收。与口袋沟、新地方、三滴水、茶园和芒部村原建档立

卡贫困户 2579 户签订协议，吸纳产业发展资金 473.15 万元，每年按 7% 的比例给原建档立卡贫困户分红，如合作社效益好，还可拿出 5%～10% 的收益进行二次分红，仅此一项，每年可为原建档立卡贫困户增收近 33 万元。

四是订单收购迎增收。为具备条件、有意愿养牛的农户提供 20 头母牛让其饲养，按回收两头犊牛后母牛归农户、以后生产的犊牛按最低保护价回收的方式进行合作发展，2019 年已扶持发展 10 户，计划通过 2～3 年发展到 60 户，每户增收 3 万～4 万元。

五是吸纳就业助增收。2019 年养殖场有领固定工资的人员 20 人，月工资 2000元/人（包吃包住），做零工的有时达到六七十人，每人每天工资 80 元。2017 年发放工资 65 万元，周边受益农户达 300 余户，为芒部镇的乡村振兴做出了积极的贡献。

五、西双版纳旺达魔芋种植专业合作社——小小魔芋助振兴

西双版纳旺达魔芋种植专业合作社成立于 2012 年，主要从事魔芋的良种繁育、种植示范、推广、收购加工及销售等服务，农户社员达 580 户，助推产业振兴取得了新成效。

一是注重规范运营管理，增强农民发展信心。为适应发展需求，不断拓展市场，充分调动农户种植魔芋的积极性，合作社对社员实行"五统一"（即统一提供种苗、统一提供农资、统一提供技术、统一价格收购、统一销售产品）的全程运营管理模式。组织农民成立魔芋种植专业合作社，激活农村土地要素及林下资源开发，根据谁投资，谁受益的原则，农民以拥有的土地、劳动力折价入股，合作社以投入的资金、技术折价入股，所得收益按入股比例分红（农户占收益的 40%，合作社占收益的 60%），有效解决了种植户资金短缺问题。为确保种植户收入稳定，增强群众发展信心，合作社每年根据市场行情与种植户签订购销合同，明确保底收购价格，与农户建立利益联结机制，并针对会员按股金份额进行二次返利，让社员农户在加工销售流通环节中获得二次收益，保障了社员农户的利益。

二是提升技术服务质量，夯实产业发展基础。为确保种植户种出品质优良的魔芋，提高产量，增加收入，合作社在魔芋种植生产过程中定期组织种植户进行技术培训的同时，通过乡镇政府、农技人员及驻村帮扶工作人员，实行宣传带动，并指派技术人员进村指导，常年跟踪服务，保证技术指导及时到位，不断提高种植农户的生产管理技能。截至 2018 年，累计开展种植管理及病虫害防治技术培训40 余期 4500 多人次；带领农户到种植示范基地参观学习 500 余人次。为进一步降低种植成本，合作社先后投入 50 万元，不断夯实基础设施，产业发展基础不断

巩固。合作社通过市场创新推广模式，对魔芋的品种优选和种植栽培技术创新，实施橡胶林下生态栽培，保证魔芋的生态品质，提高土地利用率，进入盛产期，每亩产值达 6000 元（农户天然橡胶每亩产值 1000 元+林下魔芋每亩产值 5000 元），计划到 2023 年发展魔芋橡胶林下生态栽培 10 万亩，产值达 5 亿元以上，实现魔芋产业化经营发展。

三是加强合作共赢，赢得群众良好口碑。合作社出资建设标准化园区，免费提供技术，包产品回收，农户租赁，自主生产管理，获取种植利润。鼓励有一定经济实力、懂种植技术和有种植意愿的农户以家庭为单位，利用自身实际劳动力，每户承包土地 30～50 亩不等，进行种植适度规模经营，自主或与合作社联结，由合作社统一销售。强化科技服务，实行订单种植，公司与农民签订种植协议，明确最低收购保护价，确保农民利益。近几年，已辐射带动拉祜族、瑶族、布朗族等边远山区少数民族，助力低收入群众增收致富，橡胶林下种植魔芋越来越深受广大农户的欢迎，农户发展愿望强烈。

四是认真履行社会责任，增强合作发展活力。合作社通过采取带动群众种植魔芋、吸纳原建档立卡贫困户产业发展资金入股和提供劳动就业岗位等方式，创新完善利益联结机制，有力促进了农户增收脱贫。2018 年，西双版纳旺达魔芋种植专业合作社已参与西双版纳雨林景象生物科技发展有限责任公司西双版纳保健品园区建设的魔芋加工厂项目，按照"产业加工园区+企业+基地+合作社+农户"的模式和"市场主体+农户"的方式，建立与农户的利益联结机制，根据农户类别和参与方式的不同，可获得土地流转受益、产业前端受益、保护价格受益、利润返还受益、务工就业受益和股份合作受益"五受益"，优先安排原建档立卡贫困户成为项目区会员，使原建档立卡贫困户会员占到总会员的 30%左右；优先安排原建档立卡贫困户到项目区就业，使农户用工量达企业全部用工量的 30%以上，工人工资按照市场价格协商支付，普通农户务工收入总和不低于企业或者种植大户享受扶持资金补贴的总和。

六、永善县永兴中药材种植专业合作社——多措并举，带动农户增收

永善县永兴中药材种植专业合作社成立于 2014 年 8 月 19 日，当时有成员 86 户（2017 年已发展为 129 户 486 人，其中 33 户残疾人），成员出资 116 万元，其中土地经营权折资入股 12.6 万元（每亩 120 元），货币出资 103.4 万元。合作社从事以党参为主的中药材种植。合作社理事长谭德才，是一名老村支书，因带领群众脱贫致富，2017 年 8 月被授予"云岭楷模"荣誉称号，2018 年当选为全国人民代表大会代表。

一是规范合作社管理。建立了合作社章程，选举了理事长和理事、监事长和监事，聘任了会计、出纳，明确了各自的职责，完善了成员大会制度、理事会工作制度、监事会工作制度、财务管理制度、盈余分配制度等相关管理制度，并在日常管理过程中严格执行和向成员公开合作社经营情况、财务报告等。根据市场需求和合作社发展情况，确定发展规划，逐步实施和调整，以党参种植为主，发展多种中药材种植，实行多种经营，分散市场风险。

二是强化技术支撑。合作社理事会多次派人到贵州、甘肃、北京等地学习取经，学种植技术、学管理经验、筹集资金、寻找销路，回到合作社后又到田间细细琢磨、改进管理、总结教训，终于探索出一条从播种、移栽、管理、收割整个过程的党参种植科学路子，并实现了向别人购苗到自己售苗的转变。2017 年，合作社投资 610 万元建成有机药膳猪养殖场 1 个，占地 4600 平方米，利用丢弃的中药材根茎养殖生态有机药膳猪，实现变废为宝。

三是以"土地流转+入股分红+务工收入"带动农户增收。2017 年合作社累计种植中药材 1450 亩，出栏药膳猪 120 头，实现经济总收入 644 万元，净利润 184 万元，合作社成员平均每户获土地租金 2000 元（土地入股农户最低红利 360 元，最高红利 3600 元），资金入股成员户均分红 1 万～2 万元（资金入股农户最低红利 3300 元，最高红利 90 000 元），成员在合作社的务工收入人均 9000 元，三项收入合计，每户成员年均现金收入 2.2 万～3 万元。

2018 年，合作社种植面积 5000 亩，拓展中药材深加工和精包装产业链，年总收入达 3750 万元，年净利润达 1050 万元。截至 2020 年，加入合作社的 40 户贫困户全部脱贫出列。随着合作社效益不断提高，前期投资已初见成效，辐射带动效应明显，解决了留守老人、残障人士等弱势群体 480 余人的就业问题，帮助两户低收入户建起了安居房。

第二节　农民合作社助力乡村振兴主要模式

总结农民合作社助力乡村振兴典型案例，得出以下主要乡村振兴模式。

一、产业振兴模式

产业振兴模式是乡村振兴工作中极其重要的组成部分，借助政府的帮助及农民的共同努力创建出一条科学合理的产业链，农民在这条产业链上进行生产、出售，实现产业化、市场化，能在很大程度上提高农民的收入水平。产业振兴模式中产业化的形成能提升农民对自身种植产物的加工水平，农民对自身种植产物加工水平的提升又能提升产业的知名度。例如，北京谷氏农业专业合作社以"合作社+公司+协会"的发展模式，坚持獭兔产业振兴，以昌平区流村镇为中心，辐射河北、山东、安徽、辽宁、山西、陕西、内蒙古等多个省区市，解决了800多人的就业和创收增收问题[121]。然而产业化的形成是一个漫长的过程，需要政府和农民的共同努力，首先，要找出自身的特色；其次，要保证种植加工出来的产品质量达标，并且是符合当代社会需求的；最后，还需要适当的宣传和推销。在保证了生产营销之后，就要把问题的重心转变为管理方面，一个产业的正常运行与管理的好坏是直接挂钩的，政府可以聘请专业的管理人员，也可以从农民中选择知识水平高或年轻的进行培训，保证管理方面不出现问题。

二、劳务振兴模式

乡村振兴模式中最为直接提升农民收入的就是劳务振兴。例如，青岛振兴益民劳务服务专业合作社与青岛宏图人力资源服务有限公司开展战略合作，积极响应实施乡村振兴战略的号召，加快提升农村劳动力就业质量，充分发挥各自特长，在人力资源、劳务合作、劳务分包等领域开展多元合作，实现资源共享、优势互补、合作双赢。在以劳务方式进行乡村振兴的过程中，政府相关部门可以从自身做起，做好区域内劳务市场建设，并积极拓宽区域外的市场领域，为广大农民工提供更多的就业岗位；对区域内的农民工作进行培训教育，提升他们的各项技能，采用职业教育及定期培训相结合的方式，有针对性地提升农民工的知识水平和业务能力，以期能获得更多的职位需求，特别是针对家庭条件极为差且有意愿的劳动力，更需要进行针对性的倾斜[122]。以此，通过完善合理的方式来进行农村劳动力输出，盘活农村劳务经济，拓宽农民就业的渠道，切实提升农民增收致富的能力。

三、能人带动模式

一些合作社发起人具有丰富的经济资源、人力资源、社会资源，是合作社最主要的出资者，掌握合作社主要发展控制权，这种由能人发起并主导发展的合作社称为能人带动型合作社。能人带动型合作社强调家庭农场主、贩销大户、企业主、村干部等能人所起的突出作用，其发展在相当程度上依靠能人自身或自有经济组织的带动[123]。能人带动型合作社由农业生产大户联合周边生产同类农产品的农户，小户的农产品由大户统一销售，大户通过为小户提供服务获利，小户为获得大户提供的服务加入合作社，两类主体在合作社中实现合作共赢，可以达到增强市场谈判能力、压缩农资采购成本、提高销售价格的效果[124, 125]；能人带动型合作社以经济利益为导向，具有突出的市场能力，能够基于自身优势，推进农业规模化、集约化、专业化、产业化发展，甚至能够引领农户参与国内外市场竞争[126]；合作社通过农资统购和农产品统销保证社员以不高于市场价的价格获得生产资料，以不低于市场价的价格销售农产品，社员还能获得合作社技能培训与二次返利等服务实现福利增加[127]。但同时受能人带动型合作社成员的异质性特征，一般会使得大农掌握合作社的决策权，而小农在合作社的经营决策中更倾向于采取"搭便车"的行为[128]，主要表现为在合作社相关决策制定时参与度与影响力较低。

四、社会帮扶模式

农民经济要得以快速的发展，除了农民要提高自身的知识等因素外，更为需要的是有人能组织或者带领农民参与到帮扶政策中去，这能在很大程度上加强帮扶政策的影响力，同时，多方人员组合而成的组织，能够互帮互助，实现共同进步，并且产生一定的内部竞争力，促使乡村振兴进程的进一步发展。社会帮扶模式不一定适用于每一个乡镇，所以必须要有所创新和改进，只有形成了符合当地特色的帮扶模式才是推动农民致富的有效政策，具备当地特色的扶持政策出现需要相关人员对当地的实情了解甚多，只有这样才能发挥该地区农民最大化的劳动力甚至开发周边环境的旅游资源。社会帮扶模式非常注重对于人才的培养，这是解决农民发展问题的根本手段。社会帮扶模式启用时，政府可以挑选优秀的干部直接去各个农村任职，帮助农民完成乡村振兴工作，并定期给农民开展有关致富的讲座，让农民对扶持政策能更为了解，并对农村所拥有的资金进行汇总工作，选出一样当地农村特色的产品，对其进行项目预算，实在不足时可以由政府给予一定帮助，从而确保欠发达地区走向致富的道路[129]。

第三节　农民合作社助力乡村振兴其他模式

在查阅相关文献的基础上，其他地区的农民合作社助力乡村振兴模式对云南省合作社可持续发展工作也有一定的借鉴作用，具体有如下模式。

一、互助合作社助力乡村振兴模式

互助合作社是以合作社的形式把农民组织起来，吸收投资，再将股金拿到农村信用合作社入股，通过联保贷款和资金余缺调剂支持生产发展，形成农民通过资金互助合作社入股信用社，农村信用社再通过资金互助合作社联保贷款给农民的互动发展模式[130]。互助合作社不仅可以增加农户的收入，也可以提高农户的生活水平[131]。在合作社的资金运转程序中，农户的广泛参与不仅体现了以人为本科学发展观的核心理念，同时农户对规章制度、运营理念的学习也增强了农户遵法守法的意识，更重要的是提高了农户的管理能力，这对农户提高生产生活方式、提高资金使用效率有着显著的促进作用[132]。互助合作社的社员是以一种互帮互助的形式相处，双方各补其短，学其长，加快了农业技术的改革。有效地解决了资金不足的难题，假设一户人家想启动一个项目，其该项目具备市场性和发展性，而由于个人资金不足的问题难以启用，此时，可以在互助合作社寻求他人帮助，待到项目成熟得到回报时，再回报给那些给予帮助的人。随着互助合作社生产合作、加工、市场流通等功能的完善、规模的扩大，农民的视野得以拓展，更能清晰地知道市场的需求，不断对自身产品进行完善和改善，在致富道路上也逐渐越走越远[124]。更为重要的是可以在很大程度上促进资源的循环利用，对农村地区的可持续发展有着重要的意义。

二、乡村旅游合作社助力乡村振兴模式

充分利用农村资源优势和产业优势，通过房屋、土地入社等形式组建休闲旅游合作社，实现入股分红。大力发展以采摘体验、休闲观光为主要内容的乡村旅游合作社，通过兴办农家乐、采摘节等方式，让群众在"家门口"发展乡村旅游产业，实现致富增收。例如，安丘市辉渠镇白山头村党支部成立了莲花山乡村旅游专业合作社，利用农户房屋建成农家乐5处，农户以房屋入股、销售特色旅游产品、自由采摘、加入旅游合作社务工等方式获得收入，每年每户平均增收5000元以上[133]。云南省以旅游著称，拥有独特的自然资源，可以借鉴安丘市辉渠镇白山头村的做法组建休闲旅游合作社。

三、整村推进助力乡村振兴模式

整村推进助力乡村振兴模式是新阶段农村开发工作的重要举措，是农村地区建设社会主义新农村的重要抓手，是统筹城乡发展构建和谐社会的重要平台。这种模式的核心内容是以村为单位、以政府为主导、以村民的广泛参与为基础，充分调动政府各部门和社会各界的力量，力求农村水、田、林、路综合治理，教育、文化、卫生和社区精神文明共同发展，以达到乡村振兴的目标。例如，衡水市枣

强县芍药村农民专业合作社独创的"8+2"农民专业合作社模式，是指 10 户人家结一组，其中 8 户既有钱也有劳动力，还有 2 户是比较落后的家庭，他们不投资但参与分红，和一般的股东无差异，这 2 户落后户由村委会审核选出，他们不用出钱，但是待遇和其他股东一致，在合作社需要劳动力时，他们和其他股东一样，需要从家里出劳动力来合作社帮忙。2 户落后户股东预定 3 年不变，之后看情况调整。其余的股东按规定每年需注入相应的资金以支持合作社的发展。利润分红时，纯利润的 20%上缴村委会作为村庄发展基金，其余各个股东平均分配[134]。

第四节　农民合作社助力乡村振兴模式选择

农民合作社助力乡村振兴模式很多，各地农村的实际生产状况也各不相同，因此在对乡村振兴模式进行选择的过程中，需要相关人员先做好严谨的调查，然后再对乡村振兴模式进行选择，乡村振兴模式也可以多种一起使用，按我国目前的形势而言，在乡村振兴模式的最终选择上一般有三种方法：第一，成立专业的工作小组，对当地实际情况进行调查研究；第二，与农民互动，根据农民的意见或投票进行选择；第三，根据当地特色和当地已经形成的生产体系，分析该体系利弊关系，然后再进行选择。一般而言，前两种选择的模式在执行上出现问题的概率远大于第三种，虽然说结合了农民的意见，但容易出现矛盾，毕竟大部分农民的知识水平还是有限的。

第五节　结　　语

本章通过对合作社助力乡村振兴典型案例分析，得出农民合作社助力乡村振兴的主要模式有产业振兴模式、劳务振兴模式、能人带动模式及社会帮扶模式。同时，通过对其他地区合作社助力乡村振兴案例的分析，得出三种云南省合作社可借鉴的乡村振兴模式，它们分别是互助合作社助力乡村振兴模式、乡村旅游合作社助力乡村振兴模式及整村推进助力乡村振兴模式。最后，农民合作社助力乡村振兴模式有多种，要因地制宜地做好模式选择，为此，根据目前云南省的具体形势给出了三种模式选择的方法。

第四章　农民合作社绩效分析
——以云南省为例

第一节　农民合作社绩效研究动态

关于合作社绩效的相关研究集中于以下几个方面：一是关于农民合作社绩效评价维度研究。对于农民合作社绩效评价维度的讨论，目前大多集中在绩效评价思想和基本准则等方面，然后根据合作社当前的情况及本身的特点，建立相应的评价机制；还有一些学者根据已有的研究成果，对其进行一定的创新进而设计新的评价机制。二是关于农民合作社绩效影响因素研究。针对该主题的研究主要涉及组织治理、股权分配、社会资本和政府扶持等四项内容。①在组织治理方面，一些文献将研究的重点放在治理结构方面，分析其对合作社绩效的作用[135-138]。②在股权分配方面，大多比较关心不同利益主体的股权比例对绩效的作用。Chaddad 和 Iliopulos[139]指出董事会成员持有的股份越多，财务绩效越有保障；Rehman 等[140]却提出了相反的看法，指出相对股权制衡能够有效限制大股东的不当行为，增加绩效。③在社会资本方面，已有的研究大多比较关注社会信任对绩效的影响。Bernard 等[141]提出社会信任可以降低内部交易成本，增强合作社绩效，同时为参与者提供更多的利益，明显提高成员的积极性，促使成员更加信任合作社，建立归属感。从发展的角度讲，社会信任将对合作社的建立与发展产生巨大的影响，对其绩效的高低具有显著作用。廖媛红[142]还对比了各种社会资本对合作社绩效的作用。④在政府扶持问题上，已有的研究大多强调政府扶持的影响及需要完善的方向。合作社的正常运转需要当地政府的积极配合，强有力的政府扶持可以为合作社的壮大提供重要的推动力。若是合作社可以发展为公共服务承担商，将极大地提高社会凝聚力和政治影响力，优惠的政策可以扩大合作社的发展空间，但是如果政府的帮助仅限于法律和财政方面，则很难发挥应有的促进作用。三是关于合作社绩效评价研究对象。目前大多国内文献的主要研究对象是我国东部和中部省份的农民合作社，这些研究的农民合作社主要分布在浙江、河北、河南、江西、湖南、安徽。可见，东部地区尤其是针对浙江省的合作社绩效评价分析比较常见，但相对于西部地区的合作社绩效评价研究较为鲜见。

分析文献发现，农民合作社绩效的深入研究有待补充和提升。随着社会的不断发展，农民合作社的功能也在延伸，忽略了合作社在能力提升和赋予权利等方面的效应。由于农民合作社绩效测量的综合指标体系未统一，所以本书在已有研究成果的基础上，构建农民合作社绩效评估体系，并选取云南省建水县10家农民合作社作为实证分析。研究结果为引导和支持农民合作社参与乡村振兴工作、巩固脱贫攻坚成果等提供理论支撑和决策依据。

第二节　云南省农民合作社发展现状与存在问题

一、云南省农民合作社发展现状

为了全面地论述和分析云南省农民合作社发展情况，课题组在云南省农业农村厅的协助下对云南省展开了全面调查分析。根据对全省16个州市农村经营管理情况统计年报数据汇总，农民合作社发展情况如下。

（一）农民专业合作社发展迅速

截至2019年初，云南省农民专业合作社总数达57 829个，比上年增加6329个，增长12.29%。其中，被农业主管部门认定为示范社的有3470个，比去年增加319个，增长10.12%,示范社占合作社总数的6%。农民专业合作社成员3 113 376个，其中，农户成员3 047 885个，原建档立卡贫困户774 713个。合作社成员比上年增长26.26%,云南省入社率达8%，平均一个合作社的成员数量为54个。农民合作社带动非成员农户2 323 328个，云南省有59.70%的农户直接从农民合作社受益。

（二）种植业、畜牧业合作社占比较高

云南省从事种植业的合作社28 640个,比上年增长12.42%,占总数的49.53%。

其中，粮食生产合作社①2757 个，比上年增加 378 个，增长 15.89%；蔬菜产业合作社 5538 个，比上年增加 971 个，增长 21.26%。从事林业的合作社 4069 个，比上年增长 10.96%，占总数的 7.04%。从事畜牧业的合作社 18 508 个，比上年增长 10.13%，占总数 32.00%。其中，生猪产业合作社 6574 个，比上年增加 639 个，增长 10.77%；奶业合作社 251 个，比上年增加 38 个，增长 17.84%；牛羊产业合作社 5275 个，比上年增加 575 个，增长 12.23%；肉鸡产业合作社 1234 个；蛋鸡产业合作社 291 个。从事渔业的合作社 713 个，比上年增长 8.69%，占总数的 1.23%；从事服务业的合作社 2242 个，比上年增长 19.45%，占总数的 3.88%。其中，农机服务合作社 612 个，植保服务合作社 401 个，土肥服务合作社 81 个，金融保险服务 15 个。其他类的合作社 3211 个，比上年增长 22.65%，占总数的 5.55%。从事种植业和畜牧业的合作社占全省总数的 81.53%。

（三）农民是领办主体

由农民领办的合作社 48 093 个，占合作社总数的 83.16%，其中，由村组干部牵头的合作社 7256 个，占农民领办合作社总数的 15.09%；由企业牵头领办的合作社 685 个，占合作社总数的 1.18%；由基层农技服务组织牵头领办的合作社 243 个，占合作社总数的 0.42%；由其他牵头领办的合作社 8808 个，占合作社总数的 15.23%。

（四）服务范围不断拓展

产加销一体化服务的合作社 31 301 个，比上年增加 3700 个，增长 13.41%，占合作社总数的 54.13%；生产服务为主的合作社 17 583 个，占合作社总数的 30.41%；购买服务为主的合作社 618 个，占合作社总数的 1.07%；仓储服务为主的合作社 177 个，占合作社总数的 0.31%；运销服务为主的合作社 402 个，占合作社总数的 0.70%；加工服务为主的合作社 664 个，占合作社总数的 1.15%；其他合作社 6993 个，占合作社总数的 12.09%。②

（五）土地股份稳步增长

土地股份合作社 1868 个，入股土地面积 259 901 亩，土地入股成员 77 505 个。土地股份合作社比上年增加 94 个，占合作社总数的 3.23%。非土地股份合作社 55 961 个，占合作社总数的 96.77%。云南省大部分合作社未采取土地入股的方式。

---

① 有此合作社服务范围或主营业务为两项及以上。

② 有些合作社服务范围较小或散，达不到一定规模，故没有统计在内。

（六）运行质量不断提高

云南省有注册商标的合作社 1967 个，比上年增长 14.76%。通过农产品质量认证的合作社 657 个，比上年增长 5.29%。其中，无公害农产品认证合作社 460 个、获得绿色食品认证合作社 143 个、有机食品认证合作社 69 个，均比上年有所增加；产品通过地理标志认定注册登记管理的合作社 175 个。农民专业合作社统一组织销售农产品总值 1 716 198.7 万元，比上年增长 4.91%。统一组织购买农业生产投入品总值 395 636.3 万元，比上年下降 5.03%。

（七）经济效益稳步提升

农民专业合作社经营收入 1 185 692 万元，比上年增加 170 684 万元，增长 16.82%。合作社当年可分配盈余 261 646.2 万元，比上年增加 71 746.2 万元，增长 37.78%。其中，按交易量返还成员 179 544.2 万元，按股分红 37 204.3 万元，平均每个成员通过二次返利增收 665 元。提留公积金、公益金及风险金的合作社 3812 个，比上年增长 4.04%。

（八）财政扶持逐年递增

各级财政专项扶持合作社资金总额 24 548.4 万元，比上年增长 104.57%。合作社在金融部门贷款余额 10 328.7 万元，比上年下降 1571.3 万元，减少 13.20%。

二、云南省农民合作社发展存在问题

云南省农民合作社虽得到较快发展，但仍处于初级阶段，在自身发展和外部发展环境等方面还存在着一些急需解决的问题。

（一）存在空壳合作社现象

各级财政近几年加大投入资金扶持发展农民合作社，让一些人认为有利可图，虚假注册农民合作社，而没有实际经营运作。这样的经营组织不仅不能带动农户致富，还导致了农民对农民合作社性质的曲解，影响恶劣。

（二）现有的农民合作社规模偏小，辐射带动能力差

30 个社员以下的组织占 44%，经营收入在 30 万元以下的组织占多数，而且这些组织做大的希望渺茫，对市场的影响力有限，带动社员增收的能力不强。特别是欠发达村、低收入户，仅仅依靠小规模、市场竞争能力不强的合作社，带动致富能力有限。

（三）制度不健全，运作不规范

有些已注册登记的农民合作社的章程制定不规范，理事会、监事会职责不清，会员权利、义务不明；理事会、监事会流于形式，作用不能在日常管理中得到体现，在部分合作社中，理监事会、社员（代表）大会活动正常进行的不到一半。在已成立的合作社中，有些属三无合作社，即无牌子、无收入、无专门办公场所。

（四）品牌意识弱，市场竞争力不强

缺乏创新意识，管理意识薄弱再加上资金投入不足，多数农民合作社仅仅是对农产品的初加工，缺乏对产品的深加工，产品市场竞争力不足。品牌战略是现代农业发展的必然选择，着力打造品牌、商标、包装、信誉等无形资产形象，显得十分重要，其中品牌战略尤为突出。云南省农民合作社中只有少数合作社的产品注册了商标，大多数品牌的市场知名度不高，品牌获利能力不强，导致合作社的组织优势得不到充分发挥，服务层次普遍较低，缺乏市场竞争力。

（五）市场营销手段落后，网络电子营销滞后

由于农民合作社经营管理人员文化素质普遍偏低，经营管理模式较落后，部分农民合作社仍停留在过去传统的营销手段上，依靠传统市场销售产品，而没有建立电子商务营销平台，产品销售有限，市场拓展力薄弱。

（六）财政支持相对较少、金融扶持难落实

近几年仅有中央、省级财政补助资金对农民合作社的扶持，县级没有针对的项目及补助资金。财政扶持资金虽每年都有所扶持，但名额、资金数额有限。《农民专业合作社法》虽然规定了合作社金融贷款扶持政策，但由于没有具体操作细则，很多合作社很难从金融部门直接取得贷款，只能以理事长或牵头人个人的名

义得到小额抵押贷款，且利率高、期限短，对贷款的个人存在着很大风险。

第三节 农民合作社绩效评价体系构建

在农民合作社可持续发展机理分析的基础上，结合农民合作社助力乡村振兴的具体实践，提出了农民合作社绩效的构成维度，主要包括收入绩效、能力绩效和权利绩效三个维度。综合农民合作社绩效框架内容，农民合作社绩效评价体系构建见表4-1。

表4-1 农民合作社绩效评价体系

维度	题项	内涵
收入绩效（B_1）	增收情况（C_1）	社员本年度在合作社内获得的平均收入（D_1）
		高出同业农户年收入比（D_2）
	市场对接（C_2）	主要生产资料统一购买率（D_3）
		主要产品（服务）统一销售率（D_4）
		是否以保底价收购社员产品（D_5）
	价格改进（C_3）	生产资料价格平均低于市场价格的比例（D_6）
		收购社员产品价格平均高于市场价格的比例（D_7）
	盈余返还（C_4）	按交易量（额）返还盈余比例（D_8）
	溢出效应（C_5）	合作社提供就业岗位数（D_9）
		带动非成员户中原建档立卡贫困户数（D_{10}）
能力绩效（B_2）	教育培训（C_6）	培训次数：农民合作社本年度对社员进行技术、经营、合作社知识等内容培训的次数（D_{11}）
		培训人数：本年度社员参与技术、经营、合作社知识培训的人次（D_{12}）
	技术服务平台（C_7）	是否引入新品种、新技术情况（D_{13}）
		是否建设网络信息平台（D_{14}）
	个人能力提升（C_8）	标准化生产覆盖率：社员本年度按照国家和地方标准或合作社生产技术操作规程开展生产的面积、产量占总面积、总产量的比例（D_{15}）
		加入合作社后农业生产技术提高程度（D_{16}）
权利绩效（B_3）	入社机会（C_9）	原建档立卡贫困户成员总数（D_{17}）
	表决权（C_{10}）	参与公共事务讨论与决策（D_{18}）
	选举权（C_{11}）	是否有选举权（D_{19}）
	被选举权（C_{12}）	是否有被选举权（D_{20}）
	知情权（C_{13}）	对合作社生产经营情况的了解程度（D_{21}）
	收益分配权（C_{14}）	是否享有收益分配（D_{22}）

第四节　农民合作社绩效指标权重确定

测度绩效的方法有多种，如专家赋权、因子分析和层次分析等。专家赋权法的权重设置依赖主观判断，随意性较大，当评价指标较多时还可能会出现循环判断，使评价结果不可信。因子分析法虽然可以通过计算方差贡献率得出客观权重，但公共因子含义模糊，减少指标维度也会损失绩效信息。合作社绩效目标多元、多重，绩效评价体系是一个复杂系统，而层次分析法是将复杂系统决策过程模型化的有效方法，虽需要通过专家判断获得指标权重，但对专家判断矩阵进行一致性检验，可以降低主观干扰，得到相对准确的绩效指标权重。所以，本书主要采取层次分析法来评价合作社绩效。

层次分析法是一种多方案、多目标的系统化决策方法，其把复杂问题分成若干层次，每一层次逐步分析并将主观判断量化，再用加权方法计算每个方案对总目标的权数。其中，对矩阵元素值进行确定涉及两个步骤：一是挑选专家组成员；二是由专家进行打分。本书专家由政府农村合作经济指导部门工作人员 1 名、高校农民合作社研究者 4 名、合作社社长 2 名、一线工作人员 2 名组成。在专家打分阶段，尤其是建立判断矩阵往往会存在主观性比较突出的情况。因此，为了避免问题的严重化，减弱影响，通过利用德尔菲法对其进行优化，然后汇总 9 份专家问卷调查表，将每位专家的打分情况收集到判断矩阵集中，并用 yaahp 软件对判断矩阵集进行加权几何平均。以下主要针对层次分析法的指标权重明确过程进行论述，并主要以准则层为目标。

（1）针对目标层进行绩效判断矩阵 H 的构建，并按照以上专家打分步骤，对矩阵元素值进行明确，本书计算方法采用 Satty 的研究结论，具体见表 4-2。

表 4-2　判断尺度

标度	1	3	5	7	9	2、4、6、8
含义	同等重要	稍微重要	明显重要	强烈重要	绝对重要	两相邻判断的中间值

例如，针对元素 A 与 B，专家们采取三轮评分的方式，若在重要性方面所得出的结果是，A 明显重要于 B。由此可得到以下矩阵：

$$\begin{matrix} H & A & B \\ A & 1 & 5 \\ B & 1/5 & 1 \end{matrix} \tag{4-1}$$

指标层 1：X_1 与 X_2 同等重要，X_1 与 X_3 相比，其重要性介于同等重要与稍微重要之间，X_2 与 X_3 相比，其重要性介于同等重要与稍微重要之间。由此得到以下矩阵：

$$
\begin{vmatrix}
H_1 & X_1 & X_2 & X_3 \\
X_1 & 1 & 1 & 2 \\
X_2 & 1 & 1 & 2 \\
X_3 & 1/2 & 1/2 & 1
\end{vmatrix}
\tag{4-2}
$$

指标层 2：Y_2 与 Y_1 相比，其重要性介于稍微重要与明显重要之间，Y_3 与 Y_1 相比，其重要性介于同等重要和稍微重要之间，Y_2 与 Y_3 相比，其重要性介于同等重要与稍微重要之间。由此得到以下矩阵：

$$
\begin{vmatrix}
H_2 & Y_1 & Y_2 & Y_3 \\
Y_1 & 1 & 1/4 & 1/2 \\
Y_2 & 4 & 1 & 2 \\
Y_3 & 2 & 1/2 & 2
\end{vmatrix}
\tag{4-3}
$$

（2）对判断矩阵的最大特征值进行计算。首先，对所有元素进行几何平均值的计算，即 $M_i = \sqrt[n]{\prod_{j=1}^{n} a_{ij}}$，$i=1,2,\cdots,n$，得到向量 $M=(M_1,M_2,\cdots,M_n)^{\mathrm{T}}$，$n$ 为矩阵阶数。其次，对向量 M 进行归一化处理，$W_i = M_i / \sum_{j=1}^{n} M_j$，得到向量 $W=(W_1,W_2,\cdots,W_n)^{\mathrm{T}}$，$W_i$ 为每项指标所计算的权重。最后，根据公式 $HW=nW$ 得 $\lambda_{\max} = \frac{1}{n}\sum_{i=1}^{n}\frac{(HW)_i}{W_i}$，由此计算最大特征值。

（3）进行单层一致性检验。根据公式 CR=CI/RI，其中 $\mathrm{CI}=(\lambda_{\max}-n)/(n-1)$。CR 为一致性检验系数；CI 为单层一致性检验系数；RI 为平均随机一致性指标，其数值主要通过数学工具书查找得到，见表 4-3。

表 4-3　RI 值与 n 的关系

n	1	2	3	4	5	6	7	8	9	10	11
RI	0	0	0.58	0.90	1.12	1.24	1.32	1.41	1.45	1.49	1.51

当 CR ≤ 0.1 时，判断矩阵符合一致性要求，反之必须重新对判断矩阵进行调整。根据上述数据和公式展开计算，得出 CR < 0.1，明显符合一致性要求。所以，选择的权重系数可以被采用。根据上述流程，对指标层进行权重分析及一致性检验。最后，进行总体一致性检验。调研数据整理后具体见表 4-4。

表 4-4 农民合作社绩效指标权重

目标层	准则层	指标层	权重（W_i）
农民合作社绩效（A） 1.0000 CR=0.0001<0.1	收入绩效（B_1） 0.3750 CR= 0.0182<0.1	增收情况（C_1）	0.1195
		市场对接（C_2）	0.1134
		价格改进（C_3）	0.0496
		盈余返还（C_4）	0.0351
		溢出效应（C_5）	0.0574
	能力绩效（B_2） 0.5018 CR=0.0218<0.1	教育培训（C_6）	0.2308
		技术服务平台（C_7）	0.1209
		个人能力提升（C_8）	0.1501
	权利绩效（B_3） 0.1232 CR=0.0187<0.1	入社机会（C_9）	0.0257
		表决权（C_{10}）	0.0320
		选举权（C_{11}）	0.0148
		被选举权（C_{12}）	0.0101
		知情权（C_{13}）	0.0210
		收益分配权（C_{14}）	0.0196

注：式（4-1），CI=0、RI=0、CR=0；式（4-2），CI=0、RI=0.58、CR=0；式（4-3），CI=0、RI=0.58、CR=0，均通过一致性检验

从表 4-4 可以看出，能力绩效所占的权重最大（0.5018），其次为收入绩效（0.3750）和权利绩效（0.1232），在收入绩效的子指标中增收情况是权重最大的子指标，增收情况是其他指标的最终反映，也是收入绩效的最直观表现，其为权重最大的子指标与实践一致。能力绩效权重最大的子指标是教育培训，且其余两个子指标的权重均比较高，表明只有社员的能力提升了，才能共同推进乡村振兴的可持续性，才能进一步提高社员的收入与保障其权利。权利绩效的指标权重都较小，由此可见社会各界对社员权利不足现象关注较少，有待重视。

第五节 农民合作社绩效水平测算

一、数据来源与样本描述

建水县 X 乡全乡一共有 15 个农民合作社，其中 1 个国家级示范社，2 个省级

示范社，1 个州级示范社；全乡辖 6 个建制村，其中 4 个为原贫困村，有 2 个原贫困村为深度贫困，综合来看选择建水县 X 乡的农民合作社作为样本研究农民合作社绩效情况具有合理性和可实现性。因此，课题组成员于 2019 年 6 月至 2019 年 8 月在 X 乡进行田野调查，对合作社的管理人员、低收入户代表、合作社社员、村干部、政府振兴部门采用深入访谈和问卷调查的方式来收集数据。合作社空壳化和难以联系合作社核心成员等原因，本次调查共走访 10 个合作社，共计发放农民合作社调查问卷 121 份，收回有效问卷 102 份。

通过 Excel 对 102 份农户的基本信息进行描述性统计，主要从个人属性、合作社属性两个方面进行统计描述（表 4-5、表 4-6）。

表 4-5　个人属性

属性	选项	人数/人	占比
性别	男	67	65.69%
	女	35	34.31%
年龄	18～30 岁	6	5.88%
	31～40 岁	15	14.71%
	41～50 岁	55	53.92%
	51～60 岁	23	22.55%
	60 岁以上	3	2.94%
学历	小学及以下	24	23.53%
	初中	60	58.82%
	高中或中专	11	10.78%
	大专及以上	7	6.87%
是否为原建档立卡贫困户	是	19	18.63%
	否	83	81.37%

注：数据未经过修约，可能存在合计不等于 100%的情况

表 4-6　合作社属性

合作社代号	成立时间/年	注册资本/万元	社员人数/人	合作社类型	示范社级别	有效问卷数/份
1	2016	300	5	养殖型	无	5
2	2010	238	230	种植型	国家级	22
3	2010	270.9	183	营销型	省级	14
4	2008	126	16	营销型	州级	14
5	2015	30	5	种植型	无	5

合作社代号	成立时间/年	注册资本/万元	社员人数/人	合作社类型	示范社级别	有效问卷数/份
6	2014	470	7	种植型	无	7
7	2012	60	10	养殖型	无	7
8	2017	120	5	种植型	无	5
9	2008	3	20	种植型	无	8
10	2014	180	86	综合型	无	15

如表 4-5 所示，在所调查的 102 名合作社成员中，有 67 名男性，35 名女性；年龄层次基本都在 30 岁以上，多集中在 41～50 岁，表示受访者中劳动力较为充沛；但是他们的学历大多在初中及以下，说明受教育水平不高。

根据表 4-6，合作社成立时间最早为 2008 年，最晚为 2017 年；注册资本 3 万元到 470 万元不等；社员人数最多为 230 人，最少为 5 人；其中，种植型合作社为 5 个，养殖型合作社为 2 个，营销型合作社为 2 个，综合型合作社为 1 个。由此可以看出，样本合作社基本特征丰富，囊括了大部分合作社的基本特征，具有典型性和代表性。

二、农民合作社绩效测算与分析

取每家合作社样本数据的平均值作为合作社的代表值进行样本处理，同时采用功效系数法[计算公式：$A_{ij} = \dfrac{(X_{ij} - X_{\min})}{(X_{\max} - X_{\min})} \times 50 + 50$，$X_{\max}$ 为所在项最大值，$X_{\min}$ 为所在项最小值，X_{ij} 为第 i 个评价对象第 j 项指标]，对各个合作社的数据进行无量纲化处理，经过处理的数据居于 50～100，而且不会使合作社的位次发生变化，得出表 4-7。

表 4-7　农民合作社绩效情况无量纲化结果

序号	C_1	C_2	C_3	C_4	C_5	C_6	C_7	C_8	C_9	C_{10}	C_{11}	C_{12}	C_{13}	C_{14}
1	68.71	100.00	99.31	87.50	54.33	56.25	50.00	98.37	50.00	72.75	50.00	50.00	69.01	72.75
2	77.00	100.00	74.97	75.00	58.45	87.50	93.75	100.09	66.67	80.54	66.67	66.67	75.65	64.97
3	68.82	83.33	63.62	50.00	59.48	75.00	68.75	80.25	55.00	68.56	69.23	69.23	67.02	64.37
4	50.26	83.33	74.31	75.00	85.00	68.75	87.50	78.90	70.00	55.98	71.15	71.15	63.84	66.46
5	68.08	50.00	75.00	50.00	62.20	50.00	75.00	87.59	100.00	100.00	100.00	100.00	100.00	100.00
6	57.49	79.17	67.36	50.00	71.84	93.75	68.75	74.00	50.00	50.05	58.33	58.33	50.07	50.05

续表

序号	C_1	C_2	C_3	C_4	C_5	C_6	C_7	C_8	C_9	C_{10}	C_{11}	C_{12}	C_{13}	C_{14}
7	81.53	83.33	94.68	100.00	75.00	68.75	56.25	67.33	50.00	68.21	70.83	70.83	81.06	72.75
8	100.00	83.33	60.42	50.00	52.08	62.50	50.00	80.25	50.00	72.75	75.00	75.00	69.01	65.94
9	53.27	50.00	62.40	50.00	50.00	93.75	50.00	62.58	51.67	57.18	64.29	64.29	60.89	53.29
10	64.56	66.67	60.42	50.00	50.00	50.00	50.00	57.84	50.00	66.91	69.64	69.64	75.65	61.07

收入绩效 $B_1 = w_1c_1 + w_2c_2 + w_3c_3 + w_4c_4 + w_5c_5$（其中 $c_1, c_2, \cdots, c_5$ 为对应数据无量纲化后的值，$w_1, w_2, \cdots, w_5$ 为指标权重）；能力绩效 $B_2 = w_6c_6 + w_7c_7 + w_8c_8$（其中 c_6、c_7、c_8 为对应数据无量纲化后的值，w_6、w_7、w_8 为指标权重）；权利绩效 $B_3 = w_9c_9 + w_{10}c_{10} + w_{11}c_{11} + w_{12}c_{12} + w_{13}c_{13} + w_{14}c_{14}$（其中 $c_9, c_{10}, \cdots, c_{14}$ 为对应数据无量纲化后的值，$w_9, w_{10}, \cdots, w_{14}$ 为指标权重）；总绩效 $A = B_1 + B_2 + B_3$，通过计算得出 10 个样本合作社的绩效，如表 4-8 所示。

表 4-8 农民合作社绩效计算结果

合作社代号	收入绩效值	能力绩效值	权利绩效值	绩效总值	排名	等次
1	30.67	33.79	7.73	72.19	5	良
2	30.25	46.55	8.81	85.61	1	优
3	26.00	37.67	8.00	71.67	6	良
4	26.65	38.29	8.01	72.95	2	良
5	22.85	33.75	12.32	68.92	8	中
6	25.07	41.06	6.37	72.50	4	良
7	31.70	32.77	8.36	72.83	3	良
8	29.14	32.52	8.22	69.88	7	中
9	19.76	37.08	7.08	63.92	9	中
10	22.90	26.27	7.95	57.12	10	差

注：排名按照各合作社绩效总值大小排序；按照 9 位专家的建议，把合作社绩效分为 5 个等级：90～100 分为特优，80～90 分为优，70～80 分为良，60～70 分为中，小于 60 分为差

通过计算可知，现阶段建水县 X 乡合作社总绩效最高得分 85.61，最低得分 57.12，平均得分为 70.76，合作社取得一定成效，但并不是很高。收入绩效最高的是 1 号合作社，为 30.67，其主要养殖肉牛，并开设一个饭店，产销结合，因而在增收方面表现较为出色；能力绩效最高的是 2 号合作社，为 46.55，其主要从事洋芋的种植和加工，与几个高校和农科院均有合作，因而在引进新技术、建设技术服务平台、教育培训、提升农户个人能力等方面表现比较出色；权利绩效最高

的是 5 号合作社，该合作社由村支书牵头，联合低收入群体组建的水果种植合作社，社员人数较少，权利享有比较充分。

其中合作社 2、3、4 分别为国家级、省级、州级示范社。这 3 家示范社的绩效平均值为 76.74，高于为总体平均值 70.76。2 号合作社作为国家级示范社绩效总值为 85.61，在 10 家合作社中排名第 1 名，绩效水平为优。3 号和 4 号合作社绩效总值分别为 71.67 和 72.95，排第 6 名和第 2 名，绩效水平均为良。3 个示范社中 3 号合作社表现最差的主要原因一方面是该合作社主要从事野生菌的收购和加工，野生菌季节性较强，只有夏季出产，夏季农户增收可观，但在其他季节几乎没有收入，增收可持续性相对较差；另一方面是野生菌的采集所需技术水平较低，对于农民的能力提升帮助较小。总体上来看，具有示范级别的合作社绩效更高，但仍有待进一步提升。

第六节　结　　语

综上，本章基于农民合作社可持续发展机理分析，结合云南省农民合作社的发展现状和存在问题，将农民合作社绩效分为收入绩效、能力绩效和权利绩效，运用层次分析法确定了合作社绩效各指标的权重。最后选取了 10 个样本合作社，评估其绩效，发现合作社已取得一定成效，但仍有待进一步提升。研究为农民合作社绩效的评价提供了综合性视角，扩展了绩效评价的内容，不再只局限于组织的经济效益评价，更加注重个人与社会的效益评价，同时为合作社可持续性功能的效果评价进行了探索性研究，为合作社绩效的量化研究提供了理论指引。

第五章　农民合作社促进乡村振兴的机理和实践

第一节　农民合作社促进乡村振兴的机理

农民旅游合作社是乡村振兴背景下有效推动乡村旅游的一种经济实体，自2016 年中央一号文件提出必须"积极扶持农民发展休闲旅游业合作社"，2017 年中央一号文件进一步"鼓励农村集体经济组织创办乡村旅游合作社"以来，农民旅游合作社的数量和研究逐渐增多，因此，本节以农民旅游合作社为例，具体分析其促进乡村振兴的机理。

一、农民旅游合作社促进乡村振兴的优势

农民旅游合作社具备两个明显特征，一是坚持合作社章程和理念，受合作社互助性质和乡村互助性传统文化的影响，仍天然地具备益贫性；二是依托当地的旅游资源，以旅游产业为主导产业，发展休闲农业和观光农业，融合发展农业与旅游产业。相较于一般农民合作社，农民旅游合作社享受着多项政策红利，具备的振兴乡村优势更加明显，研究着重分析了其在资源、组织、产业、市场方面的促进乡村振兴优势。其中，资源是乡村旅游发展的基础，组织是旅游资源集聚和整合的抓手，产业是资源开发和组织经营形成的产物，也是旅游市场形成的基础，四者循环发展形成农民旅游合作社促进乡村振兴优势，框架如图 5-1 所示。

（一）资源层面的促进乡村振兴优势

旅游资源是脱贫地区旅游活动赖以存在和发展的最基本条件，农民旅游合作社这一乡村振兴主体可以充分集聚和整合旅游资源，发挥资源优势。首先，农民

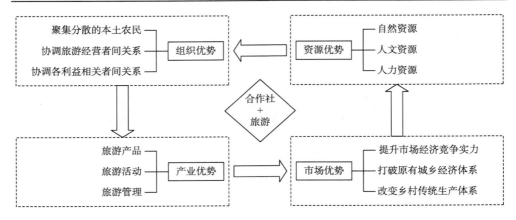

图 5-1　农民旅游合作社促进乡村振兴的优势

旅游合作社将造成乡村落后的闭塞自然地理环境转化为乡村旅游的基本吸引物，开发自然风光旅游资源，重视聚落景观、地貌环境、水域景观等自然环境要素，种植观赏型作物，改善旅游服务设施，形成促进乡村振兴的基础旅游条件。其次，农民旅游合作社深入挖掘文化旅游资源，重视民居建筑、传统风俗、村规民约、生产生活方式、民间工艺艺术、地方特色美食、民族传统服饰、传统节庆活动等传统文化要素，延伸旅游参与的广度和深度，以增强乡村旅游帮扶活力。最后，农民旅游合作社将传统农业生产中非劳作主力的村民作为乡村旅游的开发者、经营者与受益者，在充分发挥村民的主体地位、积聚其力量开发自然及文化旅游资源的同时，也将村民打造为文化旅游资源的承载体、乡村旅游的核心吸引物。

（二）组织层面的促进乡村振兴优势

农民旅游合作社具备合作社的基本人合和资合双重性质，可以充分发挥集体组织的优势。首先，农民旅游合作社由建立在血缘、地缘、业缘等关系基础上的熟人信任形成，可以聚集人力资本，将分散的农民有效组织起来，发挥农民的主体性[143]，为乡村旅游发展留住所需人才。其次，农民旅游合作社可以改善以农家乐为主要形式的乡村旅游经营环境，通过组织协调乡村旅游经营者之间的利益，解决资源难以集中利用、旅游产品同质化和恶性竞争的问题。最后，农民旅游合作社可以组织协调政府和农民间关系，能够上传农民的想法和需求，下达乡村振兴的资源和政策[144]，也可以协调旅游公司和农民间关系，能够保障和提升农民话语权和决策权，维护农民在乡村振兴中的主体地位。

（三）产业层面的促进乡村振兴优势

旅游业作为综合性强、关联度高的产业，是乡村产业结构变革及一二三产业融合发展的重要依托。因此，将旅游业作为核心发展的农民旅游合作社，综合性地开展餐饮、住宿、旅游产品、旅游活动、景区景点开发等旅游业务，有助于农民实现就地就业、脱贫地区实现农业与旅游业的深度融合发展。乡村振兴战略下农民旅游合作社积极开发农家乐、休闲农庄、乡村民宿等多种业态的旅游产品，打造采摘、种植、垂钓等农事体验，举行非遗文化、体育赛事、传统节庆等旅游演艺，销售农特产品、旅游手工艺品，并对餐饮、住宿、商品、景区景点进行统一管理、监督检查，从而打造出可持续发展的乡村旅游产业链，在带动农民广泛参与旅游活动的同时改善乡村旅游产品质量、提升乡村旅游服务水平、满足旅游者高质量需求。

（四）市场层面的促进乡村振兴优势

脱贫攻坚工作已经解决农村绝对贫困问题，但在乡村振兴背景下如何解决相对贫困是未来重点关注问题，尤其是城乡收入差距问题[145]，这是导致城乡之间发展不平衡的主要原因。农民旅游合作社可以通过市场优势来缓解城乡之间发展的不平衡。首先，农民旅游合作社通过集聚功能和市场交易可以避免资源的同质化竞争、提升农民及农村的市场谈判地位，从而增强对抗市场垄断势力和抵御市场风险的能力，提升农村旅游经济实力。其次，农民旅游合作社通过开发乡村旅游可以将乡村经济纳入市场经济体系之中，打破原本割裂的城乡经济体系。乡村作为城市旅游消费者放松身心、享受休闲旅游和健康旅游的重要场所，具有一定规模的旅游消费市场，利用旅游经济发展可以分享城市经济发展的成果。最后，农民旅游合作社可以改变乡村自给自足的传统农业生产体系。农民旅游合作社为传统农产品赋予文化价值、特色创意，通过生产、流通、交换、分配等市场化运营，引导传统农耕转变为高附加值的农业观光、农事体验、休闲度假，将自给自足的传统农业生产体系转化为现代化的旅游市场消费体系，减缓乡村面临的市场环境严峻性问题。

二、农民旅游合作社促进乡村振兴的原理

进入乡村振兴阶段，贫困治理重点从绝对贫困转向相对贫困，从单维贫困转向多维贫困。生计资本不足是制约低收入人群稳定增收和农村地区长远发展的重

要原因[146]，解决脱贫人口的生计资本问题是区域消除相对贫困、解决多维贫困并实现可持续发展的主要目标。因此，研究依据应用最为广泛的DFID（英国国际发展署，Department for International Development）可持续生计分析框架[147]，将包含自然资本、物质资本、人力资本、金融资本、社会资本的生计资本作为衡量乡村振兴的重要标准，分析农民旅游合作社提升农民生计资本的过程，探究其具体促进乡村振兴的机理，如图5-2所示。

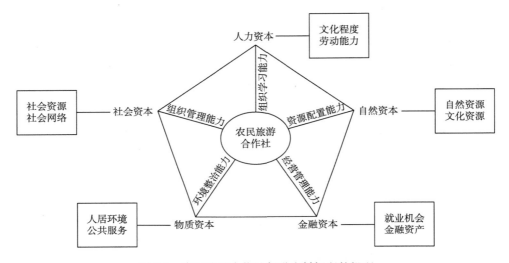

图 5-2　农民旅游合作社促进乡村振兴的机理

（一）挖掘农民自然资本

自然资本是生计所依赖的土地、生物多样性等无形的公共资本和水、土地等有形的生产资本，是已脱贫人口实现振兴所能利用到的自然资源和生态环境，其利用程度在根本上决定了振兴难度与风险。农民旅游合作社凭借资源配置能力挖掘农民自然资本，既可以形成合作社的资源优势，为旅游产业发展奠定基础，又能避免工业化所引起的不可再生资源消耗问题，从而提升农民自然资本的利用效率和生产能力，保障农民基本生活生产需求。

一方面，农民旅游合作社引导农民以林地经营权、土地经营权、房屋等自然资源要素加入合作社，可以使农民土地经营权和承包权得到有效保障，通过农事旅游活动转变土地传统耕地的单一利用价值，降低对耕地资源的依赖程度，通过住宿、餐饮旅游服务转变房屋传统的个人及家庭居住功能，促进房屋增值。另一方面，基于特色文化作为乡村旅游持续吸引力的现实情况，农民旅游合作社开发附加在自然资源基础上的特色建筑、传统技艺、特色饮食等文化要素，促使农民以自身具备的传统特色文化参与旅游演艺活动及旅游商品创新开发等，从而改变单一的传统农业生产方式，降低自然灾害对生计造成的脆弱性影响。

（二）改善农民物质资本

物质资本是在生产生活过程中需要的基础设施和生产工具，物质资本的匮乏会导致贫困恶性循环[148]，是制约农民维持生计和提高生产力的关键要素。农民旅游合作社以环境整治能力改善农户物质资本，既遵循了乡村振兴的生态宜居建设要求，又可以改善农民人居环境和公共服务、净化旅游发展环境、增强农民发展能力。

缺少完善的住房条件和基础设施、必要的生产资料是致贫的关键因素，而农民旅游合作社一方面可以在农民以经营农家乐、乡村民宿等方式参与旅游产业发展的过程中，对其居住房进行标准化管理与特色化经营，使得农民房屋居住条件得到明显改善、住宿和餐饮等接待设施能力得到显著提升。另一方面，农民旅游合作社在打造旅游产业时，会先将获得的国家及地方帮扶资金用于交通、通信等基础设施的改造，从而改善卫生、医疗、休闲、交通、通信等公共服务滞后的局面，提升公共服务能力和社会保障水平，保障农民的基本需求；提升旅游市场的可及性，充分实现农民潜在的生产能力。

（三）提升农民人力资本

人力资本是指农户知识水平、劳动能力、专业技能水平和健康状况等能力状况，反映其他四种资本的利用程度。依据舒尔茨的人力资本理论，人力资本的积累是促进经济增长的源泉[149]，因此人力资本不足是影响农民返贫的本质原因，严重阻碍脱贫地区的稳定发展。农民旅游合作社以组织学习能力提升农户人力资本，可以转变脱贫地区农民文化程度低、劳动能力不足的双重特征，盘活人力资源，为乡村振兴提供人力支撑。

教育和培训可以增进农民人力资本积累，提高其工作效率和收入水平。一方面，农民旅游合作社提供的教育培训是阻止知识贫困代际传递的关键，能提升农民对当地民风、民俗的系统化认知水平，增强其掌握旅游服务理念、经营管理技巧等新知识、新信息的能力，并提升其语言学习能力、对民族文化技艺的传承能力及旅游管理能力。另一方面，农民旅游合作社开展的技术培训有助于农民掌握系统的如酒店管理、餐饮服务、导游讲解等理论知识与实际操作技能，提高专业服务技能和市场经营水平，从而消除农民基础教育不足带来的能力缺失问题。

（四）增强农民金融资本

金融资本是用来实现生计的现金、可获得的贷款和个人借款等资金的积累及流动，可以衡量农民经济收入水平与生计选择方式，是遏制农民返贫的金融手段。农民旅游合作社发挥经营管理能力增强农民金融资本，促进农民以自有资金、扶持资金加入农民旅游合作社经营活动，从而增加存量和流量两种资金。

一方面，在存量资金方面，农民旅游合作社通过酒店、餐馆、商店等旅游基础服务设施和旅游演艺、农耕体验、休闲娱乐、乡土教育等旅游活动为农民提供旅游务工机会，实现农民劳动力就地就业。另一方面，在流量资金方面，农民旅游合作社增加农民从正规渠道获取的贷款及无偿现金援助，农民参与乡村旅游发展过程中会获得政府贷款和补贴，从而提升生产能力和家庭收入。

（五）构建农民社会资本

社会资本是为实现生计目标而建立的人际关系网络、加入的社会组织等社会资源，对增加收入、减轻相对贫困、提高劳动生产力有显著的正向影响，有助于农民跳出贫困陷阱。农民旅游合作社以组织管理能力构建农民社会资本，既可以完善农民社会关系网络，扩大其信息来源渠道，又可增强农民之间的信任和合作能力，抑制传统的熟人社会发生转变。

一方面，农民参与农民旅游合作社培训，可以学会使用现代网络宣传旅游产品，与旅游者和社会外界的联系增强，有助于扩展社会资源。另一方面，农民旅游合作社兼顾公平与效率，避免能人俘获与恶性竞争，按照合作社法律章程规定保障农民在旅游规划、就业入股中的参与权，保护农民传承传统文化、民族技艺的权利，提升农民的话语权及平等参与公共事务的权利，使得农民在农民旅游合作社这一利益共同体的合作交流平台上建立了信任和互助；同时，农民参与合作社组织的活动，可以增强与其他村民之间的联系与合作，提高社交能力及社会网络。

总体而言，农民旅游合作社作为国家帮扶政策实施的组织抓手、旅游资源转化为经济效益的关键桥梁、乡村旅游产业发展的核心载体及市场化经济体系的经营主体，是联结政府与市场、旅游供给与需求的最有效的中间环节，可以推进农民作为开发者开发旅游资源，作为经营者开展多样化旅游服务，作为受益者提升生计资本，为消除相对贫困、多维贫困提供新的发展路径。

三、农民旅游合作社促进乡村振兴的效果

农民旅游合作社以自身组织能力改善农民生计资本，既有助于转变农民生计方式，降低其生计脆弱性，又在一定程度上改善农民生活空间、提升其可行能力与经济收入，为其创造更多参与旅游发展机会，从而达到可持续化的乡村振兴效果。研究基于丽江玉湖旅游农民专业合作社案例，具体分析农民旅游合作社促进乡村振兴的效果。

（一）转变农民生计方式

农民旅游合作社利用集聚性的旅游产业优势、灵活的市场化机制盘活农户宅基地、农业用地及闲置用地，将土地资源转变为土地资本，推进土地利用规模化、集约化、科技化，可以在降低农民个人面临的家庭事故、自然灾害、政策风险、市场风险等内外部风险，改善农民生计脆弱性的同时，将农民从种植业、养殖业等传统农业生产中解放出来，转变土地开发模式，以民宿、餐馆、商店、茶庄等旅游经营要素破解农民用地瓶颈、提升土地利用价值。早期玉湖村农民多以种植玉米、小麦等农作物和苹果等经济林为收入来源，但自2004年玉湖村成立旅游合作社以来，通过建立马场、民宿、农家乐、餐馆等，丰富了农民获取生计的方式，促进玉湖村由传统的农业产业结构向乡村生态旅游业转变。

（二）改善农民生活空间

农民旅游合作社在乡村振兴战略及生态文明建设方针下通过改善农民生活空间，实现生态振兴。农民旅游合作社能够加大人居环境整治力度、构建绿色管理支撑体系，避免农民传统生计方式的破坏，整合现有旅游资源、生产生活方式，在旅游环境承载力范围内实现资源、环境的最大化利用，提升农民的生存质量与发展空间。玉湖旅游农民专业合作社按照典型的纳西族传统建筑，将房屋统一修建为三房一照壁的形式，美化村落人居环境；并按照与民居建筑相协调的原则，提取30%的旅游发展基金来修建马场管理中心、游客休息中心、停车场、售货室、卫生室、老年活动中心等旅游服务设施及公共基础设施，提高了农民生活质量。同时，农民旅游合作社能实行严格的生态环境保护制度，玉湖旅游农民专业合作社成立之初设置的《骑马、徒步玉龙雪山旅游者须知》和《玉湖乡村旅游对游客的告示》直接解决了乡村旅游无序发展时旅游资源过度开发、旅游监督管理不到位、旅游污染率高等生态环境问题，进而树立生态旅游振兴形象，将生态资源转

化为旅游资源再转化为帮扶资源，激发农民稳定发展的内生动力。

（三）提升农民可行能力

依据森的可行能力理论，农民旅游合作社不仅能解决农民经济方面的问题，更能解决其能力方面的问题。农民旅游合作社是现代企业制度的合作社，从其筹备建立、信用融资、社员入社退社、股份设立、盈余分红等都具备现代企业管理的理念和方式，有机会为农民制定教育培训制度，玉湖旅游农民专业合作社主要提供普通话培训，提升农民的文化教育素质、自组织能力和参与旅游能力；有能力为农民提供现代技术培训，玉湖旅游农民专业合作社通过举办多期旅游服务技能培训讲座，提升了导游讲解水平、牵马服务人员的安全意识、旅游接待人员的服务意识，进而提升了农民的谋生技能、抗风险能力、生产能力和竞争能力，逐渐消除知识返贫现象。

（四）提高农民经济收入

依据舒尔茨的收入流理论，农民旅游合作社能够增加农民收入来源及就业机会，如农户以土地经营权、闲置房屋、技术等出资入股农民旅游合作社，可以定期获得股份分红；以土地流转、房屋出租等方式获得地租收入；以开办农家乐和特色民宿、创新手工技艺、销售旅游商品获得餐饮、住宿、商品等收入；以社内务工、技术服务、自主创业获得工资收入，得以实现增收及生活富裕。例如，2003年玉湖村农民人均纯收入为937元，人均有粮不足300公斤；但在旅游合作社组建之后，2015年玉湖旅游农民专业合作社接待游客数达78 255人次，牵马服务人员年人均收入近3万元，旅游合作社从业人员年收入超过2万元，其他客栈、餐饮、旅游购物收入达80余万元，村落及农民整体经济收入水平得以提升。农民旅游合作社也能整合农业资源、旅游资源与文化资源，促进农业、旅游产业与文化产业结合，延长产业链价值，优化产业经济结构，促进农村经济增长，进而通过涓滴效应对农民产生间接影响。

（五）增加农民参与机会

农民旅游合作社赋予农民一定知情权、参与权、监督权，为农民提供旅游务工机会、盈余分配机会，提高了农民的参与话语权和机会可获得性。玉湖旅游农民专业合作社按照资源共有、利益共享、人人参与、户户受益的发展原则，构建了平等公平的利益分配机制、旅游参与机制、监督管理机制，建立了政府、旅游合作社、农民共同参与式发展模式，以实现农民与政府、企业等主体的平等对话与协商，维持农民的主体地位及减贫效果，并激发其积极性、主动性与创新性。

第二节　农民合作社促进乡村振兴的实践

一、发达国家农民合作社促进乡村振兴实践

（一）美国农民合作社助力乡村振兴措施

美国的农民合作组织起源于 19 世纪初期，发展至今已有 200 年左右历史，至今依然在农业生产、农产品贸易、农业技术推广等领域发挥着不可替代的作用[104]。在美国，农业以家庭农场经营为主，合作社则以家庭农场作为基本的农业生产单位。因此，美国的农民合作社通常也被称作农场主合作社。据美国农业部的统计数据，2015 年美国农民合作社超过 4000 个，拥有 300 多万社员，年交易额超过1000 亿美元[115]，其推进乡村振兴的具体措施包含：①保证相关政策的连续性。从 20 世纪 20 年代初制定的《帕尔·沃尔斯太德法》，到 1926 年制定的《合作社市场法案》、1937 年《农业营销协定法》、1967 年《农业公平交易法》等政策法规[150]，保障了农民在产品交易中的公平公正、与市场的无障碍交流等权益。②建立先进规范的管理机制。合作社不再局限于一人一票制，社员的决策权大小取决于认购股份的多寡，这更能体现权利与义务的一致性[151]；合作社聘请专门的职业经理人来管理，避免投资的盲目性；社员获得的惠顾利益占据合作社总收益的 80%，其余 20% 一般作为追加股本[126]，这样既能够保证社员股东权的延续，又有利于合作社资金积累，有利于合作社的长远发展。③增加低收入人群经济收入。合作社通过发展加工业提高产品的附加值，从而增加社员收入。美国农民合作社将其主要业务定位于对原料农产品进行加工增值，而社员也从纯粹的农业生产者向产业经营者转变[127]。④提供优质技术培训。美国政府为合作社提供包括合作社运营状况或财务状况分析、农产品加工项目的可行性分析、国家法律条款的解读等免费的咨询服务，提升农民技术服务能力[127]；同时，美国政府还开设合作社股份交易市场，为合作社提供良好的市场化环境。

（二）法国农民合作社助力乡村振兴措施

农业合作社的思想最早起源于法国，从 20 世纪 60 年代起，法国先后颁布《农业指导法》《合作社调整法》《农业合作社条例》，推进法国农业成熟发展[152]。2018年，法国有 1.3 万个农业合作社，有 3800 家农业合作企业，90%的农民都参加了合

作社，其年营业额达 1650 亿欧元[153]。其推进乡村振兴的具体措施包含：①颁布相关政策、法律法规。法国于 1990 年制定了《农业互助保险法》，由法律或法规确定农业保险项目、保险责任、再保险、保险费率、理赔计算等事项；积极鼓励农业合作保险组织的建立和农村互助保险的发展，可以向政府机构和非官方协会机构进行农业再保险，以分散风险，获得足够补贴；并对农村互助保险实行低费率、高补贴政策，农民只需缴纳保费的 20%～50%，其余部分则全由政府负担，以此保障农业保险中农民的利益[131]。②积极维护农民利益。集中整合农业生产需求，节约农民生产经营成本，将服务内容由传统的生产资料购买、农产品销售、为社员提供技术与信息拓展到加工、储藏、运输、贸易、金融与保险等更广阔的领域，形成了完善的农业社会化服务体系，为社员提供产前、产中和产后各个环节的全方位服务；农业合作社连接了农产品生产与销售，农民通过农业合作社以团体的力量应对日益激烈的市场竞争，并且通过议价的方式影响农产品市场价格，增强农民的市场话语权[154]。③建立分工明确的经营体系。农业合作社与家庭农场之间既独立又合作的双层经营结构，家庭农场负责农业种植和生产，而合作社则主要负责在产前、产中提供农业生产服务，产后负责运输销售，实现了农工商一条龙、产供销一体化经营的模式[132]。④加大科研投入力度。在病虫害防治和农业肥料方面，法国大力开发和使用对环境破坏小的生物制剂和有机肥料；推行"农民高学历"计划，以农业中学教育资源为依托，形成了教育、科研与技术推广结合、不同层次配套的农业教育体系；设立农业初中、青年农民技术培训中心和短期专业技术教育班，同时规定只有取得农业职业培训证书者才能成为合格的农业经营者[131]。

（三）荷兰农民合作社助力乡村振兴措施

荷兰是一个合作社发达的国家，在许多领域农业合作社的市场占有率达 80%以上[155]。合作社是荷兰农业的关键参与部分，是饲料和其他农业投入如农业信贷等的主要提供者，是农产品的主要加工者，负责大部分园艺产品的销售[156]，为农民提供大量工作机会，加快农民致富进程，尤其是农村地区。其助力乡村振兴的具体措施包含：①在合作社制度上确保合作社成员的所有权。荷兰农业合作社坚持成员所有、成员控制和成员受益的基本原则，合作社由农民自愿加入，不管资产、资金多少，均享有一人一票的权利，农民有权选举自己的代表组成董事会或理事会；在合作社的决策过程中，通常采取一人一票制，并根据少数服从多数的原则进行决策，但也有一些合作社采取一人多票或比例性投票制，即成员的投票数跟该成员与合作社的交易量或交易额挂钩[157]。②在经济上保障合作社成员收入。荷兰农业合作社与成员通过产权纽带和市场契约连接起来，作为惠顾者，成员与合作社签订收购合同，将其符合质量要求的产品供给合作社，而合作社有义务收购成员生产的产品，进行加工、销售；作为所有者，合作社成员通过选举产生社员代表及理事会，按照向合作社交售的农产品数量获得盈余返还[158]。③合作社提供专业化服务。荷兰合作社大多从事单一项目的生产服务，使其服务对象和服务内容较为集中，不仅熟悉这些农产品的特性，而且懂得消费者的心理和市场趋势，能够成为特定产品中的行家，围绕单个品种农产品的生产、加工和销售等环节指导农民；实行专业化服务，农民按照不同品种分工和不同工序分工，合作社则帮助农民进行加工、销售、配送等工作，使单个农场的小生产能够有效提高生产效率，增加农产品的数量和种类；为提升加工销售配送能力，合作社内部设有金融信用服务，贷款回收率比较高[159]。

二、发展中国家农民合作社助力乡村振兴实践

（一）印度农民合作社助力乡村振兴实践

印度自 1904 年成立第一个合作社，近年来印度农民合作社已成为世界上重要的农业合作组织网络，主要分为信贷合作社、生产合作社、销售和消费合作社、加工和仓储合作社、生产资料供应合作社和支持农业的工业合作社六大类[160]。据统计 2013 年，印度全国有 52.8 万个农村合作社，组织成员人数达到 2.29 亿人，总运营资本为 285 643 亿卢比，覆盖范围是全国所有村庄和 67%的农户[161]。其推进乡村振兴的具体措施包含：①构建民主化管理模式。印度农民合作社通过社员的选举来进行合作社的日常决策、决定合作社的代表和管理机构。合作社社员可以自由出入，加入合作社后，社员享有相应的权利和履行相应的义务，可通过入股的方式参与到项目的开发，除支持合作社的运营成本外，其余收益都按照份额进行分红[162]。②政府加大支持力度。帮助农村专业合作组织制订发展战略规划，如成立全印度奶业发展局等管理机构，以项目实施形式帮助合作组织发展；通过教育和宣传，增强农民的合作理念，已形成较完整的合作社教育培训网络，包括国家级合作学院、邦级合作学校、区域性合作学校；已有较多农民参加合作社组织的培训。

（二）巴西农民合作社助力乡村振兴实践

巴西合作社本身不以营利为目的，只是一个向社员提供产、供、销及市场信息一条龙服务的经济联合体。1969 年巴西成立了全国农业合作总社，1988 年巴西宪法明确了合作社的合法性，并给予相应资金支持。到 1989 年 7 月底，全国合作社已发展到 4000 多个，社员户数增加至 400 多万户[163]。巴西合作社组织拥有四

个层次，由高级到低级依次是全国合作社组织、州合作社组织、中心合作社和基层合作社；从合作社类别来看，主要有供销合作社、渔业合作社和农村电气化合作社等，主要为农户提供技术、信息、相关培训，以及农产品储存、加工、运输、销售、基础建设等一系列服务[164]。其推进乡村振兴的具体措施包含：①构建以社员为核心的运营体制。巴西农业合作社的重大事宜均需由社员大会投票表决通过后才能实施，每个社员拥有均等的投票权；合作社在不受外界干预的前提下进行自主经营，其自上而下的组织关系只是由自下而上的资产联合而成立，不存在行政上的隶属关系[165]。②整合合作社多样化的资源。合作社针对社员生产农产品进行深加工与运销一体化[166]，通过自办龙头企业带动来组织农户发展农产品产供销体系，龙头企业与合作社实施统一的经营决策层，通过企业引领农业合作社发展方向，完成农产品价值链的整合与构建；在政府、市场和农民之间架起了一座直达的桥梁，以压缩中间环节和降低生产、流通成本，避免了农户零、小、散、乱且无序和盲目生产，并推动农业生产、实现供销一体化。③优化服务，提升收入。合作社专注于对良种培育、技术指导、仓储运输、加工销售环节的服务，帮助农民更好地生产[167]；合作社下属的农业合作信用社则可以通过低息贷款形式来帮助农户对生产资料实施资本深化；合作社盈利的 10% 是合作社发展储备金，以补贴经营亏损和发展建设，收益的 5% 则留存作为技术、教育和社会基金，用以帮助合作社成员及其家庭，剩余部分则按照合作社成员在合作社交易的数量进行分配[168]。

（三）孟加拉国农民合作社助力乡村振兴实践

孟加拉国传统的合作社由三个层次组成，包含全国性合作社组织、地区性合作社组织、基层合作社组织；由合作社土地抵押银行、多功能合作社组织、农业合作社组织、渔民合作社组织、糖料种植业者合作社组织、牛奶生产者合作社组织、纺织业者合作社组织和妇女合作社组织等类型组成[169]。其推进乡村振兴的具体措施包含：①农业合作社和管理委员会定期召开会议，通过会议，合作社成员和管理委员会成员有机会参与合作社的事务，对合作社的经营活动发表意见和看法；②保证合作社成员参与合作社重大事件决策的权利，可以增加合作社成员对合作社的兴趣，在农民合作社组织中找到自己的位置，积极参与合作社各项事务；③定期对合作领导者、成员和管理人员进行知识教育和技能培训，这在一定程度上决定了农民合作社的成功。

三、国外农民合作社促进乡村振兴实践对我国的启示

作为构建新型农业经营体系的重要组成部分，发展农民合作社有利于扩大农

户间的合作与联合，逐步形成多元化、多层次、多形式的经营体系，有效地为农民提供产前、产中、产后各个环节的服务，提高农户的市场谈判能力和竞争能力。农民合作社是农村产业发展与市场连接的重要载体，也是加快我国农村全面发展及乡村振兴的一个重要突破口。尽管受历史、经济、社会人文环境的影响，以及农业条件、农民状况的差异，各国农业合作社在业务构成、组织形态、治理结构及治理机制等方面存在一定差异，但美国、法国和荷兰等国家在长期探索农民合作社建设和推进乡村振兴实践中还是存在很多共性的东西能够对我国提升农民合作社建设水平提供有益的借鉴与启示。

（一）确立农民合作社在乡村振兴中的重要地位

1. 保持农村合作社的自主性质

当前，我国已有的农民合作社大多具有政府领办、集体主办的性质，加入合作社的农户更多是为了享受政府转移出来的利益，缺少自治的激励机制。农村合作社本身就是农民为自我服务的经济组织，而良好的运行机制是促进合作社健康发展的内在动力。促进农民合作社健康、可持续发展，必须逐步改变那种政府领办、集体主办的合作社现状，真正把权力下放给农民，调动和提高农民的积极性。在形式上，可以多鼓励农村大户和农村能人作为带头人，建立农民自己的农村合作社，并开展社员自治管理。

2. 作为农村可持续发展的重要载体

农民合作社是农民自愿联合、民主管理的互助组织，以独特的制度安排和运行机制，成为农户通过互助达到互益的一个重要手段。以农民合作社作为载体，在精准识别的基础上，为农户提供产前、产中、产后的一条龙服务和产供销、种养加、农工贸等系列化服务。农民合作社既要保证农户的利益，又要发展规模经营，探索和实践多种形式的帮扶发展模式，以逐步实现农业产业的规模化、市场化，完成乡村振兴的精准性、可持续性。农民合作社作为巩固脱贫攻坚成果的重要载体，能预防脱贫后的农户再次返贫。

3. 作为加强农户自我思想建设的重要阵地

精神状态始终是农户是否会走向富裕的根源，帮助农户在精神上实现自由是乡村振兴的首要前提。以农民合作社为阵地，结合农民合作社运营和管理的需要，对农户进行扶智的思想文化教育。开展互帮互助等活动，建立起农户的协作观念，结合典型示范的方式，引导农户自发合作，主动参与，培育主人翁意识，正视问题，从而树立发展信心、营造振兴环境，帮助农户了解当地和自我发展优势，充分发挥主观能动性，在乡村振兴战略的鼓舞下，使农户全程参与专业合作社经营管理，在精神上与返贫绝缘。

（二）加强农民合作社参与乡村振兴的自身建设

1.创新农民合作社参与乡村振兴的可持续发展路径

为实现乡村振兴，农民合作社可持续建设必然扎实地走一条从规范到提升再到创新的道路，规范化建设、发展模式创新、体系平台建设互为支撑，相互联动，三位一体为合作社参与乡村振兴探索新路径，如图5-3所示。

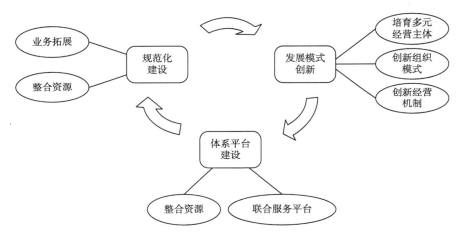

图 5-3　三位一体的合作社参与乡村振兴发展路径

1）着力推进规范化建设

乡村振兴要求扶持资源的配置方式由注重区域发展向满足农村人口的个性需求转变。农民合作社需积极推进示范社建设，规范制度建设、内部管理、财务管理、信息化建设、品牌建设、经营服务、盈余返还等方面，优化扶持资源的配置的同时，合理整合资源发展自身，促进合作社的转型升级。首先，扩展农民合作社业务，从简单生产扩展为生产、生产资料供应、农机服务、产品加工、技术服务、市场流通等更宽范围的专业合作，增强专业合作社生命力和竞争力，进而增强扶持带动能力。其次，鼓励农民合作社创新基层资源整合，如建立以土地经营权等作为资本入社的合作方式，重点打造土地联营类型的合作社，实现规模化经营，推行标准化生产和农产品质量认证，打造具有区域特色的农产品品牌，带动帮扶产业升级。

2）着力推进发展模式创新

①培育多元化经营主体参与乡村振兴。在发展农民合作社的同时，着重对家庭农场、专业大户、农业企业等多种可提升农户能力的经营主体，不断优化和壮大乡村振兴的主导力量。加强多元帮扶合作机制的创新，鼓励培育多元帮扶主体，增强对农户的辐射带动能力，拓宽农户依靠自身发展致富的渠道，联合以农民合作社为主体的多种经济组织，带动农户合作互助，共同致富。②创新组织振兴模式，探索实行"龙头企业+农户"模式、"龙头企业+合作社+农户"模式、"农业服务组织+合作社+农户"模式等，更大程度提高乡村振兴的组织化水平。③创新乡村振兴保障机制，允许农民合作社办理信用合作业务，为社员和农户提供互助保险，以保障其可能面临的经营不善等原因出现的利益损失；引导龙头企业、家庭农场等主体与农民合作社有效联合，形成扶持产业互补，完善多元帮扶主体与农户的利益联结机制，更大限度地保障乡村振兴。

3）着力推进体系平台建设

①推动乡村振兴联合社体系建设。政府等部门应注重引导、鼓励农民合作社以产品和产业为纽带，以农户为主体，开展合作、合并与联合，发展乡村振兴农民合作社联合社。地处同一区域或是主营相同业务的农民合作社可寻求兼并和重组，优化合作社内部的生产资料，与帮扶资源更好地结合应用。对只登记不运行的农民合作社，有关部门应进行扶持资金回收管理，通过重组、分立、合并和联合等方式，规范内部管理，帮助农民合作社扩大生产和经营规模，进而提升帮扶档次，扩大示范带动发展效应，实现先富带后富，最终共同富裕。②建立乡村振兴服务指导平台。各地区的农业行政部门应支持及探索当地设立农民合作社乡村振兴服务指导中心，完善对农户入社讲解、政策宣讲、信用贷款等服务工作，协助合作社开展信贷服务、培训交流、品牌建设、"互联网+"电子商务等活动，切实提高农民合作社的发展水平，以期形成"服务组织+合作社+农户"的良性互动。

2. 大力纠正农民合作社空壳化问题

1）完善政府服务，落实相关政策

对空壳化问题的纠正要正确处理好内生动力与外部刺激的关系，遵从内生动力的根本性和前提性的地位，外部扶持应与内生性需求相适应。扶持政策应坚持授之以渔而非授之以鱼的原则，加强对合作社发展运营的方法培训，注重培育和夯实其自身生产经营的基础。加大对农村地区合作社在财政扶持资金补贴方面的甄选力度，设立获准补贴与扶持农民合作社的标准及补贴拨付后的考评与监管机制。若农民合作社在发展中出现不合规定的行为，有关部门对其进行整改，整改不好或拒绝整改的可考虑取消其优惠政策。激励与监管并重，才能有效保证扶持资源合理利用与农民合作社的自身发展。

2）整合相关资源，提升整体质量

土地是合作社经营发展的基本资源，合作社要紧密进行土地整治，既可以利用未开发土地解决土地资源不足的问题，也可处理水土流失等生态环境破坏问题。规范社员入社条件，提升社员参与意识。要求社员分类加入合作社，从事不同种植和养殖的农户加入不同的合作社，以有利于成员之间的合作；保证社员之间的平等权利，即使社员的经营能力和经营规模存在明显的差异，但是这些差异不能影响其参与民主决策的权利，否则会导致少数人控制合作社的经营管理；要求社员公平缴纳股金，防止部分社员侵占其他社员的利益。

3. 创新农民合作社参与乡村振兴的服务和方式

1）优化金融信贷服务

实施农村扶持金融服务体系建设方案，在金融体系层面，优化农民合作社的贷款程序，减轻贷款难度，为合作社的健康持续发展提供经济政策优惠，并试行联合共保机制，开展扶持保险试点，逐步建立和完善扶持保障体系。同时，培育扶持资金合作社、小额贷款和担保公司等本土金融组织，扩大抵押贷款的范围，如使用大型农机具等生产设备、林地等使用权，创新贷款担保方式，为农民合作社的可持续发展提供更多的融资方式和保证。

2）创新普通农户入社方式

基于精准识别和自愿互助的原则，普通农户自愿以村集体为担保载体集资，设置固定金额股若干，普通农户可根据自身的经济能力认购股份，再以村集体为单位加入合作社，并为入社成员购买资产保险或是设置相关规章制度，保障农户基本权益。合作社盈余分配直接与村集体对接，账目"阳光操作"。以村集体为合力凝聚农户，农户为合作社注资，合作社运营发展，由此可以形成长效共赢机制。

（三）营造有利于农民合作社参与乡村振兴的外部环境

1. 加强配套法律法规的建设

1）加强相关法律的贯彻落实

认真贯彻《农民专业合作社法》和《农民合作社登记管理条例》等法律法规和党的方针政策。在支持和鼓励更多的农民和市场主体参与举办农民专业合作社的同时，对于现实中登记成立合作社注册资金与实际资金不符的情况等问题和违法行为，有关部门应予以查证和妥当处理。同时，还应制定有关规定，保障以农民为主体、社员地位平等、实行民主管理等原则能在农民合作社运营中有效贯彻和落实。

2）完善扶持资金的监管

如何管好用好扶持资金，不仅关系到强农惠农富农的重要战略的落实，也关系到农民合作社助力乡村振兴的进程和成效，所以，扶持资金的使用监管意义重大。①细化扶持资金监管。有关部门应对资金下放情况、使用情况和去向都制定明确的管理机制，如只拨付不管理，则无法有效提高资金使用效益。设置扶持资金使用问责制度。考核、评估扶持资金项目使用情况，再对各类情况分等定级，根据等级的高低进行奖惩。同时，注重对扶持资金的绩效考评，按扶持资金项目对扶持资金划定计算使用效率的标准和等级，把计算结果与拨付资金的多少相结合，计入扶持资金拨付人员或是部门的工作考核，以此加强对扶持资金使用情况和效率的监管与问责。②创新资金投入增长机制。各级政府可扩宽扶持资金的使用路径，发掘扶持资金的使用方法，把扶持资金应用到农业产业化发展中，建立扶持资金循环使用办法，并尝试收取利息，以提高资金的使用效率。可将扶持资金与政策性农业保险相结合，降低扶持资金的使用风险。扶持资金向市场的流动，为农民合作社高效、合理地使用扶持资金提供新保障，也为产业振兴工作提供了新思路。

2. 提高相关政策的保障能力

1）完善土地流转制度

土地是农户最重要的生产资料，土地制度在很大程度上决定着生产方式，从而也决定着合作社的发展格局与状况。随着我国土地流转制度的实施，缺少劳动能力及外出务工而无暇耕种等原因的农户，可以将自家土地的使用权转让给合作社，既能增加自身收益，同时为合作社规模化生产提供保障。首先，规范农户土地流转的形式和程序，对农户以土地作为入社资本加以规范，使用管理部门统一的制式表格作为流转的规范标准和凭证，对土地流转的程序也应遵循管理部门签发的规则和章程规定。其次，探索农民土地股份合作社的建设，支持缺少资金的农户以自家土地入股合作社，与社员共同生产经营，扩大合作社的种植和生产规模，促进土地股份合作社的增收与持续经营。农户在合作社组建起的一定规模土地资源的基础上，在充分和有保障的土地经营权的激励下，由小生产转变为以市场为导向追求利润的社会化生产，在此过程中自觉组织起来增收致富。

2）完善风险规避制度

农民合作社运营有风险，合作社运营失败直接导致农户血本无归，合作社便无法带领农户增收致富。因此，农民合作社应加强风险预警，科学选取风险指标，逐渐完善风险规避机制，如衡量自然风险的气象指标等，便于农户准确预测，提前采取措施。同时，农民合作社应建立和改善农业风险保障制度，提高社员的保险意识。

3. 探索产学研合作的新型乡村振兴模式

1）组织相关工作会议

各级政府应组织农业、发展和改革委员会、财政、乡村振兴等部门与有关科研所参加农民合作社发展联席会议，鼓励支持农民专业合作社促进乡村振兴的相关部署，组织动员广大干部群众进一步统一思想，提高帮扶工作认识；落实政府扶持的具体方案和工作措施，组织协调各相关部门根据各自职责开展工作，指导、督促、检查全县农民专业合作社开发建设工作；坚持市场导向，依据现有政策、措施，对农民合作社就乡村振兴工作的完善与发展制订具体规划。

2）吸引外部智慧力量

紧紧围绕乡村振兴的中心工作，支持高校、科研所和驻村单位等参与领办联办合作社，以高校为现代农业推广主体，形成专家基层服务组织、支农大学生社团和地方技术员的相辅相成关系；以股份合作、资金扶持等形式，结合实际、因地制宜、因村制宜，完善合作社知识产权体系，规范内部治理，实现合作社与广大农户的有效持续发展。

3）提升广大农户能力

完善教育培训体系，加强农户技能培训，提高农户自我发展能力，同时加强科技人才的服务，全面提升专业合作社在乡村振兴中的活力。国外合作社发展的成功经验表明，对农民合作社领导人及社员进行教育培训是必须长期加以重视的工作，在他们进入农业生产领域之前必须接受相应的基础教育，全面了解农业的必要知识；必须经常更新自己的知识，相关社员也必须轮流入学，进行技术知识更新。利用互联网技术，开展农业技术培训，使得农民掌握先进农业科学技术，建立合适的农业科技体系，也使得农民合作社逐渐成为信息技术进村入户的依托和纽带，推进农村高科技发展。基于此，可为农民专业合作社的发展注入强大的智力支撑，进而增强农民参加农业合作社的内生动力，提升农业合作社的运行效率和水平。

第六章　基于农民合作社的振兴项目可持续性评价

第一节　引　　言

农民合作社作为农村发展的重要经济载体，其益贫性在农村治理中具有不可忽视的作用，这使其成为巩固脱贫攻坚成果及实现乡村振兴的理想载体[170]。基于此，国家委托和安排有条件的农民合作社实施振兴项目，以期合作社能够成为农户发展产业的重要支撑、本地就业的稳定渠道、资源升值的有效载体。2020 年脱贫攻坚任务完成后，农村地区的发展问题已呈现出新的特征，乡村振兴是长久之策。然而振兴项目的可持续性是提升脱贫农户可持续生计能力的关键动力，是振兴项目长期发挥效益的基石。为此，农民合作社振兴项目是否具有可持续性，其效益能否长期发挥，是关系到对农民合作社益贫功能再检验的问题。

第二节　农民合作社振兴项目可持续性研究状况

关于振兴项目可持续性分析，学者分别对电商扶持项目[171]、百香果种植项目[172]、光伏扶持项目[173]、山区扶贫移民新村项目[174]、联合国国际农业发展基金（International Fund for Agricultural Development，IFAD）扶持项目[175]等基于不同的视角进行了分析，并针对不同的问题提出了相应的对策。迄今为止，国内外鲜有文献进行农民合作社振兴项目可持续性研究。对过往成果进行总结，研究分类如下。

第一，在乡村振兴过程中农民合作社的功能及作用。Ozdemir 选择了土耳其妇女合作社作为研究对象，充分论证合作社是怎样帮助当地妇女投入到生产、教育、社会管理及创业等方面，研究结果充分体现了土耳其当地的价值观[176]。Basu和Chakraborty选择了印度两个不同村庄的合作社作为研究对象，并对其进行了对比分析，认为奶牛合作社在一定程度上影响了不同家庭致富[108]。Getnet和Anullo以埃塞俄比亚的合作社作为研判对象，提出在支持民生发展方面，农业合作社发挥着巨大的作用，在农民生产生活中，农业合作社有助于生活成本的降低，同时促进了收入和储蓄的提高[96]。中央出台的一系列精准扶贫政策中肯定了农民合作社在精准帮扶中所起的作用①，认为农民合作社具有与生俱来的益贫性，发展合作社是欠发达地区乡村振兴的有效途径[107]。

第二，农民合作社在振兴方面存在的问题及困难。韩国民和高颖全面分析了中国西部地区合作社参与式帮扶问题，探究了在欠发达地区哪些因素会影响农民合作社发展，并在此基础之上阐述了"整村推进+农民合作社"模式[177]。邵科和于占海认为当前农民合作社实施产业振兴面临市场经营能力不足、内部规范水平不高、用地和信贷限制及辅导人员数量偏少与技能偏低等问题[81]。刘海波认为合作社精准帮扶工作成效显著，不过也存在着很多的问题，如产业发展受到了较大的限制、低收入户有着相对较低的发展能力、缺乏丰富的振兴路径等[101]。

第三，农民合作社振兴机制构建。Majee和Hoyt提出合作社对于低收入者有着非常大的帮助，为了对社会资源进行有效整合，建议让资源较少的社区更多地参与社会经济[102]。Allahdadi研究了伊朗的咖啡合作社，认为合作社可以从内部凝聚力和外部之间的互动交流两个方面来构建农业合作社的扶持机制[178]。黄祖辉和梁巧提出了市场参与可以加强集体行动，给农民带来更多收益，故而市场机制要与合作社的扶持机制相协调[179]。学者赵晓峰和邢成举认为中国合作社发展迅速并涉及多元主体，但其正面临着异化问题，并没有真正有效地保障社员的权益[103]。因此他认为需要在有效克服农民合作社组织机制、扶持机制和产业帮扶机制固有缺陷的基础上，从农民合作社治理机制[13]、农户互助机制[180]、合作社间合作机制[181]、政策构建[182]等方面进行创新。

综上所述，农民合作社是实现帮扶的理想载体，得到了国内外学者的一致认可，但是基于农民合作社振兴项目可持续性的研究仍然很薄弱。如何评判一项振兴项目是否具有可持续性，并在此基础上采取一系列有效的措施使该项目更有效运行，这些问题都是乡村振兴下亟须解决的。因此，本章拟在已有研究成果及实地调研的基础上，探索农民合作社振兴项目可持续性维度，构建可持续性评价体系，有助于更好依托合作社落实乡村振兴任务，具有一定的学术价值与应用价值。

---

① 农业部等九部委.《贫困地区发展特色产业促进精准脱贫指导意见》，2016。

第三节　农民合作社振兴项目可持续性评价体系构建

本节延续作者前期研究成果,认为合作社分别从提高社员收入、能力及权利三个方面进行可持续发展[183]。同时考虑到可持续性是对组织运营效果和功能发挥的一种综合性衡量,因此农民合作社振兴项目可持续性评价主要是对合作社益贫功能发挥的衡量。为此,影响农民合作社振兴项目能否持续关键要看以上益贫目标能否实现,即收入振兴、能力振兴及权利振兴是否可持续。

一、收入振兴可持续

收入振兴可持续是农民合作社振兴项目可持续性的首要内容。从制度经济学视角来分析,农户加入合作社后除可通过规模经济效应进一步提高农产品销售价格的话语权外,也可让农产品生产和流通的交易成本进一步降低,增加其经济收入,同时可依托以盈余返还为主的分红进一步促进收入增长。此外,农民合作社在追求组织绩效时对非社员农户有着正向溢出效应,如在合作社处于萌芽及发展阶段时,会创造出很多工作岗位,还会收购非社员农户生产的农产品,这样他们可以从中间受益。合作社对非社员农户的正向溢出缓解了合作社排斥农户而使其无法获益的担忧。由此可推出,收入振兴可持续性除需要考虑农民合作社对社员的直接效应,还需要考虑对非社员农户的外部溢出。因此,收入振兴可持续性评价既要考虑直接经济收入层面的指标,又要考虑经济溢出效应层面的指标,具体可用提升农产品价格、降低营销成本、降低生产费用、参加分红、在合作社务工等指标来体现。

二、能力振兴可持续

能力振兴可持续是农民合作社扶持项目可持续性的重要内容。众所周知,农村地区农户可持续稳定发展的关键在于其自我发展能力的提升,而这种提升主要依靠科技与教育来实现。农民合作社除了是扶持的有效载体外,也是科学技术创新和科学技术传播的载体。合作社可以依托 R&D(research and development,研究与开发)活动促进技术进步,使得农业生产效率有效提高,进一步提高科技扶持贡献力度;同时,合作社管理者或政府管理部门也可以通过合作社对社员进行教育与培训活动。以上教育与培训活动既有利于知识的传播和人力资本的提升,又可增加内源动力,使得社员的自我发展能力得到提高。综上,技术引进和社员培训的结果促进了农产品质量的提升,让农业生产真正实现标准化和专业化,社员会使用电子商务平台销售产品等。所以能力振兴可持续性评价应将获得培训次数、获得田间指导、提高农产品质量、通过电商平台销售产品等指标纳入其中。

三、权利振兴可持续

权利振兴可持续是农民合作社振兴项目可持续性的核心内容。归根到底,农村地区落后问题是部分农民缺乏资源而导致的社会剥夺,其实质是一种权利的剥夺。要通过农民合作社达成农村振兴目标,核心就是引导农户积极参与农民合作社。合作社中原建档立卡贫困户的数量在很大程度上体现出普通农户是否拥有加入合作社的机会,同时体现出农户进入合作社的难易度,更是合作社权利振兴是否可持续的最直接反映。农户加入合作社后,除能享受合作社自身带来的权利外,还能享受政府部门提供的特殊权利。故在此建议政府部门对以振兴为目标的合作社加强扶持,而扶持的前提条件就是合作社是否积极吸纳普通农户。由以上分析可知,社员加入合作社后,可通过优惠获得种苗、优惠获得农资、获得农业信息、获得合同保障、获得小额贷款及土地入股等途径实现权利,以上内容也构成了权利振兴可持续性的评价指标。

综合上述内容,构建农民合作社振兴项目可持续性评价初始指标体系,详细见表6-1。

表6-1　农民合作社振兴项目可持续性评价初始指标体系

C变量	初始指标	指标解释
C_1	提升农产品价格	相比加入合作社前,农户销售农产品的价格明显提升
C_2	降低营销成本	相比加入合作社前,农户营销成本明显降低
C_3	降低生产费用	相比加入合作社前,农户生产费用明显降低
C_4	参加分红	社员获得合作社盈余分配的可能性比较大
C_5	在合作社务工	相比加入合作社前,农户在合作社务工的机会明显提高
C_6	获得培训次数	相比加入合作社前,农户获取培训的次数明显增加
C_7	获得田间指导	相比加入合作社前,农户获得田间指导的次数明显增加
C_8	提高农产品质量	相比加入合作社前,农户生产的农产品质量明显提高
C_9	通过电商平台销售产品	相比加入合作社前,农户通过电商平台销售产品的比例提高
C_{10}	优惠获得种苗	相比加入合作社前,农户获得更多优惠种苗的机会增多
C_{11}	优惠获得农资	相比加入合作社前,农户获得更多优惠农资的机会增多

C 变量	初始指标	指标解释
C_{12}	获得农业信息	相比加入合作社前，农户获得更多农业信息的机会增多
C_{13}	获得合同保障	相比加入合作社前，农户获得销售合同保障明显增强
C_{14}	获得小额贷款	相比加入合作社前，农户获得小额贷款的机会增多
C_{15}	土地入股	相比加入合作社前，农户土地入股合作社明显容易

第四节　农民合作社的振兴项目可持续性评价的因子分析模型

设振兴地区所拥有的样本数量总共为 n 个，每个地区所拥有的指标数量总共为 p 个，即 $X_1, X_2, \cdots, X_p$，标准化处理样本观测数据，变量均值最终的结果为 0，方差为 1。用 $F_1, F_2, \cdots, F_m$（$m < p$）表示标准化的公共因子。

（1）$X = (X_1, X_2, \cdots, X_p)'$ 是可观测随机向量，且均值向量 $E(X) = 0$，协方差矩阵 $\mathrm{COV}(X) = \Sigma$，且协方差矩阵 Σ 与相关阵 R 相等。

（2）$F = (F_1, F_2, \cdots, F_m)'$（$m < p$）是不可观测的变量，其均值向量 $E(F) = 0$，协方差阵 $\mathrm{COV}(F) = 1$，即向量 F 的各分量是相互独立的。

（3）$\varepsilon = (\varepsilon_1, \varepsilon_2, \cdots, \varepsilon_p)'$ 与 F 无关，且 $E(\varepsilon) = 0$，ε 的协方差阵 Σ_ε 是对角方阵

$$\mathrm{COV}(\varepsilon) = \Sigma_\varepsilon = \begin{bmatrix} \sigma_{11}^2 & 0 & \cdots & 0 \\ 0 & \sigma_{22}^2 & \cdots & 0 \\ \vdots & \vdots & & \vdots \\ 0 & 0 & \cdots & \sigma_{pp}^2 \end{bmatrix}$$

也就是说，ε 的分量也彼此独立，然后是模型：

$$\begin{cases} X_1 = a_{11}F_1 + a_{12}F_2 + \cdots + a_{1m}F_m + \varepsilon_1 \\ X_2 = a_{21}F_1 + a_{22}F_2 + \cdots + a_{2m}F_m + \varepsilon_2 \\ \qquad\qquad\qquad \vdots \\ X_p = a_{p1}F_1 + a_{p2}F_2 + \cdots + a_{pm}F_m + \varepsilon_p \end{cases}$$

称为因子模型。变换为矩阵形式为

$$X = AF + \varepsilon$$

其中，矩阵称

$$A = \begin{bmatrix} a_{11} & a_{12} & ... & a_{1m} \\ a_{21} & a_{22} & ... & a_{2m} \\ \vdots & \vdots & & \vdots \\ a_{p1} & a_{p2} & ... & a_{pm} \end{bmatrix}$$

上述通常被人们视为因子载荷矩阵。实施求解，进而可以对公共因子进行提炼。

第五节　样本描述与因子分析

一、样本描述与数据标准化处理

梁河县地处云南省德宏州东北部，原来是一个非常典型的高寒山区贫困县，同时是云南省 73 个国家扶贫开发工作的重点边疆贫困县之一。本次调查共走访 28 个合作社，其中，种植型合作社 13 个，养殖型合作社 12 个，3 个为综合性合作社。共计发放原贫困社员调查问卷 200 份，收回有效问卷 122 份。122 位原贫困社员致贫原因分别为孤儿 3 人、孤寡老人 10 人、丧失劳动力 27 人，因病因灾 13 人，其他原因 69 人。

本节使用 SPSS23.0 对数据进行因子分析。因提高农产品质量 C_8、优惠获得农资 C_{11}、获得小额贷款 C_{14} 三项指标在同一公因子上的贡献度都超过了 0.5，不适合进行因子分析。另外，所调研合作社只有一家合作社用电子商务进行销售，数据不具有代表性，故把 C_9 删除。经修正选取了表 6-1 中所建立的评价指标体系中的 11 个指标进行因子分析。

二、KMO 检验和 Bartlett 检验

为了确保原始数据具备进行因子分析的可行性，运用 SPSS23.0 进行了 KMO 检验和 Bartlett 检验，其运行结果如表 6-2 所示。由表 6-2 可知，KMO 统计量等于 0.784，大于 0.5。而 Bartlett 检验的 p 值为 0.000，小于 0.05，说明本书数据适合进行因子分析。

表 6-2　KMO 检验和 Bartlett 检验

检验		测量值
KMO 取样适切性量数		0.784
Bartlett 检验	近似卡方	286.576
	自由度	78
	p 值	0.000

三、公因子方差分析与总方差解释

在进行总方差解释之前，本节对公因子方差进行了分析。公因子方差显示的是每个变量被主成分解释的方差比例，统计结果表明所有指标的初始共同度都为1，说明所有变量的全部原始信息都可以被所选取的公因子解释。同时，所有变量提取的共同度都大于 0.5，说明大部分原始变量能够很好地被所提取的公因子解释。通过表 6-3 可以看到梁河县农民合作社振兴项目可持续性评价的四个公共因子解释了原始变量总方差的 64.641%，从总体上看因子分析反映了大部分的原始信息，因子分析的效果较为理想。

表 6-3　总方差解释

成分	初始特征值			提取载荷平方和			旋转平方和负荷量		
	总计	方差百分比	累计	总计	方差百分比	累计	总计	方差百分比	累计
1	2.892	26.290%	26.290%	2.892	26.290%	26.290%	2.360	21.458%	21.458%
2	1.969	17.904%	44.193%	1.969	17.904%	44.193%	1.975	17.952%	39.410%
3	1.229	11.170%	55.364%	1.229	11.170%	55.363%	1.479	13.443%	52.853%
4	1.021	9.278%	64.642%	1.021	9.278%	64.641%	1.297	11.787%	64.641%
5	0.773	7.023%	71.665%						
6	0.716	6.510%	78.175%						
7	0.688	6.251%	84.426%						
8	0.547	4.974%	89.400%						
9	0.432	3.926%	93.326%						
10	0.408	3.708%	97.034%						
11	0.326	2.967%	100.000%						

注：提取方法为主成分分析法；表中为经过四舍五入的数据，数据合计可能存在误差

四、因子载荷矩阵的建立

在进行贡献度分析的时候本节主要采用了方差极大正交旋转法，在旋转后的因子载荷矩阵的基础之上，就可以获得确切意义的公共因子，见表6-4。

表6-4　公因子分布情况

题项	F_1	F_2	F_3	F_4
较高正载荷	C_1、C_2、C_3、C_{13}	C_4、C_5、C_{15}	C_6、C_7	C_{10}、C_{12}
因子名称	市场因子	激励因子	信息技术因子	政策因子

由表6-4可知公因子在指标 C_1、C_2、C_3、C_{13} 上有较大的载荷可以将其归属于一类。这四个指标分别是提升农产品价格、降低营销成本、降低生产费用、获得合同保障，根据指标反映的经济意义，可以将公因子1命名为市场因子，用 F_1 表示。公因子2在指标 C_4、C_5、C_{15} 上有较大载荷，可将其归属为第二类。这三个指标分别是参加分红、在合作社务工、土地入股。以上三个指标既可以激励原有贫困社员继续参与以合作社为载体的扶持项目，又可以吸引更多的农户参与进来，进而促使振兴项目的可持续性。故可以将公因子2命名为激励因子，用 F_2 表示。公因子3在指标 C_6、C_7 上载荷更为突出，将其归属为第三类。这两个指标为获得培训次数和获得田间指导，根据其指标含义可以将公因子3命名为信息技术因子，用 F_3 表示。公因子4在指标 C_{10} 和 C_{12} 上有较大载荷，分别为优惠获得种苗和获得农业信息。其中，振兴项目能得到低于市场价的种苗多是受扶持政策影响的。同时，除了政府部门的农业科技部门，政府部门也会同高校、研究院所等专家对社员进行田间指导。根据其含义可以将公因子4命名为政策因子，用 F_4 表示。

五、公因子权重确定

文章采用层次分析法确定公因子权重，邀请专家9名，分别为云南省农业农村厅经管站工作人员1名、云南省农科院研究人员1名、云南大学教师1名、云南师范大学教师2名、建水县合作社社长1名、富源县合作社社长1名、一线工作人员2名。为弱化主观性影响，利用德尔菲法对其进行优化，并用yaahp软件对判断矩阵集进行加权几何平均。通过汇总数据与计算，获得农民合作社振兴项目可持续性指标的权重，如表6-5所示。

表 6-5 农民合作社振兴项目可持续性指标权重

目标层	一级指标	二级指标
项目可持续性	市场因子（0.4218）	提升农产品价格 C_1（0.1574）
		降低营销成本 C_2（0.1202）
		降低生产费用 C_3（0.0933）
		获得合同保障 C_{13}（0.0509）
	激励因子（0.2486）	参加分红 C_4（0.1084）
		在合作社务工 C_5（0.0905）
		土地入股 C_{15}（0.0497）
	信息技术因子（0.1596）	获得培训次数 C_6（0.1228）
		获得田间指导 C_7（0.1495）
	政策因子（0.1701）	优惠获得种苗 C_{10}（0.0206）
		获得农业信息 C_{12}（0.0367）

注：表中为经过四舍五入的数据，数据合计可能存在不等于 1 的情况

六、农民合作社振兴项目可持续性评价得分

文章首先采用层次分析法计算出了 4 个公因子的权重，然后根据 122 户原贫困社员的得分，采取直线平均法得出每家合作社各个公因子的数值，最后采用加权平均法得出各家合作社振兴项目可持续性评价最终得分及排名，具体如表 6-6 所示。

表 6-6 合作社振兴项目可持续性评价得分表

序号	名称	F_1	排名	F_2	排名	F_3	排名	F_4	排名	总得分	排名
1	梁河县发旺长养牛专业合作社	1.688	1	0.412	8	1.864	3	−1.110	28	0.923	1
2	梁河县成志姬松茸种植专业合作社	−0.255	19	1.531	1	0.497	8	0.419	7	0.424	2
3	梁河县昌盛养牛专业合作社	0.157	10	0.680	5	−0.590	23	1.157	3	0.338	3
4	梁河县九保常丰蔬菜种植专业合作社	0.410	5	0.910	3	−0.856	25	0.078	10	0.276	4
5	梁河县平山生态茶畜示范专业合作社	0.143	11	−0.012	11	1.986	2	−0.643	23	0.265	5
6	梁河县三和茶叶种植专业合作社	0.268	8	0.627	7	0.809	5	−0.809	27	0.260	6
7	梁河县振源茶叶种植专业合作社	−0.022	14	−0.331	17	2.038	1	0.112	8	0.253	7
8	梁河县芒轩烟草种植专业合作社	0.055	12	−0.632	19	0.777	6	1.351	2	0.220	8

续表

序号	名称	F_1	排名	F_2	排名	F_3	排名	F_4	排名	总得分	排名
9	梁河县连仁重楼种植专业合作社	0.695	3	−0.234	15	−0.404	18	−0.406	16	0.101	9
10	梁河县洒异新村家畜养殖专业合作社	0.162	9	0.067	10	0.084	12	−0.013	12	0.096	10
11	梁河县宋红畜牧养殖专业合作社	0.868	2	−0.578	18	−0.316	15	−0.461	18	0.094	11
12	梁河县羊顺养殖专业合作社	−0.384	20	0.676	6	−0.309	14	0.647	5	0.067	12
13	梁河县勐养芒岗农机专业合作社	0.378	6	0.165	9	−0.677	24	−0.758	25	−0.037	13
14	梁河县遮岛镇吉祥黑木耳种植合作社	−0.911	25	1.024	2	0.181	11	0.104	9	−0.083	14
15	梁河县洒云师养殖专业合作社	−0.026	15	−0.172	14	−0.437	20	−0.001	11	−0.124	15
16	梁河县芒蒙养牛专业合作社	0.553	4	−0.831	21	−0.359	16	−0.576	21	−0.129	16
17	梁河县梁显胡蜂养殖专业合作社	−1.265	26	0.784	4	0.442	10	0.635	6	−0.160	17
18	梁河县小园子养鸡专业合作社	−0.573	21	−0.055	12	−0.433	19	0.844	1	−0.181	18
19	梁河县帮别村烟草种植专业合作社	0.281	7	−1.083	27	0.480	9	−0.767	26	−0.205	19
20	梁河县高山蔬菜种植专业合作社	−0.174	18	−1.067	26	−0.884	26	1.401	1	−0.241	20
21	梁河县遮岛镇振发中草药种植专业合作社	−0.122	16	−0.313	16	−0.267	13	−0.642	22	−0.281	21
22	梁河县茂红养殖专业合作社	−0.013	13	−0.739	20	−0.498	21	−0.106	13	−0.287	22
23	梁河县龙河食用菌种植专业合作社	−0.707	23	−1.056	25	1.753	4	−0.172	14	−0.310	23
24	梁河县盛荣生态茶叶种植专业合作社	−0.158	17	−0.850	22	−0.562	22	−0.547	20	−0.461	24
25	梁河县上河东白花油茶专业合作社	−0.832	24	−1.460	28	0.530	7	−0.657	24	−0.741	25
26	梁河县勐养蔬菜种植专业合作社	−0.614	22	−0.851	23	−1.553	28	−0.272	15	−0.765	26
27	梁河县芒东镇笋子洼生猪养殖专业合作社	−1.634	27	−0.138	13	−0.399	17	−0.432	17	−0.861	27
28	梁河县青年牲畜养殖专业合作社	−1.738	28	−1.045	24	−0.898	27	−0.480	19	−1.218	28

表 6-6 为 28 家合作社振兴项目可持续性得分和排序，由结果可知梁河县发旺长养牛专业合作社、梁河县成志姬松茸种植专业合作社、梁河县昌盛养牛专业合作社的可持续性相对比较显著，梁河县勐养蔬菜种植专业合作社、梁河县芒东镇笋子洼生猪养殖专业合作社、梁河县青年牲畜养殖专业合作社的可持续性相对差

一些。28 家合作社中有 12 家合作社振兴项目可持续性得分为正,这在一定程度上说明合作社振兴成果还是不错的,但还有上升空间。

市场因子 F_1 主要反映的是经济收入层面的问题,通过降低营销成本、降低生产费用、获得合同保障及提升农产品价格来提升原贫困农户收入,进而致使振兴项目可持续发展。从市场因子 F_1 的得分排名看,梁河县发旺长养牛专业合作社、梁河县宋红畜牧养殖专业合作社、梁河县连仁重楼种植专业合作社排在前三名,数据说明以上三个合作社在此方面做得比较好,而梁河县梁显胡蜂养殖专业合作社、梁河县芒东镇笋子洼生猪养殖专业合作社、梁河县青年牲畜养殖专业合作社效果相对不好。

激励因子 F_2 在很大程度上体现出原贫困农户加入合作社取得的经济权利。因经济主体不同,其所享有的经济权利是不同的,相对于没有参加合作社前或其他非社员,原贫困社员主要通过土地入股、参加分红、在合作社务工来体现公民的财产权、劳动权、获得物质帮助的权利。从激励因子 F_2 的得分排名看,梁河县成志姬松茸种植专业合作社、梁河县遮岛镇吉祥黑木耳种植合作社及梁河县九保常丰蔬菜种植专业合作社排名靠前,说明以上三个合作社的经济权利工作做得不错。而梁河县高山蔬菜种植专业合作社、梁河县帮别村烟草种植专业合作社、梁河县上河东白花油茶专业合作社三家合作社排名相对落后。

信息技术因子 F_3 主要反映原贫困社员信息权利的获取。原贫困社员主要通过获得培训次数、获得田间指导来实现信息获取权。从信息技术因子 F_3 的得分排名看,梁河县振源茶叶种植专业合作社、梁河县平山生态茶畜示范专业合作社、梁河县发旺长养牛专业合作社为前三名,说明以上三家合作社经营类型比较依赖技术与市场,故较重视为社员提供信息。而梁河县高山蔬菜种植专业合作社、梁河县青年牲畜养殖专业合作社、梁河县勐养蔬菜种植专业合作社排名较靠后,同时以上三家合作社的总体排名也较落后。

政策因子 F_4 主要反映原贫困社员能力的提高,原贫困社员通过优惠获得种苗、获得农业信息来实现能力的提高。从政策因子 F_4 的得分排名看,梁河县高山蔬菜种植专业合作社、梁河县芒轩烟草种植专业合作社得分较高,这一结果与实际调研得到的结论基本一致。而梁河县帮别村烟草种植专业合作社、梁河县三和茶叶种植专业合作社、梁河县发旺长养牛专业合作社排名较靠后。

第六节　结果讨论与分析

统计结果表明,可持续评价体系的 4 个公因子提升空间较大。在 28 家合作

社中公因子 F_1、F_2、F_3、F_4 负值数分别为 16 个、18 个、16 个及 18 个，这说明原贫困社员对 4 个因子得分在平均分以下，还有较大提升空间。当然这一结果也可推出合作社帮扶功能尚没有完全发挥出来。同时，也可以看出信息技术因子差的合作社其振兴项目可持续性综合得分相对较差。实证分析发现，综合得分较差的三家合作社信息技术因子得分也较差，如梁河县青年牲畜养殖专业合作社、梁河县勐养蔬菜种植专业合作社、梁河县高山蔬菜种植专业合作社综合排名为 27 名、28 名、26 名，而对应的信息技术因子综合排名分别为 28 名、26 名、20 名。当然合作社综合排名与各自的信息技术因子综合排名二者的关系还有待进一步证实，但从中可以推出信息对于从事农业产业的合作社是相当重要的。反之，综合排名靠前的几家合作社都比较重视对社员的技术培训。为提升农民合作社振兴项目的可持续性，建议发挥市场在资源配置中的决定性作用，推进生产要素向农民合作社主体优化配置；加强合作社组织的规范化管理、创新农户入社方式、创新帮扶保障机制；推进合作社信息化管理，建立人才支撑长效机制和扶持服务指导平台，探索产学研合作的新型振兴模式；同时，建议政策相关部门进一步创新扶持政策并推动落地见效，构建多元投入格局，财政需要提供扶持资金，金融机构需要给予倾斜，同时鼓励社会资本积极地参与。

第七章　基于农民合作社发展农村电商研究

第一节　引　言

中国是农产品产销大国,针对小农户生产的农产品如何对接大市场这一问题,我国早已提出电商解决方案。农村电商的推进有效缓和了农户卖难和消费者买贵的矛盾,在保障国民生活水平、促进农民增收方面展现出重要的价值。2019 年 2 月,国务院颁发的《关于促进小农户和现代农业有机衔接》文件中指出要实施"互联网+小农户"[①]计划,实现农村电子商务线上线下有机结合来促进农产品产销对接[①]。2020 年,中央一号文件进一步提出要有效开发农村市场,扩大电子商务进农村覆盖面,促进农产品进城,工业品下乡双向流通。这些文件的发布为我国农产品电商的发展形成了良好的政策环境,并因此取得了显著的成果:商务大数据监测显示,2020 年上半年全国农产品网络零售额达 1937.7 亿元,同比增长 39.7%,占全国网络零售额的 4.6%[②]。由此可见农产品电商发展迅速,为我国农村地区发展提供了新生动力。但是在推动农村电商发展的另一面也突显出总量占比低、规模较小的结构性问题,究其原因:单个生产者即小农户面临商品供给量少、开展电商附加成本高等问题,在开展电子商务上能力十分受限,因此如何使小农户克服电商采纳门槛是需要思考的问题。

农民合作社作为一种新型的农业经营组织,与农民具有天然的联系,是发展农产品电子商务的最佳平台。随着"互联网+农业"的产业变革思路逐渐深入,农村地区网络基础设施不断完善,技术水平不断提高,新的组织方式和政策制度的

---

① 关于促进小农户和现代农业发展有机衔接的意见, https://www.gov.cn/zhengce/2019-02/21/content_5367487. htm[2019-02-21]。

② 中国国际电子商务中心研究院.《中国农村电子商务发展报告（2019-2020）》。

更迭，新的农业发展模式和产业形态被激发创造，因此发展农产品电商是农民合作社走向农业现代化的必经之路。自从 2007 年《农民专业合作社法》实施以来，合作社在数量与覆盖范围上获得有效提升，但在发展质量上却存在很多问题，主要表现为规模差异较大、经营经验缺乏、人才资金不足，市场竞争力弱，抗风险能力低等方面的问题，这是新时期农民合作社发展所面临的挑战。在如何克服这一系列问题上，孔祥智[184]指出可以"给合作社安上电商的翅膀"，借助淘宝、京东平台进行农产品销售或者借助自营的网络平台资源，形成合作社产品品牌。但是开展农村电商并非一蹴而就。根据第三次全国农业普查数据，农业普查登记的以农业生产经营或服务为主的农民合作社仅占注册总数的一半，规模农业经营户仅占总数的 1.9%①，小农生产习惯所带来的分散、封闭、弱质的特点导致在小农地区所具备的开展电商的条件与现实还有较大的差异[185]。其中，在我国小农户为主体的经济落后地区，开展电子商务的最大短板是单个生产者的供给量少导致物流成本及其他附加费用难以降低，产品失去价格优势。因此，依托农民合作社这一平台将单个供给者联结起来，形成"农民合作社+农村电商"新型经营模式是否可以破解以上难题值得探索。结合现有研究发现，通过农民合作社发展农村电商能够将小农户联结，形成规模效应，从各方面打通农户增收路径[186, 187]。但是，现有研究对基于农民合作社发展农村电商的基础理论研究较少，其中作用机制值得我们深入探讨。因此从农民合作社发展农产品电商所涉及的理论出发，进一步研究其切实可行的路径，是我们亟须探讨和研究的问题。

第二节 "农民合作社+农村电商"的理论分析框架

本节的研究对象是农村合作社开展农村电商这一新型经营模式，在我国农村电商已成趋势，对农村电商概念的界定主要采用狭义概念，指利用互联网从事农产品交易活动，主要解决信息不对称和销售不畅通等现实问题，避免农产品在本地市场滞销与贱卖。因农产品所具备的产品特性包括易腐性、季节性、分布空间分散，对仓储、运输、保鲜有更高的要求加大了其开展农村电商的难度。但是，与此同时从我国新时代社会人民日益增长的美好生活需要和不平衡不充分的发展之间的矛盾中也能感知到，农产品作为国民日常生活消费品，与人民的美好生活密切相关。农民合作社作为小农户对接大市场的中介组织，是我国农业组织创新的代表形式，在农民合作社的基础上发展农村电商有天然的组织优势。张益丰[188]

---

① 第三次全国农业普查主要数据公报（第一号），http://www.stats.gov.cn/sj/tjgb/nypcgb/qgnypcgb/202302/t20230206_1902101.html[2017-12-14]。

提出"合作社+电商"发展模式是利用合作社自营或者与第三方电商平台合作进行产品销售，将合作社作为农产品电商销售的主要上游供应商。但是其研究局限于生鲜果品，并且缺乏理论阐述。基于以上分析，本节从农民合作社发展农村电商的视角出发，研究农民合作社发展农村电商的内在动力及两者作用机理，互动机制。本节尝试在以下几个方面做出努力，从规模经济、交易成本、利益机制、要素流动四个维度出发建立"农民合作社+农村电商"的理论框架，如图 7-1 所示。

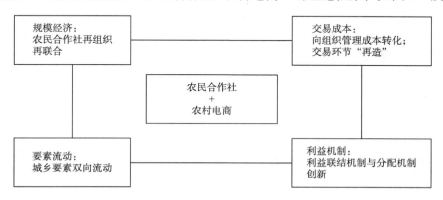

图 7-1　"农民合作社+农村电商"的理论分析框架

一、规模经济：开展电子商务促进农民合作社再组织再联合

自 20 世纪 90 年代以来，为了加快农业产业化进程，促进农业生产经营组织高质量发展，我国政府出台了一系列措施鼓励合作社的发展，以 2007 年《农民专业合作社法》的颁布为主要时间节点，我国的农民合作社呈现井喷式增长[189, 190]。截止到 2020 年 6 月底，全国农民合作社超过 220 万家，我国发展起来的新型农业主体已经辐射带动全国近一半农户，合作社能在开展农业适度规模经营中发挥引领作用，有效缓解农业小规模经营暴露出来的问题[191]。其中，农业规模经营指的是土地、劳动力、资本、技术、管理能力等要素的优化配置。经营规模的扩大，可以有效降低单位产品的生产成本，提高议价谈判能力。总结我国合作社的发展特征一方面可以发现合作社规模普遍过小难以真正发挥合作效应，这导致绝大多数合作社还是靠传统渠道销售农产品，尚未形成企业化经营机制，观其未来应该向组织的再联合方向发展。另一方面，电子商务平台积极寻求优质农产品的高效对接，因此在其选取上游供应链时倾向于选择供给量大、产品质量有保证的专业合作社的产品，这就导致通过电商先发展起来的一批合作社凭借其外部环境的支持发展得越来越好，从而吸纳更多的小型合作社加入，达到合作社发展的高级形态——联合社。在追求更高的市场谈判地位，追求更高规模经营，实现产业链稳

定协同发展的动力驱动下，合作社也会实现专业的分化并走向联合，我国的农业合作社联合社主要分为生产型、销售型、产业链和综合型四种类型[192]。在电子商务发挥产销对接功能的基础上，建立电商专业销售型联合社主要解决销售问题是电商与合作社发展的理想路径。单个小农户的产品供给量小，自行发展电商难度较大，若在合作社的基础上发展电商仍会存在规模小、供给量少且单一问题。通过电商专业联合社将开展不同规模、不同品种的合作社联合起来充分发挥电商服务功能为基于合作社的又一组织创新提供了发展思路。

二、交易成本：产业链视角下的成本转化与缩减

美国经济学家科斯于 1937 年在其著的《企业的性质》一书中提出交易成本的概念[193]，在小农户发展农村电商过程中的交易成本主要表现为：①信息成本，单个小农户发展电商需要信息支撑。②技术成本，大多数农村居民利用电子商务手段进行农产品销售具有较大技术门槛。③人力成本，小农户发展农村电商还受农户的互联网知识储备和个人能力的影响。与户均超千亩的美国农场不同，我国农业的主体仍是户均耕地约 10 亩的小农户，由于以上成本的存在单个小农户与大市场之间具有难以逾越的障碍，农副产品、农资农器、消费品等农业生产要素流通受阻是中国农村现存的最大难题，以家庭为单位的传统小农经济无法承担获得更大的市场所需付的成本[194]。

首先，农民合作社将单个小农户联结起来，将以上环节产生的交易成本转换为管理成本，运用科学的管理方法对合作社进行系统调控，借助电子商务手段为小农户提供了一条农货上行通道，将小农户与大市场的对接成本降到适宜区间，将管理成本控制在传统模式下交易成本之内。以上模式不仅缩短企业与消费者的沟通距离，改善沟通关系，还能通过快速便捷的沟通实现整个渠道的有效组合，减少供应链中的因沟通产生的不必要的成本。

其次，根据产业链理论，在农民合作社与农产品电子商务的联结改善产业链现状的机制下，一是，农产品仍然需要经历"农民—小商贩—产地批发市场—商贩—超市/菜市场—消费者"六个环节。在农民合作社融合农产品电商的格局下，只需要经历"小农户—农民合作社—电商平台—消费者"四个环节，大大减少农产品的流通环节，通过发展直销模式，甚至可以直接对接农户与消费者，进一步减少因菜贩、粮贩过多而产生的转手环节。二是，在传统的农产品销售过程中常常受信息不对称、供需不平衡影响而出现卖价低、买价高、中间商步履维艰现象。农民合作社发展农产品电商可以以更高的效率将零散农货进行集中，通过电商平台上的订单按需集中运送，大大节省了小农户获取信息的成本，缩短了交易时间。

三是，通过电商平台，各地优质农产品同场竞技，市场信息实现透明化，有利于形成健全的价格机制。

三、利益机制：关系的联结与利益的增加再分配

根据经济学家亚当·斯密提出的理性经济人假设，一个人任何行为的出发点都来源于经济因素，每个人都会以为自己争取到最大的利益为目标。根据农业产业化的相关理论，利益联结是指农业化发展的过程中小农户与其他经营主体通过不同市场化方式联结之后形成的利益创造、调节、分配、保障[195]。首先，在利益创造阶段，农民合作社及其社员参与电子商务的行为是否会加快或加大利益创造是影响电商是否采纳的关键因素，其组织中代表性的个体（大户）会充分衡量外部成本及后期收益之后进行理性的选择，在小农户是否加入农民合作社和参与电子商务活动上就体现为个体会考虑社内活动是否能为自己带来经济效益，这种经济效益背后的利益分配制度是否公平等诸多因素[196]。其次，如何处理好农民合作社与单个农户之间的利益联结关系是推动现代农业发展的重要课题。2018年中央一号文件强调充分利用订单农业、股份合作、保底分红、利润返还、土地流转等多种形式让农民合理分享现代农业全产业链增值收益①，这有利于合作社获取民心。但是当下普遍盛行的利益分配机制能否发挥实效还受许多因素的制约。例如，现行土地制度下的土地流转经营较低效，新型农业经营主体发展总体水平不足，新型农业经营主体与小农户之间缺少充足的信任，不可避免地导致个人机会主义盛行；同时对国家的政策补贴的过度依赖使得脱离政府补贴的合作社会因内生能力有限而举步维艰[197]。从以上分析可知，充分发挥互联网优势完善小农户与农业经营组织的利益联结机制十分重要。在互联网催生下的农村电子商务可以有效对接农民合作社组织起来的农产品供给者与下游电商龙头企业，提供合理的保底价和稳定长期的订单，形成产销一条龙服务。在分配阶段，在遵循平等公平的基础上，以风险共担、利益共享、合作共赢为原则，实行按股分配的方式分配合作社年末总收益，并对其他观光等旅游收益进行再分配，让社员获得新型农业发展模式带来的收入，增强合作社内部信任，强化利益联结。以合作社为平台创建新农村电商发展模式，将组织形成企业化制度，完善村民社会保障机制，增加组织成员福利待遇，加大人力资本企业保障投入，同时也是农民合作社内部制度完善的必经之路。

---

① 中共中央 国务院关于实施乡村振兴战略的意见，http://www.moa.gov.cn/nybgb/2018/201802/201805/t20180515_6142125.htm[2018-02-20]。

四、要素流动：生产品输出与消费品的吸纳

第七次人口普查显示，中国的城镇化率已经提高到 63.89%，城乡融合格局进一步发展但是乡村常住人口仍有超 5 亿人，小农户仍是中国的农业生产和消费的主体①。在历史上自给自足的小农经济的影响下，大多数农民对乡村变革持有保守态度。这也导致市场因素难以在农村地区发挥最佳作用，使得各类的生产要素处于低效能的配置格局中。

农民合作社作为一个以实现社员集体利益最大化为目标的类企业组织，其同样是各种资源的集合，当拥有的资源不同时便具有异质性。根据资源基础理论，农民合作社与农村电子商务融合发展的作用机理在于利用电子商务带来的技术手段推动农村的各类生产要素优化重组。其主要体现在以下三个方面：第一，对于农民合作社的内部资源，如土地、资金、人力等生产要素，通过电商平台以极低的成本进行连接并实现可视化管理，精准把握土地资源的利用情况，调整资金分配，有效管理人力资源。第二，对于外部资源，通过现代通信技术可以将农产品生产线向上下游延伸，因此供应商、消费者、平台商和合作社成为紧密联结的整体，拓宽了原有的农业产业集群的边界，现代互联网技术可以使物流、资金流等要素的流动成本大幅降低。农民合作社可以与市场进行跨地域、跨产业对接。第三，当各种生产要素流动起来，农产品的整个生命周期会大幅缩短，生产效率相应提高。此时农民合作社借助电商平台实现与市场的有效对接，将农村地区的农产品标准化、品牌化后实现"农货上行"。例如，我国主流电商平台拼多多开展的"拼农货"业务，开拓出"山区直连小区"的直销模式，为分散的山区农产品整合出一条直达消费者的快速渠道，也发展出一套系统的扶持助农机制。随着农村地区的人均可支配收入逐渐增加，农村地区的消费潜力逐渐释放，会实现经济的快速增长，从而推动均衡发展、充分发展。另外，长期以来受城乡二元经济结构的影响，农村与城市的发展水平依旧呈现较大差异，在消费上就表现为结构的失衡与质量的失准[198]。农村电商的出现与发展改变了农民的消费习惯，极大地刺激了农村居民消费需求，城市工业品、消费品借助电商模式"下行"至农村地区，推动了农村地区城镇化进程。

---

① 第七次全国人口普查公报（第七号），http://www.stats.gov.cn/zt_18555/zdtjgz/zgrkpc/dqcrkpc/ggl/202302/t20230215_1904003.html[2022-08-18]。

第三节　实证分析山东 L 市 T 农民合作社发展农村电商的实践

由于本节的目的是探索基于农民合作社发展农村电商内在机理及如何在农民合作社的基础上发展农村电商，属于探索性研究。本节选取单案例分析的研究方法，按照标准单案例研究对象的选择可以是极端的或独一无二的，也可以是具有高经验水平的，同时也应该考虑信息的可得性[199]。按照此选择个案的逻辑，L 市 T 农民合作社于 2016 年成立，经过近 5 年的发展从传统经营按土地份额分红的合作社发展到如今多种入股方式并存、电商发展小有成就、品牌建设初露锋芒的农业示范合作社，其发展历程如图 7-2 所示。按合作社负责人所说，合作社虽然一直在摸索中前进，但是慢慢找到了一条适合的路子。本节所选取的 T 农民合作社经营模式独具一格，以传统农业产业为根基，发展出一种"合作社+电商"的新模式，具有丰富实践经验。同时从其发展中可以看出目前农民合作社与电子商务结合过程中出现的瓶颈问题，这一个案例可以代表一部分正在摸索"农民合作社+电商"模式的合作社群体做出的突破和现实问题，符合个案选择的逻辑。

图 7-2　T 农民合作社发展历程

在数据收集阶段，采用案例研究资料收集的"证据三角"原则，多渠道、多方法获取目标案例研究对象的资料[200]，以尽可能保证研究的可靠性，有效性。首先，按针对性抽样的原则与村干部、合作社理事长、合作社成员、电商公司工作人员进行半结构化访谈，尽可能获知关于研究内容的有效信息，并将访谈内容进行文本提取汇总；其次，通过参与式观察的形式深入了解合作社电子商务运行情况，将所见所闻记录为日志；最后，广泛收集二手资料，通过互联网报告、媒体宣传、政府文件来补充案例资料。2015 年以前 T 农民合作社所在的自然村村民以外出务工或经营个体买卖为主要收入来源。在乡村能人及第一书记的带领下，越来越多的个体农户联结起来，加入了农民合作社，并且随着互联网的普及，电子商务模式逐步被村民接收采纳。2017 年以来，村民逐渐探索合作社嵌入条件下的电子商务与特色农产品经营及农村旅游相结合的乡村建设之路。

一、依托农民合作社联合社发挥电商服务功能

建立农民合作社之前，T 农民合作社所在的沙沟镇以蔬菜种植和加工手工艺品为主要的经济形式，家家户户利用不足十亩的耕地进行蔬菜种植。根据贺雪峰等对于中等经营规模（中农）的界定可知，该地区个体农户经营规模不足十亩，与我国农户承包地一般很少超过十亩的普遍情况相吻合，属于典型的小农户经营模式。因大量的劳动力流向城市，其遗留在农村的土地主要有两个流向：一是，以极低的价格流转给在村务农的亲友，而这些亲友经营的土地规模提升到15～40亩，为其开展适度的规模经营提供了条件，在这一过程中这一部分人成长为种粮大户；二是，外出务工的农民以土地入股到合作社，从中获取年底分红，而农民合作社因集聚了大量土地资源，可以开展适度规模经营与多样化经营的经营模式。在这种情况下，形成了几个农民合作社，规模效应倒逼产业发展形成了优质韭菜专业化产区，与垂直电商达成合作。在互联网的宣传作用下，形成了"沙沟"韭菜品牌。

二、合作社与电商模式下的生产链重塑成本结构

当地位于沂河上游水源较为充足，各家各户完全凭主观意识自主决定选择蔬菜种植模式，当地小农户会因市场价格进行自我调整，但这种调整显示出对于市场信息的把握存在短期认知偏差，往往难以产生预取的收益目标。T 农民合作社成立以后，一方面，当地小农户可以通过土地、资金、农资等多种方式入股成为社员。另一方面，小农户仍然可以自主经营，但是要通过与合作社进行订单签订的方式保证年收益维持可观水平。合作社一方面作为中介负责为订单买主进行产品储运配送服务，在这一环节，因单一的生产者通过合作社联结起来供应量大大提升，因此在对接超市、农贸市场等大型市场时有更多的议价权，交易流程减少后相应的交易成本也随之大幅减少，从而合作社所输出的农产品具有明显的价格优势。另一方面，T 农民合作社成立了独立的电商服务公司——山东 LXQ 电商服务公司。以农民合作社为依托开展农产品电商可以通过以下几条路径破解销路难题：首先，在政府的扶持下，当地农业局评选出优质农产品直接通过电子商务平台对接到长三角经济区的大型商超与农贸市场，作为"沂水十品"之一的沙沟韭菜就是 T 农民合作社的代表产品，在山东地区及长三角经济区拥有良好的口碑。其次，在网络直播盛行的当下，T 农民合作社与山东 LXQ 电商服务公司，通过网

络达人直播带货的方式，将当季新鲜的香椿、煎饼等特色农产品用网络直销的方式送到消费者手中。这一系列活动极大地提升了品牌影响力，进一步拓宽了销售的渠道。

三、多元利益主体的界定与利益联结机制创新

作为一种类企业性质的合作组织，农民合作社向新模式发展，本质上是利益要素的重新组合与利益关系的调配重整[201]。随着多元化的协商整合机制逐渐替代一元行政决策机制成为农村社会主要管理体制，各主体之间的利益关系也随之改变。合作社牵头人既是村干部，又是自营电商公司的经理人，会导致利益主体关系复杂化程度，及利益格局的分化，利益格局的分化主要表现在两个方面，一个是合作社内部成员之间的利益没有保障，另一个是合作社与外部其他组织形式（包括电商公司、村两委）之间的各自利益难以界定。

在未深入开展电商活动之前，T 农民合作社与传统农民合作社并无二致。小农户通过土地、资金入股，每年进行粮食、现金分红。长期保持出入社自由及分红数目吸引力不足现象，导致小农户与合作社的利益联结关系十分分散。在成立电商公司之后，通过发展新的产业模式，与电商龙头企业合作推行"农货上行"的帮扶模式后，T 农民合作社营收水平不断提高。在促进当地农产品电商发展的同时，越来越多的农民工返乡，或成为合作社的一员开展集体电商活动，或利用搭建好的电商平台开展自主创业，形成了一股强势的产业力量。因人力资本的聚集，激发内部成员凝聚力的同时也激发出合作社内部活力。

在分配机制上，在原有的年底分红的分配方式上进行创新。在按股分红的基础上，建立以信誉度、产品质量、参与程度等衡量指标为一体的分配标准。信誉度指小农户与合作社的订单完成情况，这一指标能有效促使农户摆脱机会主义的利益诱因，形成良好的内部信任。产品质量对于合作社产品质量标准化、品牌打造非常关键。参与程度指与合作社、电商公司签订劳动合同的劳动者能享受标准的工资待遇与福利水平，在家门口找到满意的工作岗位。对不同参与者涉及的利益分配问题依次得到合理解决后，利益联结关系相应地会更为紧密。

四、农村要素有效流动与再配置

农业生产存在的要素配置效率低下，生产决策缺乏规划等问题导致农产品呈现生产严重过剩与供给不足的矛盾[202]。促进要素流动可以缩小地区间要素禀赋差异，提高要素的生产效率，要素流动过程中农村地区的土地集聚到农民合作社，

促进农村电商产业集聚并推动经济发展[203]。T农民合作社在进行统一土壤检测之后，将不同土地资源种植上不同作物，对于有机质丰富、具备保水保肥能力、通透性良好的土地建立韭菜基地，对于先天不足的土地，进行统一的土壤改良后种植桃树、香椿、葡萄等，在统一进行规划后，在剩余土地开发自主采摘、旅游观光等项目，利用电商平台进行宣传推广，引导当地发展新型的农业旅游的复合型经营模式。同时，发展农村电商将人力资本也吸纳到农民合作社的经营运作中，为返乡创业人员提供创业机会，也为农村闲散劳动力提供就业机会。

第四节　结论与启示

本章基于农民合作社发展农村电商的理论依据出发，解释农民合作社发展农村电商这一模式发挥作用的内在机理，并结合T农民合作社的具体发展情况进行分析加以验证，得出如下结论：第一，基于农民合作社发展农村电商能够实现合作社再组织再联合，有效推动合作社的规模进一步提升，农村电商能将以合作社为单位产出的供给量充足的农产品与大市场对接，有效解决农产品销售难的问题。第二，基于农民合作社发展农村电商能进一步减少交易成本，农民合作社将小农户通过新型组织形式进行管理，通过农村电商直接将合作社产品卖到消费者手中。在此过程中将小农户自行销售面临的交易成本转化为合作社组织成本，随着组织规模进一步扩大，组织管理成本将远远小于单个小农户的累积交易成本。因此在现行基础上进一步扩大合作社规模，发展农村电商利用规模优势可有效减少农产品销售过程的成本损耗，为农民增加收入。第三，基于农民合作社发展农村电商将强化组织内外的利益联结，有利于建立更加完善的利益联结机制。与在电商的推动下内外合作利益关系将更为紧密，权责关系将更加清晰，为农民合作社向企业化方向发展完善了基础性条件。第四，基于农民合作社发展农村电商将促进农村要素流通，将农业生产活动向更广的范围延伸，为农村生产模式提供了新的思路。因此，进一步探索农产品生产与乡村旅游观光等体验式活动的结合模式是实现农村经济向高质量发展的有效路径。

第八章 政策协调视角下促进农民合作社发展研究

第一节 引　言

农民合作社的本质是分散的农户面对市场时，将与市场交易的成本内部化的互助协作组织[14]，是农村商品经济、市场经济发展的产物。从微观层面看，合作社通过促进农民分工、增强农民集体议价能力提高其参与市场的能力等方式，提高农民收入水平[204, 205]；从宏观层面看，合作社有利于实现规模收益、农业技术的推广、农产品标准化生产、农产品质量安全体系构建、精准帮扶、乡村治理等[206-209, 103]。因此，农民合作社是农民能力提升、乡村治理、城乡融合发展的经济基础，也是乡村振兴战略实施的抓手和落脚点。截至 2019 年 2 月底，全国已有农民合作社 218.6 万个，然而，目前我国农民合作社发展存在管理不规范、能人俘获、假合作社数量较多等诸多问题[210-212]，从而导致了农民合作社整体发展质量偏低，云南也不例外[213-216]。如何提高云南农民合作社整体发展质量已经成为一个迫切需要解决的现实问题。

在传统的农村乡土社会中，血缘和地缘是形成村落并生成熟人社会的最重要的因素，人们通过血缘和地缘为连接点进而组织起来，一起耕作生产。但以血缘、地缘为特征的熟人社会规则，具有不规范和缺乏约束力的特点，使得合作社在运作过程中无章可循。同时熟人社会衍生的人情和面子，成为合作社内外平等交流和商讨的阻碍，不利于做到客观公正，而政策作为一种规范性和引导性的力量进入合作社，可以弥补这些不足。农村发展一靠政策、二靠科技、三靠投入，其中政策是影响农村发展的重要因素之一[217]。在市场经济条件下，农民合作社的规范运行和健康发展需要政府及相关部门制定相关政策[218]，实现合作社内部治理制度和外部发展保障的法治化，实现依法治社就显得尤为重要[219]。

国家经济政策深切关乎着农民的生存和发展问题，舒尔茨认为低收入国家的农民陷入落后的境地，往往是由于国家政策的错误不应归咎于天灾、本性或其他原因[220]。农民合作社作为重要的新型农业经营主体如何有效发挥其经济作用助力农民生存和发展问题的解决，关键在于国家政府部门如何制定和执行与农民合作社高质量发展相关的经济政策。自 2007 年国家颁布《农民专业合作社法》后，中央各部门颁布的相关有效政策法规达 1144 条。随后各地方政府陆续出台一系列相关政策法规达到 13 134 条，为了促进农民合作社规范化发展，2017 年国家修订了《农民专业合作社法》。云南现已出台与农民专业合作社相关的有效政策达 254条，其中，省政府及其各机构共计出台相关政策 89 条，地州政府出台共计 165 条。这些政策群为农民合作社发展创造了制度环境，提供了顶层设计和宏观指导，在一定程度上有效解决其高质量发展的问题。农民合作社作为一个多样性要素构成的经济组织，如果要素之间欠缺有效互动，均会造成系统失灵，从而导致系统运行不畅，组织发展受挫[221]。为了提高农民合作社发展质量，《中共中央 国务院关于实施乡村振兴战略的意见》中提出了"持续加大强农惠农富农政策力度""落实和完善融资贷款、配套设施建设补助、税费减免、用地等扶持政策""加快建立新型农业支持保护政策体系"的战略部署。因此，为了高质量发展农民合作社，在制定政策、构建政策体系及实施政策时必须要考虑政策溢出效应带来的政策不匹配问题，通过政策协调巩固和扩大政策执行效果，以实现帕累托最优。

为了解决合作组织自出现以来在发展进程中面临的困境及难题，我国各级政府部门相继制定了诸多方面的扶持政策。那么，在改革开放后的 40 多年间，我国政府机构究竟制定了哪些扶持农民合作社发展的政策？它们是以什么形式出现的？政策中涉及哪些政府部门？政府部门制定者选择了哪些政策工具？政策的目标又发生了哪些变化？这些政策是否协调？政策主体、政策工具、政策目标有哪些不协调的障碍点……为理清上述的一系列问题，仅靠对单一政策进行研究很难得出清晰的认识，有必要从各个不同的维度对我国农民合作社的一系列政策法规进行系统梳理与评价。

第二节　云南农民合作社发展政策供给状况

一、国家农民合作社发展政策群

（一）农民合作社发展核心政策体系

法律是政府政策的最权威表现形式。在 2006 年，全国人民代表大会通过了我国第一个《农民专业合作社法》，明确了农民合作社的市场主体，保障了农民在市场中的主体地位，促进了农业产业化的发展，规范了农民合作社的管理。根据农民合作社发展中的问题导向，2017 年发布了《农民专业合作社法》的修订，进一步规范了农民专业合作社的组织和行为，丰富农民专业合作社合作领域和业务范围，促进创新发展，改善了营商环境，提升了合作层次，明确了政府职责，从而加强了合作社的竞争实力。通过北大法宝、中国法律法规信息库分析现有农民合作社政策基本情况，发现在《农民专业合作社法》发布之前，我国农民合作社相关政策主要集中在住房合作社、生产合作社等方面，已不适合当前合作社发展的需要，因此，有效的政策主要集中在 2006 年以后，核心政策有 36 条，主要是对《农民专业合作社法》相关条款的细化和落实，其政策体系如图 8-1 所示。

（二）农民合作社发展重要政策

国务院 2007 年 5 月发布了《农民专业合作社登记管理条例》，是对农民合作社规范管理的重要政策，各部委针对管理条例，制定了相关部门规范政策共计 13 条，其政策间关系如图 8-2 所示。

《财政部、国家税务总局关于农民专业合作社有关税收政策的通知》规定了对重要农资物品的免税政策，并对化肥相关税收政策进行了调整，降低了农业合作社的经营成本，其政策间关系如图 8-3 所示。

中共中央、国务院《关于加快发展现代农业进一步增强农村发展活力的若干意见》进一步释放了农村的生产力，加快了各类农民合作社的发展。该政策作为中央的顶层制度设计，目前的落实政策相对较少，与农民专业合作社发展部门相关的仅有 6 条，其政策关系如图 8-4 所示。

财政部关于印发《农民专业合作社财务会计制度（试行）》通知，从财务规范的角度对农民合作社的组织运营给予了规范，其政策关系如图 8-5 所示。

中共中央、国务院《关于加大改革创新力度加快农业现代化建设的若干意见》，为了落实其中对于农民合作社发展的意见，国务院办公厅出台了 2 条政策，农业部联合其他部门出台了 6 条政策，商务部与其他部门联合出台 3 条，农业部出台4 条政策，其政策关系如图 8-6 所示。

中共中央、国务院《关于切实加强农业基础建设进一步促进农业发展农民增收的若干意见》，为了落实其中关于农民合作社发展的意见，财政部、发展和改革委员会、农业部、国家工商总局发布了 4 条政策，其政策关系如图 8-7 所示。

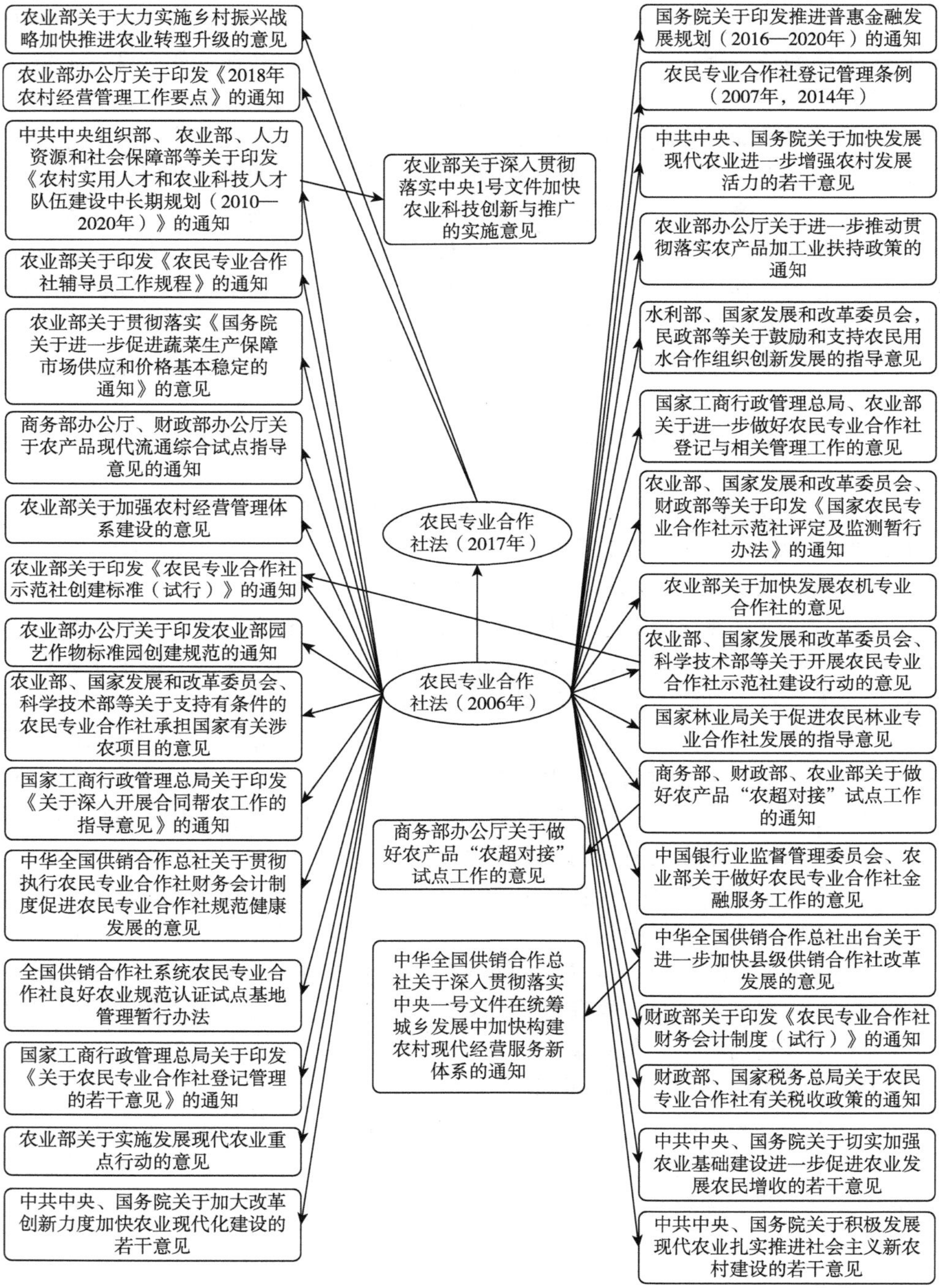

图 8-1　农民合作社发展核心政策体系

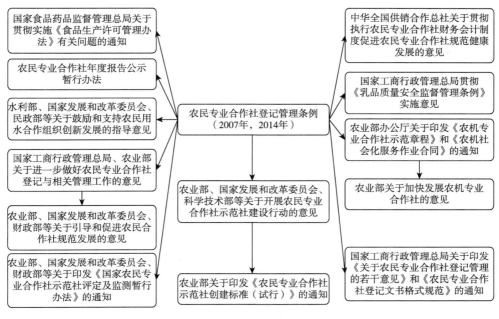

图 8-2　《农民专业合作社登记管理条例》及其相关政策

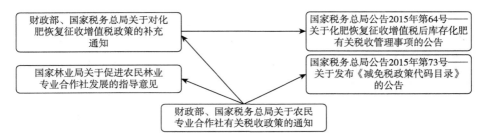

图 8-3　《财政部、国家税务总局关于农民专业合作社有关税收政策的通知》及其相关政策

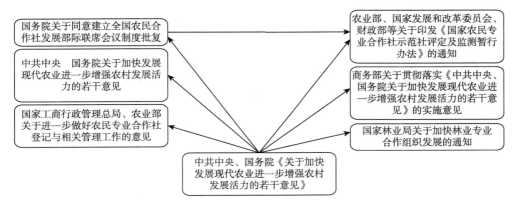

图 8-4　《关于加快发展现代农业进一步增强农村发展活力的若干意见》及其相关政策

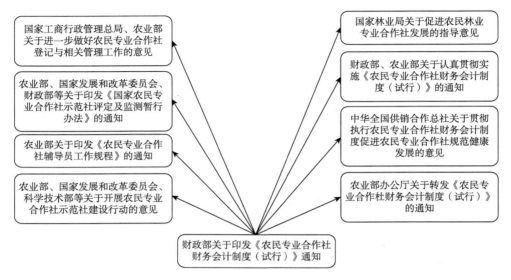

图 8-5 《农民专业合作社财务会计制度（试行）》及其相关政策

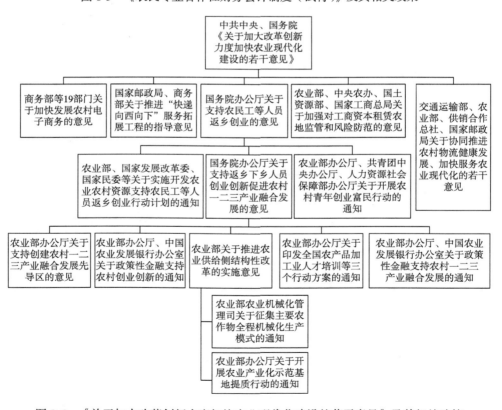

图 8-6 《关于加大改革创新力度加快农业现代化建设的若干意见》及其相关政策

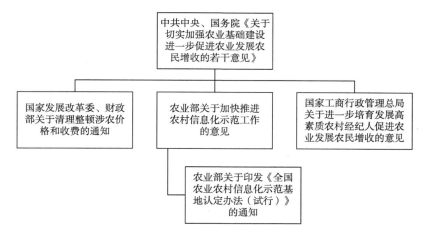

图 8-7　《关于切实加强农业基础建设进一步促进农业发展农民增收的若干意见》及相关政策

中共中央、国务院《关于积极发展现代农业扎实推进社会主义新农村建设若干意见》，为了落实其中关于农民合作社发展的意见，国务院办公厅、农业部、国家工商总局发布了 4 条政策，其政策关系如图 8-8 所示。

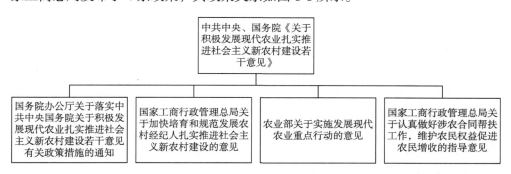

图 8-8　《关于积极发展现代农业扎实推进社会主义新农村建设若干意见》及相关政策

二、云南省农民合作社发展政策群

以关键字"合作社"在北大法宝数据库进行搜索，时间跨度为 1950 年 1 月 1 日至 2020 年 2 月 29 日，通过人工甄别，共获得云南省省级层面有效农民合作社相关政策共计 97 条。政策最早公布时间为 2004 年 5 月 11 日，最晚为 2020 年 2 月 18 日。发布部门主要集中在省政府及省政府办公厅，省政府其他直属机构发布政策数量较少（表 8-1）。

表 8-1　云南农民合作社发展政策群

编号	政策名称	时间
1	中共云南省委、云南省人民政府关于贯彻《中共中央、国务院关于促进农民增加收入若干政策的意见》的实施意见	2004-05-11
2	中共云南省委、云南省人民政府关于贯彻《中共中央 国务院关于推进社会主义新农村建设的若干意见》的实施意见	2006-03-23
3	云南省人民政府办公厅关于印发加快农村现代流通网络建设开拓农村市场意见的通知	2006-08-08
4	中共云南省委、云南省人民政府关于深化集体林权制度改革的决定	2006-09-14
5	云南省人民政府贯彻落实国务院关于促进奶业持续健康发展文件的实施意见	2008-01-06
6	中共云南省委、云南省人民政府关于贯彻《中共中央 国务院关于切实加强农业基础建设进一步促进农业发展农民增收的若干意见》的实施意见	2008-05-06
7	中共云南省委、云南省人民政府关于深化改革推进供销合作社"二次创业"的意见	2008-07-10
8	中共云南省委贯彻《中共中央关于推进农村改革发展若干重大问题的决定》的实施意见	2009-01-01
9	云南省人民政府关于实施加快推进优势生物产业发展计划的通知	2009-01-25
10	云南省人民政府办公厅转发国务院办公厅关于奶业整顿和振兴规划纲要文件的通知	2009-02-26
11	云南省人民政府关于加快本油料产业发展的意见	2009-02-27
12	中共云南省委、云南省人民政府贯彻《中共中央 国务院关于加大统筹城乡发展力度进一步夯实农业农村发展基础的若干意见》的实施意见	2010-04-20
13	云南省人民政府关于推进林农专业合作社发展的意见	2010-10-23
14	云南省人民政府关于加快林业产业发展的意见	2010-10-25
15	云南省人民政府办公厅关于加快推进出口农产品质量安全示范区建设及备案工作的通知	2010-11-03
16	云南省人民政府关于进一步加快茶产业发展的意见	2010-11-08
17	云南省人民政府办公厅关于推进农村金融产品和服务方式创新的实施意见	2011-03-07
18	云南省人民政府办公厅关于印发加快推进林权抵押贷款工作意见的通知	2011-04-06
19	云南省财政厅、昆明海关、云南省国家税务局关于印发云南省进口花卉种苗 种球 种籽免税计划管理办法的通知	2011-06-02
20	云南省人民政府关于加快推进现代农业种业发展的意见	2011-08-26
21	云南省林农专业合作社省级示范社认定和管理办法	2012-01-31
22	中共云南省委、云南省人民政府关于加快高原特色农业发展的决定	2012-09-01
23	中共云南省委、云南省人民政府关于加大改革创新力度进一步增强农业农村发展活力的意见	2013-06-03
24	云南省人民政府关于推进蔗糖产业振兴 3 年行动计划的意见	2013-06-26
25	云南省人民政府关于深化流通体制改革加快流通产业发展的实施意见	2013-08-28
26	云南省人民政府办公厅关于实施"三农"金融服务便利化行动的通知	2013-10-09
27	云南省人民政府办公厅关于加强林木种苗工作的实施意见	2013-12-17

续表

编号	政策名称	时间
28	中共云南省委关于贯彻落实《中共中央关于全面深化改革若干重大问题的决定》的意见	2013-12-27
29	中共云南省委办公厅、云南省人民政府办公厅印发《关于创新机制扎实推进农村扶贫开发工作的实施意见》的通知	2014-04-18
30	云南省人民政府关于进一步做好金融服务"三农"发展的实施意见	2014-05-04
31	中共云南省委、云南省人民政府关于全面深化改革扎实推进高原特色农业现代化的意见	2014-05-23
32	中共云南省委、云南省人民政府关于推进美丽乡村建设的若干意见	2014-07-23
33	云南省人民政府关于加快昆曲绿色经济示范带建设的意见	2014-07-29
34	云南省人民政府关于加快林下经济发展的意见	2014-07-30
35	云南省人民政府办公厅关于促进县域金融改革创新发展与服务便利化的实施意见	2014-08-26
36	云南省人民政府办公厅贯彻落实国务院办公厅关于深化种业体制改革提高创新能力文件的实施意见	2015-04-11
37	云南省人民政府关于加快中药（民族药）产业发展的指导意见	2015-05-14
38	云南省人民政府关于创新重点领域投融资机制鼓励社会投资的实施意见	2015-05-26
39	云南省人民政府关于进一步做好新形势下就业创业工作的实施意见	2015-08-03
40	云南省人民政府办公厅关于加快木本油料产业发展的实施意见	2015-09-20
41	云南省人民政府办公厅关于建立和完善农村产权流转交易市场的意见	2015-09-21
42	关于实施"三证合一、一照一码"登记制度改革的通告	2015-09-25
43	云南省人民政府办公厅关于转发省知识产权局等单位贯彻深入实施国家知识产权战略行动计划（2014-2020年）实施意见的通知	2015-10-09
44	云南省人民政府办公厅关于培育壮大农业小巨人的意见	2015-11-10
45	中共云南省委、云南省人民政府关于深化供销合作社综合改革的实施意见	2015-11-20
46	云南省人民政府关于进一步落实粮食安全行政首长责任制的实施意见	2015-12-03
47	云南省人民政府关于促进电子商务及跨境电子商务发展的实施意见	2015-12-05
48	云南省人民政府关于印发云南澜沧江开发开放经济带发展规划（2015-2020年）的通知	2015-12-28
49	云南省商务厅关于贯彻落实商务部等八部委进一步促进茧丝绸行业健康发展的意见	2016-01-04
50	云南省人民政府关于深化收入分配制度改革的实施意见	2016-01-24
51	云南省人民政府关于促进农民合作社规范发展的意见	2016-01-27
52	中共云南省委、云南省人民政府关于加快高原特色农业现代化实现全面小康目标的意见	2016-02-01
53	云南省林业厅关于贯彻落实稳增长开好局若干政策措施的实施意见	2016-02-14
54	云南省人民政府办公厅关于促进融资租赁业发展的实施意见	2016-03-12
55	云南省人民政府关于印发云南省国民经济和社会发展第十三个五年规划纲要的通知	2016-04-22
56	云南省人民政府办公厅关于加快推广农田水利改革试点经验的通知	2016-04-26

续表

编号	政策名称	时间
57	云南省人民政府办公厅关于促进农村电子商务加快发展的实施意见	2016-07-14
58	云南省人民政府关于进一步加快高标准农田建设的意见	2016-07-29
59	云南省人民政府关于积极发挥新消费引领作用加快培育形成新供给新动力的实施意见	2016-08-05
60	云南省人民政府办公厅关于推进财政支农资金形成资产股权量化改革的意见	2016-09-01
61	云南省人民政府关于推进蔗糖产业提质发展 3 年行动计划的意见	2016-09-24
62	云南省人民政府办公厅关于推进农村一二三产业融合发展的实施意见	2016-10-15
63	云南省国土资源厅、云南省农业厅关于印发《云南省设施农用地实施管理细则（试行）》的通知	2016-11-11
64	云南省人民政府办公厅关于深入推行科技特派员制度的实施意见	2016-11-23
65	云南省人民政府办公厅关于加快乡村旅游扶贫开发的意见	2016-12-30
66	云南省人民政府关于大力发展普惠金融的实施意见	2017-03-23
67	云南省人民政府办公厅关于咖啡产业发展的指导意见	2017-04-05
68	云南省人民政府办公厅关于支持返乡下乡人员创业创新促进农村一二三产业融合发展的实施意见	2017-05-03
69	云南省人民政府办公厅关于完善支持政策促进农民持续增收的实施意见	2017-06-05
70	云南省人力资源和社会保障厅办公室关于贯彻"云岭全民创业计划"实施意见的通知	2017-06-21
71	云南省人民政府办公厅关于加快发展冷链物流保障食品安全促进消费升级的实施意见	2017-08-18
72	云南省人民政府办公厅关于促进县域创新驱动发展的实施意见	2017-09-30
73	云南省人民政府关于进一步做好当前和今后一段时期就业创业工作的实施意见	2017-09-30
74	云南省人民政府办公厅关于推进现代农业产业园建设的指导意见	2017-10-09
75	云南省人民政府办公厅关于完善集体林权制度的实施意见	2017-11-06
76	云南省人民政府办公厅关于完善政策鼓励和引导社会资本推进新一轮退耕还林还草工程建设的指导意见	2017-12-11
77	云南省人民政府关于建立粮食生产功能区和重要农产品生产保护区的实施意见	2017-12-26
78	云南省人民政府办公厅关于加快推进产业扶贫的指导意见	2017-12-30
79	云南省人民政府办公厅关于加快推进农业供给侧结构性改革大力发展粮食产业经济的实施意见	2018-01-28
80	云南省人民政府办公厅关于推进农业高新技术产业示范区建设发展的实施意见	2018-04-27
81	云南省人民政府关于强化实施创新驱动发展战略进一步推进大众创业万众创新深入发展的实施意见	2018-08-23
82	云南省人民政府办公厅关于促进农产品加工业跨越发展的实施意见	2018-08-27
83	中共云南省委办公厅、云南省人民政府办公厅印发《关于创新体制机制推进农业绿色发展的实施意见》	2018-08-31

续表

编号	政策名称	时间
84	云南省人民政府关于印发云南省全面推开"证照分离"改革实施方案的通知	2018-11-08
85	云南省人民政府关于推动云茶产业绿色发展的意见	2018-11-12
86	中共云南省委办公厅、云南省人民政府办公厅印发《关于进一步优化营商环境的若干意见》《云南省营商环境提升十大行动》的通知	2019-04-17
87	云南省人民政府关于创建"一县一业"示范县加快打造世界一流"绿色食品牌"的指导意见	2019-04-26
88	云南省人民政府关于加快推进农业机械化和农机装备产业转型升级的实施意见	2019-06-06
89	云南省人民政府办公厅关于印发云南省开展消费扶贫助力打赢脱贫攻坚战实施方案的通知	2019-06-13
90	云南省人民政府办公厅关于印发云南省职业技能提升行动实施方案（2019—2021年）的通知	2019-07-30
91	云南省人民政府办公厅关于加强非洲猪瘟防控促进生猪生产保障市场供应的实施意见	2019-09-29
92	云南省人民政府关于印发云南省支持烟草产业高质量发展若干政策措施的通知	2019-10-14
93	云南省人民政府关于印发中国（云南）自由贸易试验区"证照分离"改革全覆盖试点实施方案的通知	2019-11-27
94	中共云南省委办公厅、云南省人民政府办公厅印发《关于加快乡村产业发展促进农民就业的实施意见》	2019-12-06
95	云南省人民政府关于应对新冠肺炎疫情稳定经济运行22条措施的意见	2020-02-11
96	云南省发展和改革委员会关于严格落实疫情防控期间支持性电价政策的通知	2020-02-14
97	云南省发展和改革委员会、云南省工业和信息化厅、云南省农业农村厅等关于应对疫情影响发挥金融支持作用促进中小微企业发展有关事项的通知	2020-02-18

政策数量整体呈现逐年上升趋势，反映出省政府对合作社发展的重视程度在不断攀升，到2016年达到峰值，最近三年有所下降（图8-9）。

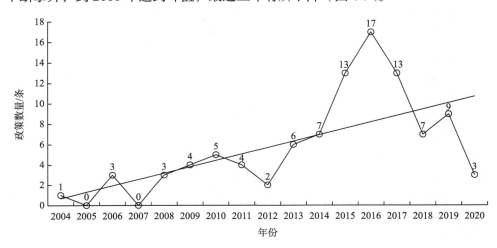

图8-9 云南农民合作社发展政策增长趋势

第三节 云南农民合作社发展政策协调性实证

一、政策协调性分析框架构建

为了更好地分析和研究整个政策体系的完善度和协同度,需要建立一个科学、合理的政策文本分析框架。本节从政策结构和政策要素入手,从政策部门、政策工具和政策目标三个维度进行分析。

(一)政策部门维度

政策部门是指参与或影响公共政策的制定、执行、评估的个人、团体或组织。政策部门维度的分析主要是对政策参与部门个数及政策主导部门进行分析。按照参与部门的多少,可将政策分为单部门政策和多部门政策。政策参与制定和发布的部门越多,表明该政策在制定和执行过程中涉及多个部门的利益分配,其执行需要多个部门协同配合。因此,单部门政策编码为1-1,多部门政策编码为1-2。

(二)政策工具维度

政策工具是组成政策的基本元素,是由政府掌握的、可运用的、达成政策意图的手段和措施。公共政策理论认为,政策主体在制定和执行政策时,必须依据各政策间的客观关系将其有机结合起来,以形成政策合力、在功能上实现互补、发挥理想的政策效应。因此,政策工具的选择搭配及协同运用在很大程度上影响政策体系的协同效果。

基于 Rothwell 和 Zegveld 对技术创新政策的分析,按照政策工具的不同作用面,可将政策工具划分为供给侧工具、需求侧工具和环境侧工具三类[222]。供给侧工具是指政府通过支持人才、信息、技术和资金等直接扩大农民合作社要素供给、改善企业创新相关要素的供给、引导政策指向、推动创新活动的进行,其作用在于解决公共或系统失灵问题,如连通性的缺乏或体制的僵化,通过诱发合作社的创新活动来实现其健康发展;需求侧工具是指政府通过采取采购、贸易管制等措施降低市场的不确定性,积极开拓并稳定新技术应用的市场,推动合作社技术创新活动和新产品研发开展;环境侧工具是指政府通过实施财务金融、税收制度、法规管制等方面的政策影响合作社发展的环境因素,为合作社发展提供有利的政策环境,从而间接影响并促进其创新的进行。

根据《农民专业合作社法》中关于扶持措施的规定，可以将政策工具划分为以下类别，如表8-2所示。

表8-2　政策工具编码

政策工具维度（编码）	政策工具内容	政策工具内容编码
供给侧工具（2-1）	人才保障	2-1-1
	信息支持	2-1-2
	技术支撑	2-1-3
	财政补助	2-1-4
	政策指向引导	2-1-5
	土地电力供应	2-1-6
需求侧工具（2-2）	政府采购	2-2-1
	贸易管制	2-2-2
	涉农项目委托	2-2-3
环境侧工具（2-3）	金融服务支持	2-3-1
	保险服务支持	2-3-2
	税收优惠	2-3-3
	法规管制	2-3-4

（三）政策目标维度

根据上文中国家出台的农民合作社政策体系分析，本节将农民专业合作社相关的政策目标界定为经济效益目标、社会效益目标和合作社发展质量目标三个维度（表8-3）。

表8-3　政策目标编码

政策目标维度（编码）	政策目标内容	政策目标内容编码
经济效益目标（3-1）	第一类经济效益目标：农业生产资料的购买、使用	3-1-1
	第二类经济效益目标：农产品的生产、销售、加工、运输、贮藏及其他相关服务	3-1-2
	第三类经济效益目标：农村民间工艺及制品、休闲农业和乡村旅游资源的开发经营等	3-1-3
	第四类经济效益目标：与农业生产经营有关的技术、信息、设施建设运营等服务	3-1-4
社会效益目标（3-2）	农民发展：农民增收、农民就业、农民创业、农民培训、脱贫等	3-2-1
	农村建设：新农村建设、农村现代化	3-2-2
	农业现代化：设施农业、农业基地、特色农业、农业机械化集约化、农业科技推广等	3-2-3

续表

政策目标维度（编码）	政策目标内容	政策目标内容编码
合作社发展质量目标（3-3）	合作社登记管理	3-3-1
	合作社章程制定	3-3-2
	合作社财务管理	3-3-3
	合作社合并、分立、解散和清算	3-3-4
	示范社评定与监测、联合社组建	3-3-5

根据《农民专业合作社法》的规定，农民专业合作社从事生产经营活动，应当遵守法律，遵守社会公德、商业道德，诚实守信，不得从事与章程规定无关的活动。《农民专业合作社法》规定的合作社业务包括四类业务，分别是农业生产资料的购买、使用（第一类经济效益目标）；农产品的生产、销售、加工、运输、贮藏及其他相关服务（第二类经济效益目标）；农村民间工艺及制品、休闲农业和乡村旅游资源的开发经营等（第三类经济效益目标）；与农业生产经营有关的技术、信息、设施建设运营等服务（第四类经济效益目标）。因此，将政策的经济效益目标划分为四类经济效益目标。

本书认为合作社社会效益是指合作社成立后为社会所做的贡献，即其所产生的外部间接经济效益。由于农民合作社的成员主体是农民，所以合作社相关政策的社会效益目标主要集中在农民、农村和农业三个层面，包括农民发展、农村建设和农业现代化。农民发展主要涉及农民增收、农民就业、农民创业、农民培训、脱贫等方面。农村建设主要是新农村建设和农村现代化的相关内容。农业现代化主要涉及设施农业、农业基地、特色农业、农业机械化集约化、农业科技推广等方面。

合作社发展质量目标主要是指让合作社发展能够达到《农民专业合作社法》规定内容的系列目标，即合作社自身规范化发展的管理目标。因此，合作社发展质量目标包括合作社登记管理，合作社章程制定，合作社财务管理，合作社合并、分立、解散和清算，示范社评定与监测、联合社组建等。

二、政策部门协调性分析

（一）纵向部门协调性分析

（1）云南省政府与中央政府间的部门协调性分析。通过云南省农民合作社发展政策对国家政策的引用关系（图8-10）分析，发现只有其中9条引用了中央颁布的农民合作社核心政策，占比不足10%。引用的中央农民合作社核心政策只有10条，占所有核心政策的比例为28%，表明云南省政府与中央政府间的合作社政策纵向协调性较差，反映了云南省政府在利用国家政策发展和壮大农民合作社方面的执行力有待提高。

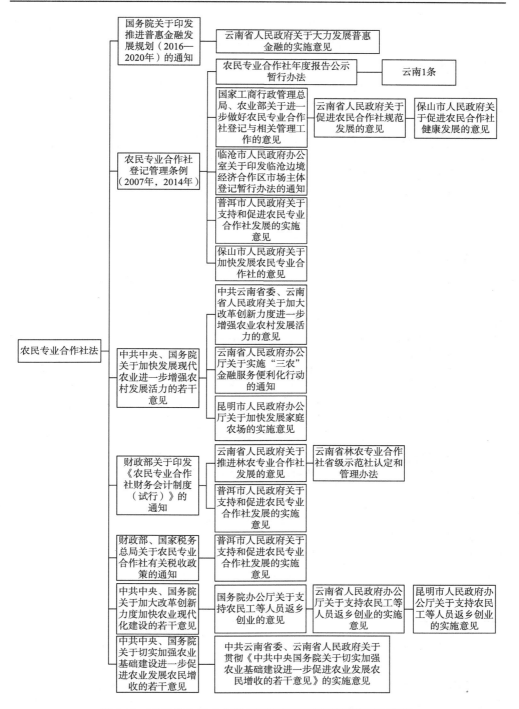

图 8-10　云南省农民合作社发展政策对国家政策的引用关系

（2）云南省政府与地州政府间的部门协调性分析。通过对云南 97 条政策的被引关系分析（表 8-4），发现只有 20 条政策被地州政府或其他省属机构所引用，被引率仅为 21%，主要引用的地州政府包括昆明、楚雄、普洱、保山、丽江、玉溪、怒江等，表明云南省政府与地州政府间的合作社政策纵向协调性较差，反映了地州政府对政策的执行力不足。

表 8-4　被地州政府引用的云南省政府农民合作社发展政策

编号	政策名称
5	云南省人民政府贯彻落实国务院关于促进奶业持续健康发展文件的实施意见
11	云南省人民政府关于加快木本油料产业发展的意见
13	云南省人民政府关于推进林农专业合作社发展的意见
14	云南省人民政府关于加快林业产业发展的意见
18	云南省人民政府办公厅关于印发加快推进林权抵押贷款工作意见的通知
24	云南省人民政府关于推进蔗糖产业振兴 3 年行动计划的意见
25	云南省人民政府关于深化流通体制改革加快流通产业发展的实施意见
28	中共云南省委关于贯彻落实《中共中央关于全面深化改革若干重大问题的决定》的意见
34	云南省人民政府关于加快林下经济发展的意见
35	云南省人民政府办公厅关于促进县域金融改革创新发展与服务便利化的实施意见
36	云南省人民政府办公厅贯彻落实国务院办公厅关于深化种业体制改革提高创新能力文件的实施意见
37	云南省人民政府关于加快中药（民族药）产业发展的指导意见
38	云南省人民政府关于创新重点领域投融资机制鼓励社会投资的实施意见
39	云南省人民政府关于进一步做好新形势下就业创业工作的实施意见
41	云南省人民政府办公厅关于建立和完善农村产权流转交易市场的意见
46	云南省人民政府关于进一步落实粮食安全行政首长责任制的实施意见
50	云南省人民政府关于深化收入分配制度改革的实施意见
51	云南省人民政府关于促进农民合作社规范发展的意见
55	云南省人民政府关于印发云南省国民经济和社会发展第十三个五年规划纲要的通知
58	云南省人民政府关于进一步加快高标准农田建设的意见

（二）横向部门协调性分析

云南省 97 条合作社发展政策中，主要的制定部门是省政府和省政府办公厅，共计 70 条，占到所有政策的 72.2%，而省政府直属其他省级部门制定的政策仅有

9 条，占比不足 9.3%（图 8-11）。

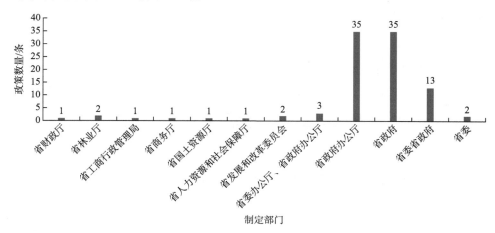

图 8-11 云南省级部门制定农民合作社发展政策的数量

在对省政府和省政府办公厅制定的政策内容进行分析时，发现其中大多数政策的条款均安排部署了其他直属省级机构的任务，需要多个部门协调才能完成。其中，在 97 条政策中，多部门政策共计 73 条，占比 75%，最多涉及的部门为 25 个，最少 2 个（图 8-12）。

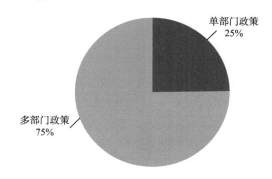

图 8-12 单部门与多部门政策份额

由此可见，省级直属部门之间缺乏横向的政策协调，对于农民合作社发展缺少联合政策的出台。

三、政策目标协调性分析

云南省出台的 97 条农民合作社发展的政策中，追求合作社发展所带来的社会效益的政策占到 57.73%，其次是追求合作社经济效益的政策占到 39.18%，最少的是促进合作社发展质量提升的政策仅有 9.28%（图 8-13）。以此可见，就云南农民合作社政策目标来看，农民合作社本身的发展质量受政府关注较少。

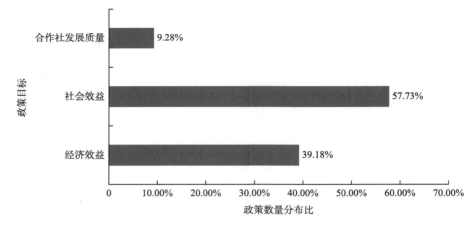

图 8-13　不同政策目标的农民合作社政策数量分布

其中，有 5 条政策兼顾多重政策目标，如表 8-5 所示。

表 8-5　实现多重政策目标的农民合作社发展政策

编号	政策名称	政策目标
23	中共云南省委、云南省人民政府关于加大改革创新力度进一步增强农业农村发展活力的意见	经济效益+社会效益
40	云南省人民政府办公厅关于加快木本油料产业发展的实施意见	经济效益+社会效益
45	中共云南省委、云南省人民政府关于深化供销合作社综合改革的实施意见	经济效益+社会效益
70	云南省人力资源和社会保障厅办公室关于贯彻"云岭全民创业计划"实施意见的通知	经济效益+社会效益
22	中共云南省委、云南省人民政府关于加快高原特色农业发展的决定	经济效益+社会效益+合作社发展质量

（一）经济效益目标协调性分析

在云南省现有 97 条农民合作社政策中，有 38 条政策的目标设定为合作社经济效益，其中，实现第二类经济效益目标的政策有 24 条，实现第一类、第三类、第四类经济效益目标的政策较少。从图 8-14 可以看出，这四类经济效益目标的实现已经失衡。

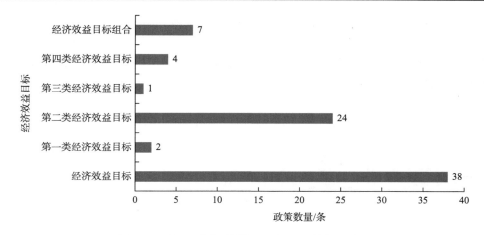

图 8-14　实现不同经济效益目标的政策数量分布

从图 8-14 中可以看出，有 7 条政策在设定目标时考虑了多种政策目标组合，主要围绕着第二类经济效益目标来组合其他三类目标（表 8-6），组合方式较为单一，且政策数量较少，不足以改变农民作社政策经济效益目标实现的失衡。

表 8-6　具有不同经济效益目标组合的农民合作社发展政策

编号	政策名称	年份	组合目标
11	云南省人民政府关于加快木本油料产业发展的意见	2009	第二类+第四类
12	中共云南省委、云南省人民政府贯彻《中共中央 国务院关于加大统筹城乡发展力度进一步夯实农业农村发展基础的若干意见》的实施意见	2010	第二类+第四类
14	云南省人民政府关于加快林业产业发展的意见	2010	第一类+第二类+第三类+第四类
34	云南省人民政府关于加快林下经济发展的意见	2014	第二类+第三类
45	中共云南省委、云南省人民政府关于深化供销合作社综合改革的实施意见	2015	第一类+第四类
70	云南省人力资源和社会保障厅办公室关于贯彻"云岭全民创业计划"实施意见的通知	2017	第二类+第三类
94	中共云南省委办公厅、云南省人民政府办公厅印发《关于加快乡村产业发展促进农民就业的实施意见》	2019	第二类+第四类

（二）社会效益目标协调性分析

社会效益目标主要分为三类，分别是农民发展目标、农村建设目标和农业现代化目标。农民发展目标主要与农民增收、农民就业、农民创业、农民培训、脱贫等有关；农村建设目标主要与新农村建设、农村现代化等有关；农业现代化目标主要与设施农业、农业基地、特色农业、农业机械化集约化、农业科技推广等有关。云南农民合作社现有的 97 条政策中，有 56 条政策的目标设定为合作社社会效益，其中，25 条关注农民发展问题，而对于农村建设和农业现代化目标的实现相对较少，省政府对这三类社会目标的关注并不平衡（图 8-15）。

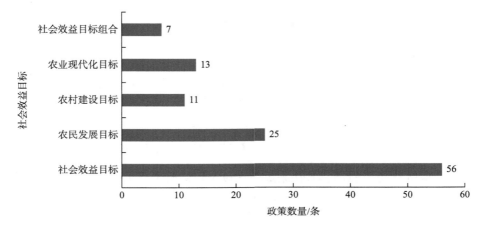

图 8-15　实现不同社会效益目标的农民合作社政策数量分布

从图 8-15 可以看出，有 7 条政策实现了社会效益目标的组合（表 8-7），从组合目标来看，主要体现了"三农"问题，农民合作社发展对于解决"三农"问题的核心是围绕农民的发展，进而带动农村建设，最终实现农业现代化。然而，组合目标的政策数量相对于三类目标独立的政策，其数量较少，仍然不能改变农民合作社社会效益目标实现不均衡的状况。

表 8-7　具有不同社会效益目标组合的农民合作社发展政策

编号	政策名称	年份	组合目标
6	中共云南省委、云南省人民政府关于贯彻《中共中央 国务院关于切实加强农业基础建设进一步促进农业发展农民增收的若干意见》的实施意见	2008	农民+农村+农业
8	中共云南省委贯彻《中共中央关于推进农村改革发展若干重大问题的决定》的实施意见	2009	农民+农村+农业
18	云南省人民政府办公厅关于印发加快推进林权抵押贷款工作意见的通知	2011	农民+农村
30	云南省人民政府关于进一步做好金融服务"三农"发展的实施意见	2014	农村+农业
45	中共云南省委、云南省人民政府关于深化供销合作社综合改革的实施意见	2015	农民+农村+农业
52	中共云南省委、云南省人民政府关于加快高原特色农业现代化实现全面小康目标的意见	2016	农民+农村+农业
64	云南省人民政府办公厅关于深入推行科技特派员制度的实施意见	2016	农民+农村

（三）合作社发展质量目标协调性分析

合作社发展质量目标主要是关注农民合作社自身发展的问题，包括五个方面——合作社登记管理，合作社章程制定，合作社财务管理，合作社合并、分立、解散和清算，示范社评价与监测、联合社组建等。云南农民合作社现有的97条政策中，有9条政策的目标设定为合作社发展质量，其中，3条关注农民合作社的登记管理，而财务管理和章程制定政策缺失（图8-16）。省政府对于农民合作社发展质量的关注相对于其他政策目标来说是较低的，数量是不均衡的，反映了政府追求的是农民合作社的数量而非质量。

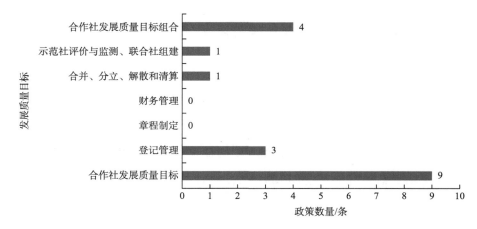

图8-16　实现农民合作社发展质量目标的政策数量分布

从图8-16可以看出，有4条政策实现了农民合作社发展质量目标的组合，其中包括了财务管理和章程制定的目标（表8-8）。从目标组合上看，基本沿袭了我国《农民专业合作社法》中对于农民合作社行为的规范要求，财政管理政策还缺少与财政部《农民专业合作社财务会计制度（试行）》的对接。

表8-8　具有不同发展质量目标组合的农民合作社政策

编号	政策名称	年份	组合目标
13	云南省人民政府关于推进林农专业合作社发展的意见	2010	3-3-1、3-3-2、3-3-3、3-3-4
22	中共云南省委、云南省人民政府关于加快高原特色农业发展的决定	2012	3-3-1、3-3-5
51	云南省人民政府关于促进农民合作社规范发展的意见	2016	3-3-1、3-3-2、3-3-3、3-3-5
87	云南省人民政府关于创建"一县一业"示范县加快打造世界一流"绿色食品牌"的指导意见	2019	3-3-3、3-3-4、3-3-5

四、政策工具协调性分析

在云南省出台的 97 条农民合作社发展的政策中，供给侧政策工具的应用占到 89.69%，需求侧政策工具应用仅占到 10.31%，环境侧政策工具的应用占到 82.47%（图 8-17）。以此可见，云南农民合作社政策工具的应用主要集中在供给侧和环境侧政策工具，而对需求侧政策工具应用较少。将供给侧和环境侧政策工具组合起来应用的政策共有 62 条，占到 63.92%。可以看出，需求侧政策工具的应用在农民合作社发展政策体系中失衡了。

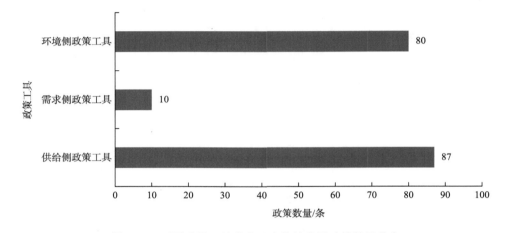

图 8-17 不同政策工具的农民合作社发展政策数量分布

其中有 9 条政策同时应用了三种类别的政策工具，如表 8-9 所示。

表 8-9 组合三种类别政策工具的农民合作社政策

编号	政策名称	年份
11	云南省人民政府关于加快木本油料产业发展的意见	2009
21	云南省林农专业合作社省级示范社认定和管理办法	2012
23	中共云南省委、云南省人民政府关于加大改革创新力度进一步增强农业农村发展活力的意见	2013
37	云南省人民政府关于加快中药（民族药）产业发展的指导意见	2015
41	云南省人民政府办公厅关于建立和完善农村产权流转交易市场的意见	2015
46	云南省人民政府关于进一步落实粮食安全行政首长责任制的实施意见	2015
52	中共云南省委、云南省人民政府关于加快高原特色农业现代化实现全面小康目标的意见	2016

编号	政策名称	年份
59	云南省人民政府关于积极发挥新消费引领作用加快培育形成新供给新动力的实施意见	2016
69	云南省人民政府办公厅关于完善支持政策促进农民持续增收的实施意见	2017

（一）供给侧政策工具协调性分析

在云南省农民合作社发展政策的制定中，政策制定者尤为偏好使用财政补助手段，其中，有64条政策采用了财政补助手段实现预定的政策目标，在所有政策中占比高达65.98%，政策指向引导和人才保障政策工具使用的频率次之（图8-18）。在实现农民合作社发展政策目标的过程中，单一政策工具的采用较少，组合工具的采用占到了57.73%。技术支撑和信息支持手段只在组合工具采用中出现，表明它们在农民合作社发展政策的工具集里处于辅助地位。从云南省农民合作社政策采用的供给侧工具来看，组合工具的采用多于单一工具，财政补助的单一应用远超其他供给侧政策工具，各类供给侧政策工具的应用不均衡。

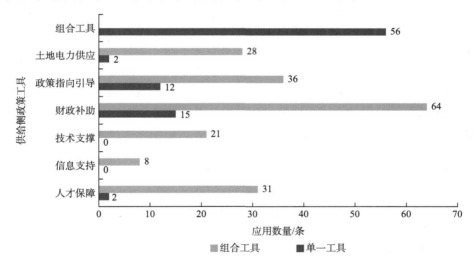

图 8-18 不同供给侧政策工具在农民合作社政策群中的应用分布

（二）需求侧政策工具协调性分析

在云南省农民合作社发展政策集合中，需求侧政策工具的使用较少，仅有10条政策使用过，占政策总数的10.31%。其中，涉农项目委托和政府采购各有5条政策，贸易管制没有采用过，且不存在组合工具的应用（图8-19），表明政策制定者对于此类政策工具的使用还不够熟悉。

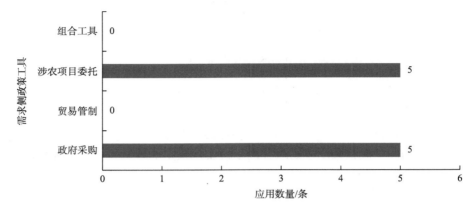

图 8-19　不同需求侧政策工具在农民合作社政策群中的应用分布

（三）环境侧政策工具协调性分析

　　在云南省农民合作社发展政策的制定中，金融服务支持是制定者主要采用的政策工具，其中有 47 条政策采用了金融服务支持手段实现预定的政策目标，在所有政策中占比达到 48.45%，法规管制和税收优惠政策工具使用的频率次之。在实现农民合作社发展政策目标的过程中，单一政策工具的采用较少，组合工具的采用占到了 50.52%。保险服务支持只在组合工具采用中出现，表明它在农民合作社发展政策的工具集里处于辅助地位（图 8-20）。从云南省农民合作社政策采用的供给侧工具来看，组合工具的采用多于单一工具，金融服务支持的单一应用远超其他环境侧政策工具，各类环境侧政策工具的应用不均衡。

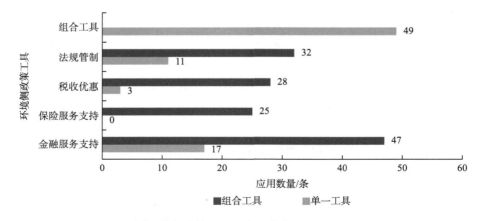

图 8-20　不同环境侧政策工具在农民合作社政策群中的应用分布

五、政策部门、目标和工具三者间的协调性分析

（一）政策部门与政策目标协调性分析

在单部门制定的政策中，实现经济效益目标的政策占政策总数的比例为9.28%，实现社会效益目标的政策比例为16.49%，实现合作社发展质量目标的政策比例为2.06%。在多部门制定的政策中，实现经济效益目标的政策占政策总数的比例为29.90%，实现社会效益目标的政策比例为41.24%，实现合作社发展质量目标的政策比例为7.22%。在实现农民合作社政策三大目标的过程中，政府倾向于进行多部门协作共同实现（图8-21）。通过对政策部门和目标的协调性进行分析，发现云南省农民合作社政策要实现的政策目标首先是社会效益目标，其次是经济效益目标，最后是合作社发展质量目标。

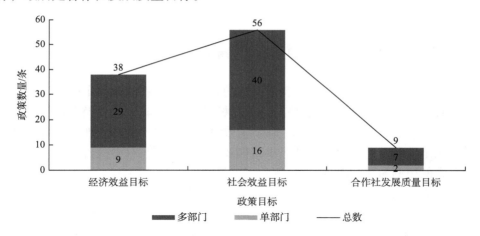

图 8-21 政府部门实现不同政策目标的农民合作社发展政策分布

（二）政策部门与政策工具协调性分析

在单部门制定的政策中，采用供给侧政策工具实现目标的政策占政策总数的比例为24.74%，采用需求侧政策工具实现目标的政策比例为3.09%，采用环境侧政策工具实现目标的政策比例为16.49%（图8-22）。在多部门制定的政策中，采用供给侧政策工具实现目标的政策占政策总数的比例为64.95%，采用需求侧政策工具实现目标的政策比例为7.22%，采用环境侧政策工具实现目标的政策比例为65.98%。在单部门制定的政策中，供给侧政策工具的采用多于环境侧政策工具，而在多部门制定的政策中，供给侧政策工具的采用与环境侧政策工具基本持平。

不论是单部门还是多部门制定政策，都热衷于采用供给侧政策工具和环境侧政策工具，而很少采用需求侧政策工具。

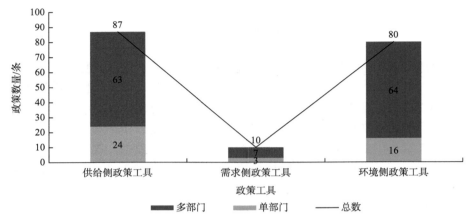

图 8-22   政府部门采用不同政策工具制定的农民合作社发展政策分布

（三）政策目标与政策工具协调性分析

如何选择合适的政策工具以实现既定的政策目标，在政策制定中尤为关键。在云南省农民合作社制定的政策中，通过供给侧政策工具来实现经济效益目标的政策占政策总数的比例为 36.08%，环境侧政策工具的占比是 32.99%，需求侧政策工具占比是 3.09%（图 8-23）。通过供给侧政策工具来实现社会效益目标的政策占政策总数的比例为 53.61%，环境侧政策工具的占比是 45.36%，需求侧政策工具占比是 7.22%。通过供给侧政策工具来实现合作社发展质量目标的政策占政策总数的比例为 6.19%，环境侧政策工具的占比是 9.28%，需求侧政策工具占比是 1.03%。供给侧政策工具和环境侧政策工具是实现农民合作社三大目标的主要工具，而需求侧政策工具并未得到充分应用。

（四）政策部门、工具、目标三维度协调性分析

在政策目标与工具协调性分析的基础上，加入政策部门维度，进行政策部门、工具和目标三个维度进行协调性分析，分析结果如图 8-24 所示。横坐标表示多部门政策比例，气泡大小表示参与制定政策的部门平均数，气泡上的数字表示政策数量。如图上的 52 表示采用供给侧工具实现社会效益目标的政策数量是 52 条，制定 52 条政策的部门平均数量为 7.67，52 条政策中有 36 条多部门政策，多部门政策占比为 0.69。整个政策体系中，不论使用何种政策工具来实现何种目标，多

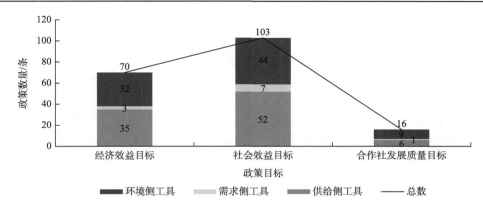

图 8-23　采用不同政策工具实现不同目标的农民合作社发展政策分布

部门政策的占比都超过 60%，介于 0.6～0.8。多部门联合制定农民合作社发展政策时，更倾向于采用环境侧工具来实现预定政策目标。

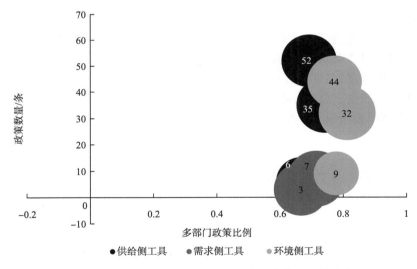

图 8-24　部门—工具—目标三维度农民合作社政策分布

六、云南省农民合作社发展政策群的协调障碍

（一）政策群整体连续性较好，但稳定性不足

云南省农民合作社发展政策自 2004 年开始一直延续到现今，中间没有出现过政策断档。从政策总量上看，整体趋势是不断增加，但自 2016 年以后出现下降，反映政策体系的稳定性不足。2017 年国家对《农民专业合作社法》进行了修订，

对新的《农民专业合作社法》，各部门还需落实相关规定的实施情况。

（二）农民合作社政策纵向协调不够

首先，云南省农民合作社发展政策对于中央关于农民合作社出台的 36 条核心政策及相关重要政策的引用不足，反映出云南省政府与中央各部门之间存在着纵向的协调障碍。其次，省政府制定的 97 条农民合作社发展政策，地州政府的引用较少，仅有 20 条被引用，反映了地州政府与省政府各部门之间存在着纵向协调不足。最后，部分地州政府直接跨过省政府引用国家政策来制定本地农民合作社政策，表明省政府的现有政策并不能满足地州的实际需要，缺少核心关键的政策，反映了省政府对上、对下都存在纵向协调障碍。

（三）多部门政策的横向协调不足

云南省农民合作社发展政策群中约 3/4 的政策为多部门制定政策，需要多个部门共同协作才能达到预定的政策目标，但是各部门发布的农民合作社政策数量却较少，多部门政策的横向协调存在某种障碍。原因有二：一是云南省政府 2018 年进行完机构调整，对各部门职能进行了重新划分，人员更迭，造成部分政策实施较为困难；二是需要合作的部门数量太多，协作难度加大。从以上分析可以看出，1 条多部门政策平均至少需要 5 个部门，甚至一些政策目标的实现平均需要 8 个部门的配合。

（四）重视社会效益目标而轻视合作社自身发展质量

云南省政府在制定农民合作社发展政策时，重视农民合作社社会效益目标的实现，尤其关注农民的发展问题。同时从政策文本中可以看出，政府在发展农民合作社时，要求在规定时限内完成成千上万个农民合作社的建立，强调合作社发展的数量而非质量，从而可以推出合作社质量在现有政策群中没有被重视。只有农民合作社高质量发展，才能创造出更多的经济效益，从而对社会做出更多的贡献，而现有的政策群已本末倒置。

（五）需求侧政策工具应用严重不足

云南省政府在制定农民合作社发展政策时，倾向使用供给侧和环境侧政策工具，尤其偏爱环境侧政策工具，对其中的金融服务支持应用广泛，而对于政府采购、贸易管制和涉农项目委托等手段的应用不足。国家已经在 2010 年出台了《关于支持有条件的农民专业合作社承担国家有关涉农项目的意见》,且在《农民专业合作社法》中将涉农项目委托作为重要的扶持手段加以列出,但在云南省合作社政策群中却较少见。

第四节　促进云南省农民合作社政策协调性的对策

农民合作社作为独立的法人,法律赋予其与其他市场主体同等的地位,其所具有的一切权利受到法律保护。同时农民合作社作为连接农民和政府的桥梁,是促进农民增收、构建农村市场流通网络、开发农村金融市场、实现农业现代化的重要力量。然而,农民合作社虽具有企业性质,但其成员主要是农民,市场主要在农村,其产品不同于一般工业产品,且承担着乡村振兴的任务,又不同于一般企业。因此,在制定农民合作社政策时,需注意政策主导部门和参与部门、政策工具和政策目标的选择,协调好两两之间的关系,更好地发挥出政策的效力。云南省现行有效的农民合作社发展政策,主要存在着纵向和横向部门协调不足、政策工具集中及政策目标设置不合理等问题。

一、强化省政府与中央各部门间的纵向联系

尽快部署政府政策研究部门对中央关于农民合作社发展的核心政策体系的研究,充分掌握国家的宏观政策和大政方针。结合云南省农民合作社的实际发展情况,利用国家政策来制定云南省政策,强化省级部门与中央部门间的合作与联系。学习发达省区市对中央政策的应用,尽快补齐所缺失的适合于云南省的农民合作社发展政策。

二、加强对地州政策执行过程的巡视和监督

云南省政府颁布相关合作社发展政策后,应建立政策执行巡视监督机制。首先,对于需要制定实施细则的政策,应在政策发布时注明实施细则制定的截止时间。其次,不定期派遣巡视组到地州各级政府对政策执行情况进行明察暗访,对于不执行者按规定进行问责。最后,定期对全省农民合作社进行抽样调查,了解相关政策的执行效果,并从中发现问题和政策需求,为政策的下一步更新做好数据准备。

三、明确省级各部门责任，加强部门间的横向联系

云南省委、省政府出台相关合作社发展政策，首先应明确主导部门和参与部门各自的责任，任务要分解到具体部门，标明完成日期。其次要选择合适的参与部门数量，太少不能有效发挥各部门的职能，达到解决问题的效果，太多则增加各部门协调的成本和难度，尤其不要滥竽充数。再次，由于机构调整，需对现有有效的合作社发展政策进行梳理和修订，重新按新部门建制划分任务和责任。最后，发挥好部门联席会议制度的作用，通过联席会议协调多部门之间政策执行中的矛盾和冲突问题，围绕农民合作社政策目标，在省政府领导下，由农业农村部门牵头，召集各部门定期举行会议，形成制度化，细化各部门工作职责，加强会商沟通和信息共享，协调有关部门搞好配套政策的研究、制定和落实，推进重点领域和关键环节改革。加强政策监督检查、跟踪评估和分析总结，推动落实农民合作社发展相关工作。

四、构建农民合作社政策落地监管机制

政策效果的实现在于政策的落实，农民合作社政策执行涉及多个部门机构，经常需要多个部门协调工作才能实现政策目标。部门众多极易造成部门之间责任分散，使政策很难按时落实，及时推进，使相关政策变成"一纸空文"。因此，建议从四个方面构建合作社政策落地监管机制：一是构建政策执行动向追踪系统，可以监控合作社相关政策的执行情况，方便进行各级部门监管。二是构建合作社政策落地责任制。在制定合作社相关政策时，围绕政策目标明确各部门分工，并指定政策落实责任人，规定政策落实时间表，对故意推诿、延期落实的责任人和相关人员进行处罚。三是政策执行效果反馈机制。在政策制定环节，应明确政策目标实现的主要考核指标，要求各级执行部门依据政策落实时间表按时填写考核指标，提交到政策执行动向追踪系统，并通过考核指标的完成情况，对执行部门进行奖励。四是加强政策落实监督检查制度。由农业农村部门不定期组成检查组，到地州检查合作社政策落实情况，形成督查报告，提出整改意见，在例会上进行通报，对问题严重者要进行问责。委托第三方评估机构对合作社发展项目进行期中和期末评估，形成评估报告，提交联席会议进行讨论。

五、尽快形成农民合作社高质量发展政策核心

针对云南省农民合作社进行调研，汇总发展中存在的关键问题，研究云南省

农民合作社高质量发展的路径，尽快出台相关政策。以农民合作社高质量发展政策为核心，尽可能承接已有的中央的核心政策群，吸收省内现有的政策，强化合作社的经济效益目标，逐渐形成一套体系合理的农民合作社高质量发展政策群，让地州政府有政策可用，从而加快农民合作社的发展，为地方经济做出突出贡献。

六、发挥信息和技术对农民合作社高质量发展的支撑作用

在信息社会，创新是农民合作社高质量发展的核心驱动力，而技术和信息是推动合作社创新的重要源泉。政府应支持构建农村物流信息平台、金融信息平台、人才信息平台等，将农民合作社连入各类平台，实现信息共享，通过各类信息的流动实现经济资源的分配与聚合，从而提高合作社的资源获取能力。通过信息赋能合作社经营活动，从而实现其高质量发展。政府应积极开展送科技进合作社活动，构建科技推广系统，做好科技人员与合作社的对接工作，让合作社能够知道所需技术在哪里，能够便利获取，方便应用。

七、加大面向农民合作社的政府采购与涉农项目委托力度

鼓励和扶持农民合作社开展农业社会化服务，加大政府采购农业社会化服务的力度，构建政府引导与市场运作相结合、公益性服务与经营性服务相协调、专项服务与综合服务相统一的新型农业社会化综合服务体系，推广农业生产经营环节服务外包、土地托管、代耕代种、联耕联种等综合服务模式。发挥政府采购的支持作用，完善促进农民合作社发展的政府采购政策，加大对创新产品和服务的采购力度。

有条件的农民专业合作社承担涉农项目，是法律赋予农民专业合作社这类新型市场主体的应有权利。支持有条件的农民专业合作社承担涉农项目，是贯彻落实法律规定的具体体现，是增强基层科技创新能力，促进农业社会化服务体系建设的有效途径，是支持农民专业合作社加快发展的重要举措。对现有项目，政府应尽快明确将农民专业合作社纳入哪些项目申报范围，应尽快纳入并明确申报条件，对于新增的涉农项目，只要适合农民专业合作社承担的，都应将农民专业合作社纳入申报范围，并明确申报条件。

第九章 农民合作社促进乡村振兴典型案例

第一节 泸西县龙威果蔬农民专业合作社——打造新鲜"果篮子"创新驱动助振兴

泸西县龙威果蔬农民专业合作社成立于 2011 年 1 月，主要从事高原梨、蔬菜种植和销售。截至 2017 年末，合作社共有水果种植基地 300 亩、蔬菜种植基地 4700 亩，100 吨冷库 4 个，总资产 7900 万元。2017 年完成销售收入 9050 万元，利润 634 万元。合作社采用最新技术建设 300 亩高原梨"新品种、新技术、新模式"基地，打造新鲜"果篮子"，在品种、技术方面独占鳌头，颇负盛名。打赢脱贫攻坚战之前，合作社通过土地入股、租赁返聘、示范引领等方式覆盖原建档立卡贫困户 1891 户次 5668 人次。

一是通过土地入股覆盖原建档立卡贫困户 32 户 111 人。2017 年，合作社在云南省农科院、国家梨产业技术体系昆明试验站指导下建设了 300 亩高原梨"新品种、新技术、新模式"基地，当地农户以土地入股方式参与建设。白水镇桃园村委会共 215 户农户签订土地入股合同，入股面积共 300 亩，每亩股金按 1600 元计，折合股金共 48 万元。其中，原建档立卡贫困户中土地入股面积最多的 3 亩，折合股金 4800 元，最少的 1 亩，折合股金 1600 元。2017 年，基地已累计投入资金 300 多万元，果树长势良好，水、电、路等基础设施配套完善。2020 年进入盛果期后平均亩产值已达 16 000 元，纯利润达 12 000 元，按协议约定农户每亩分红比例为纯利润 25%，农户平均每亩收入可达 3000 元，其中，原建档立卡贫困户每年最多收益 9000 元，最少收益 3000 元。

二是通过租赁返聘覆盖原建档立卡贫困人口 348 户次 994 人次。通过流转土地后，由合作社提供就业岗位吸引农户就地就近务工，增加务工收入。2011 年合作社成立后，先后与村集体签订土地流转合同，流转土地 4700 亩建设蔬菜种植基地，其中覆盖原建档立卡贫困户 277 户 914 人。土地流转后，合作社每年吸纳当地农户 148 人在公司常年务工，累计支付工资 325.6 万元。2017 年，公司支付原建档立卡贫困户务工费用共 176 万元，其中常年务工原建档立卡贫困户 71 户 80 人，平均每个农户获得务工收入 2.2 万元。

三是通过示范引领覆盖原建档立卡贫困户 1511 户 4563 人。300 亩高原梨基地建设以来，通过示范推广新品种、推广集约化栽植、省力化栽培新技术，示范带动全县发展高原梨"新模式"种植面积 6500 余亩，覆盖农户 4875 户，其中 1511 户原建档立卡贫困户共种植 2015 亩，最多的种植 2.3 亩，最少的种植 1 亩。

第二节　隆阳区显会生猪养殖专业合作社——创新帮扶模式"建制、扶智、提志"

隆阳区显会生猪养殖专业合作社地处隆阳区西邑乡西邑村永信集镇付家桥，占地 121.6 亩，主要从事生猪养殖、肥猪外销。脱贫攻坚战完成之前所在地西邑乡是一个省级贫困乡，有原建档立卡贫困户 2223 户 8942 人。

2016 年 7 月，合作社与西邑乡党委政府按照产业发展与帮扶开发双推进的工作思路，倡导"建制、扶智、提志"并举，成立了"万户富"生猪养殖发展联盟，按照"党支部+合作社+基地+农户+市场"模式，把养猪业作为西邑乡帮扶的主导产业来抓，探索推行母猪寄养、仔猪赊养、仔猪托养帮扶模式，带动低收入人群增收致富。

一是母猪寄养模式。由合作社向每户提供 3 头良种母猪，每头 30～40 公斤。合作社向农户提供饲养管理、免疫程序等方面的技术指导及培训，指导帮助农户按养殖模式进行养殖。针对无力支付料款的农户，合作社先垫付，待仔猪出栏后再从猪款里面扣除。农户以现款购买饲料，合作社给予 10 元/袋的优惠。母猪产仔后，合作社每胎提取 1 头 15 公斤的仔猪（每胎产子 6 头以上方可提取），剩余仔猪由合作社按市场价收购，母猪淘汰后由合作社按市场价回收。凡将仔猪交合作社统一收购的农户，可参与合作社年终返利。该模式于 2016 年 8 月 13 日在西邑乡真峰村作为试点正式首推启动实施，涉及低收入家庭 28 户，共发放寄养种母猪 84 头。比如，该村窝坑寨的杨某某饲养母猪已发展到 10 头，小木桥组的张某某已发展到 12 头，两户的仔猪常年存栏量均在 100 头以上，并取得较好的经济效益，2017 年户均利润达 4.6 万元以上。2018 年，该模式已在西邑乡发展到 131 户，共寄养良种母猪 393 头。

二是仔猪赊养模式。由合作社向每户农户提供 30 头以上的合格商品仔猪，每头 20 公斤，每头收取仔猪保证金 400 元，所有权归农户。由合作社向农户提供饲养管理、免疫程序等方面的技术指导及培训。肥猪出栏后由合作社按市场价统一收购。凡将肥猪交合作社统一收购的农户，可参与合作社年终返利。该模式主要在合作社部分社员家庭养猪场、大户、专业户中实施，2018 年已在西邑乡发展到 58 户，共赊养商品仔猪 3800 头，该模式经济效益情况较好。比如，西邑乡集中村胡某某家庭养猪场年共饲养商品仔猪并出栏肥猪 710 头（2 批/年），年利润达 20 万元；铺门前村赵某某养猪大户年共饲养商品仔猪并出栏肥猪 540 头（2 批/年），年利润达 15 万元以上。

三是仔猪托养模式。由合作社向每户提供 30 头以上的合格商品仔猪，每头 20 公斤，所有权属于合作社，委托农户代养。合作社向农户提供饲养管理、免疫程序等技术指导及培训，并提供育肥所需的药物、饲料、疫苗等。待仔猪育成肥出栏时，合作社按照合格猪（120～150 公斤）160 元/头、次品猪（90～120 公斤）100 元/头、等外猪（90 公斤以下）40 元/头的标准给予农户劳动报酬。由疾病或其他非人为因素致使仔猪零星死亡的，由合作社承担损失。截至 2018 年，该模式现已在西邑乡发展 2 户共托养商品仔猪 350 头，在仔猪托养模式基础上，合作社又推出了比较切合农村实际的"26°"仔猪托养模式，即因多种原因不能外出打工的夫妻 2 人，年共饲养商品仔猪并出栏肥猪 600 头（2 批/年），年获得仔猪托养劳务费 6 万元（100 元/头）。

随后，"万户富"生猪养殖发展联盟的三种养殖帮扶模式覆盖了隆阳区西邑、辛街、丙麻、瓦渡等乡镇，共带动 263 户致富。其中，母猪寄养模式带动 180 户、仔猪赊养模式带动 80 户、仔猪托养模式带动 3 户。2018 年合作社已向生猪产业垫支投入资金 700 万元。其中，向低收入家庭提供良种母猪 540 头、商品仔猪 4360 余头，垫支价值达 500 万元；垫支饲料、药物、疫苗等费用 200 万元。

第三节　勐腊岩甩大牲畜养殖专业合作社——合作养殖培育产业振兴新模式

勐腊岩甩大牲畜养殖专业合作社成立于 2015 年，2018 年有社员 16 人。自合作社成立至 2018 年共投资 260 万元，建成养殖基地 2 个，建有牛厩 2600 平方米，青贮氨化池 890 立方米，草料及加工房 400 平方米，建有办公室、员工宿舍、消毒室、兽医室、培训室共 300 平方米。年生产氨化饲料 6000 余吨，牛存栏 800 余头。截至 2018 年底，已带动当地群众共计 490 户 1000 人发展大牲畜养殖创收。

一是"合作社+农户"的养殖模式,增强农户创业能力。根据山区多、草场足的实际,合作社大胆提出了与农户合作养殖的想法,采用"合作社+农户"的模式为农户创业增加机遇。由合作社无偿提供能繁母牛,签订养殖和回收分成协议,合作社还向周边的瑶区乡合作社供应了本地小黄牛 90 头,用于农户养殖。合作社采用以"畜"作"股"的方式,吸纳周边村寨享受产业扶持的农户以政府扶持发放的种牛为股,将种牛交于合作社饲养,产出牛犊的收益由合作社与农户双方各占 50%。截至 2018 年,已有 18 户参与合作社养殖种牛 300 头,每头牛的收益是1250 元至 1500 元不等。合作社按月支付养工费给养殖农户,标准为每头牛每月100 元。2018 年,扶持 2 户饲养 40 头牛,每户每年可实现增收 2400 元;同时农户通过政府产业扶持资金入股合作社,每户每年可获得分红 1000 元,如农户与合作社取消合作,则归还入股本金。

二是转变经营理念,促进社员增收。建成标准化牛舍 5 幢 2600 平方米,并配套地下排污排粪设施,养殖精细化程度明显提高。为保证饲草质量和畜产品品质,合作社租赁土地 60 亩种植杂交狼尾草,专供牛场,并与周边种植玉米的农户签订回购协议,按每吨 300 元收购秸秆,合作社每年的需求量是 200 亩。截至 2018年,已带动周边 21 户农户种植玉米,每亩可实现产量 3～5 吨,可获得 1000 元的纯收益。合作社最初只有 1 个 1.6 亩的小养殖场,种牛存栏仅为 90 多头。经过不断地扩大养殖和合作规模,2018 年,存栏已达 800 多头,并新扩建了 1 个占地16 多亩的养殖场。

三是加强技术服务,稳步推进合作社建设工作。①畜禽良种化。合作社主要放牧饲养本地优良黄牛种群 4 个,放牧与厩养相结合的杂交牛种群 1 个,通过科学饲养管理,高效生产优质、安全的黄牛肉,满足市场需求。②养殖设施化。建立育肥场牛舍 1040 平方米,饲料加工仓储 440 平方米,青贮氨化池 560 立方米,兽医室、消毒室、值班室共计 60 平方米,生活办公 200 平方米。③生产规范化。肉牛育肥场提高,一次性可育肥肉牛 300 头,利用农作物秸秆及人工牧草喂牛,变废为宝,建立健全肉牛育肥场管理制度和养殖等档案建设,带动勐伴镇大牲畜发展。

四是依托教育培训,助推产业发展。勐腊岩甩大牲畜养殖专业合作社于 2016年 10 月,成立了勐腊县勐伴镇大牲畜养牛协会,2018 年会员共 54 人,并积极加强与勐腊县农业广播电视学校的联系,在合作社挂牌成立"勐伴镇农民田间学校"。合作社定期邀请技术专家对社员和养殖户进行培训。

五是建立完善制度。合作社逐步建立符合合作社发展的章程、会计制度,健全理事会、监事会等组织机构,同时制定出职责与各项制度,并将这些制度装框上墙,一方面能保证合作社社员随时对合作社的负责人起到监督的作用,另一方面也对负责人的工作标准起到规范的作用。对合作社社员证、社员与合作社签订的协议、成员账户等手续进行完善，把合作社社员参加培训学习、现场指导种植、出售冬季作物、签订合同等图片保留归档，以便查阅。

第四节　龙陵县联盛黄山羊养殖专业合作社——带动产业发展 助力乡村振兴

为促进龙陵县黄山羊产业发展，在党委政府的领导下，龙陵县联盛黄山羊养殖专业合作社于 2014 年 9 月 18 日正式挂牌成立，注册资金 1022.06 万元，拥有固定资产 1500 万元，流转土地 14 000 余亩，社员 282 户；建有标准化养殖场 1 个，龙陵黄山羊交易服务中心 1 个，存栏龙陵黄山羊 15 440 只，年出栏 15 000 只；合作社主要开展龙陵黄山羊的养殖、销售、牧草种植、养殖技术咨询等服务工作。

一是以市场为导向，合理利用优势资源。2016～2017 年实施退耕还草 3000 余亩，合作社紧抓发展机遇，鼓励、带动周边农户 200 多户养殖龙陵黄山羊。通过 2～3 年的产业积累，打开了"家家户户乐养羊"的良好局面，切实为农户拓宽致富渠道。

二是利用产业发展，促进乡村振兴。合作社和社员签订收购合同，规定原建档立卡贫困户可优先收购，年末由合作社按每公斤返还原建档立卡贫困户 0.5 元。2016 年牵头为原建档立卡贫困户发放龙陵黄山羊能繁母羊，共发放 820 只，促进 410 户增收致富。凡是在合作社交易服务中心交易的原建档立卡贫困户出栏羊只，均采用外地客商和社员面对面交易形式，合作社不赚取任何差价、不收取任何费用。

三是"金融+合作社+农户"模式助力乡村振兴。为带动原建档立卡贫困户增收，合作社与其签订合作协议，原建档立卡贫困户用资金或资产入股合作社，折股量化，实行保本分红，三家村 67 户原建档立卡贫困户将帮扶资金 5 万元入股合作社，每年合作社分红给原建档立卡贫困户每户 50～60 斤能繁母羊 3 只，作为原建档立卡贫困户发展黄山羊产业的基础，发展壮大黄山羊产业。

四是突出服务带动发展，以党建引领肩负起发展重任。多次组织党员、小组长及养殖户到合作社养殖生产区实地参观学习 200 余人次，通过观摩学习有效提高了农村党员及养殖户将黄山羊产业做大做强的信心和决心。合作社组织培训养殖户达 3500 人次，养殖户掌握实用技术快步走上了致富的道路。

第五节　广南县凌垭种植农民专业合作社——依托资源优势引领共同致富

广南县凌垭种植农民专业合作社成立于2014年11月，主要从事铁皮石斛生产和加工。截至2017年，合作社成员243户，拥有林下仿野生种植基地1219亩、大棚仿野生种植基地51亩、组织培养车间2000平方米，年可培植种苗10万余丛。注册商标3个，申请专利1项，版权保护1项，拥有广南铁皮西枫斗、铁皮石斛花茶、铁皮石斛花酒、铁皮石斛精粉、铁皮石斛食饮品等系列铁皮石斛产品，销售网点覆盖北京、上海、广州等省区市。

一是曾通过帮扶自管的方式带动原建档立卡贫困户增收。合作社与原建档立卡贫困户签订合作协议，由合作社提供对应价值的优质广南铁皮石斛种苗给原建档立卡贫困户，政府按2元/丛的市场最低价将对应价格的产业扶持资金划抵苗钱交付合作社，合作社无偿为原建档立卡贫困户提供生产管理技术和咨询服务，原建档立卡贫困户按照合作社生产标准统一种植和管理，最后合作社以200元/公斤的价格订单收购，其中，90%分红给原建档立卡贫困户，10%为合作社收取运作成本费，帮助原建档立卡贫困户实现"造血式"发展。

二是曾通过帮扶托管的方式带动原贫困户增收。合作社与原建档立卡贫困户签订合作协议，政府将原建档立卡贫困户产业扶持资金划抵苗钱交付合作社，合作社按2元/丛的价格将对应价值的优质广南铁皮石斛种苗划归原建档立卡贫困户名下，由合作社经营并承担全部管理责任的方式进行入股，且每年至少向原建档立卡贫困户提供1个月以上的务工机会，最后合作社按对应价值石斛种苗产生利润的18%分红给原建档立卡贫困户，以保障原建档立卡贫困户能够实现增收。

三是一直通过提供优质的服务带动农户增收。合作社采用"合作社+基地+农户"的合作模式，按照"统一生产服务，统一生产标准，统一生产资料采购和供应，统一技术指导和培训，统一提供经营信息，统一开展加工、运输、储藏等服务，统一销售，统一商标注册、品牌和基地认证工作"的"八统一"标准。通过系统、优质的服务促进广南铁皮石斛产业集中连片规模化和规范化发展，统一供应市场产品的规格和品牌，进而增强广南铁皮石斛及其产品的市场占有率和竞争力。

随着合作社的发展壮大，其经济效益和社会效益均取得了突出的成效。首先是经济效益突出。2014年合作社创办以来，经济效益逐年增加。2016年，销售收入320万元。2017年，流转土地1219亩，新建种植基地200亩，带动70户原建档立卡贫困户，辐射带动周边农户 200 多户，户均年收在 20 000 元以上。其次是社会效益彰显，具体表现在：第一维护秩序保利益。合作社为农户和客商提供双向服务，统一销售指导价，出面保护农户和客商利益，保护了农户利益。第二增强农户的合作意识。通过合作生产、共同销售、利润共享等方式，增强了农户合作意识，密切了村与村、村与农户、农户与农户之间的关系。第三专业组织创品牌。合作社把铁皮石斛的产业培育和科技研发、产品保护、质量可追溯等列入重点工作，通过努力，广南铁皮石斛先后获得国家地理标志产品保护，"广南铁皮石斛""广南西枫斗"获得地理标志证明商标，广南县获得"中国铁皮石斛之乡"称号，广南县凌垭种植农民专业合作社已逐渐成为广南铁皮石斛的标志品牌。

第六节　瑞丽市户瓦山土鸡养殖专业合作社——创新机制乡村振兴

瑞丽市户瓦山土鸡养殖专业合作社于 2014 年 4 月 16 日成立，注册资金 560 万，2017 年社员 110 人，主要由户瓦村村民组成，其中，农业户口 106 人，占总人数的 96%；景颇族户数 65 人，占总人数 59%。

一是通过"三举措"建立了合作社与原建档立卡贫困户联结机制。通过支部搭台引路、党员示范带头、联合强力助推等措施，探索出了一条"支部引领+合作社牵线+党员带富+原建档立卡贫困户"的增收致富党建模式，有力推动了户瓦山土鸡产业和户瓦村集体经济的发展壮大。合作社通过吸纳社员帮扶原建档立卡贫困户。由合作社提供鸡苗、饲料等，并按市场价负责回收，安排专业技术人员一对一进行技术、防疫指导，实现原建档立卡贫困户养殖的低风险、高回报。合作社采取了吸纳原建档立卡贫困户为社员的帮扶方式，已帮扶 64 户原建档立卡贫困户社员。合作社通过就业带动帮扶原建档立卡贫困户。针对综合素质相对差但有劳动力的原建档立卡贫困户，合作社优先安排其在社内的养鸡场、食堂、仓储中心等合适的岗位就业，保证年收入不低于 2.4 万元。

二是"四个统一""一个原则"规范合作社运营机制。统一宣传和动员，统一采购、加工和经营生态饲料，统一收购成品土鸡和销售生态产品，统一建立现代科学信息网络平台和产品营销服务体系，为广大养殖户提供农业生产和经营的有关信息服务为创新突破口。以带动产业发展，提供技术、销售为保障，实现与村民风险共担、利益共享的原则。合作社狠抓生产服务，促进其发展壮大。统一购买鸡苗、兽药和饲料，避免了由分户购买而造成的质量低、价格高的现象。其具体做法是将做好育雏工作 40 日龄的鸡苗、饲料、药品发放给社员；结合社员养鸡水平，不定期聘请专家，对社员进行指导，截至 2017 年合作社共开展培训 200 余次，8000 多村民接受技能培训，有效地提高了社员的养殖管理技术水平；充分发挥自身优势，积极对接销售渠道，以市场价及保护价格回收成品鸡，确保社员利益。在保证商品鸡质量的同时，通过将产品进行品牌包装，如活鸡礼盒包装、速冻白条礼盒包装、鸡蛋礼盒包装、老母鸡、初产母鸡、公鸡、童子鸡等分类销售增加产品附加值。由合作社以高于市场价格 15% 的保底价格回购所有养殖成鸡，确保村民特别是建档立卡户的利润保障；通过各种渠道为社员协调贷款用于生产流通或扩大规模，合作社已为 80 余户社员解决 160 余万养殖资金问题。

三是合作社、农户、集体经济共同发展。合作社经过自身实践与努力实现了土鸡成活率保持在 95% 以上，以"基地+农户"的模式，按照统一鸡苗供养、统一饲料赊销、统一防疫防病、统一收购营销、统一打造品牌的方式，使村民养殖成本降低 40% 以上。

勐秀乡党委拨党建为民服务资金 10 万元对合作社社员进行 160 余万元贷款贴息，80 户社员受惠。户瓦村把 2017 年争取到的边境县村级"四位一体"建设试点项目 100 万元资金，以村集体经济入股的形式投入合作社，不仅助推了全村养鸡产业的发展，同时，户瓦村每年可获 6 万元的集体经济收入。2017 年出栏 12 万羽，销售额达到 700 余万元，实现利润 200 余万元，社员年人均纯收入达 9000 余元，带动了 300 余原建档立卡贫困户实现增收致富。

第七节　宾川县宏源农副产品产销专业合作社——"四新"发展添动能　产业振兴谱新篇

宾川县宏源农副产品产销专业合作社成立于 2009 年，拥有社员 800 多户，分设 53 个社员之家，社员遍布宾川县坝区 8 个乡镇，种植葡萄面积 6000 多亩。2017 年，合作社葡萄销售收入达 1.2 亿元，公积金收益达 70 万元。

一是创建新品牌：带领群众抱团发展闯市场。合作社在"特"字上做文章，创建了"楼铁源"葡萄名优品牌，采取统一生产技术标准、统一科技培训、统一配方施肥、统一采购农资的保障措施，为社员无偿提供技术服务，向社员推广葡萄标准化生产技术。

二是利用新技术引进新设施：服务群众精准帮扶担责任。2017 年，合作社运用该项技术生产的"楼铁源"葡萄被评为"云南名优水果"。市场营销实践证明，应用该项技术生产的葡萄产品每公斤销售均价较普通品种高 2 元左右。合作社每年组织各类培训不低于 30 场次，年培训包括原建档立卡贫困户在内的果农 2000 余人次。2018 年，在宾川县宏源农副产品产销专业合作社的带动下，宾川县推广葡萄单幅连棚降密提质促早熟技术达 3 万亩，年新增产值 3 亿元以上，实现全县葡萄产业全面转型升级和提质增效。

三是创新新模式：发动群众归并土地促转型。由村党支部主导，宾川县宏源农副产品产销专业合作社提供技术支持，引导地块相邻的农户自愿组成统一生产、统一销售的规模化合作经济组织（农民合作农场或农民专业合作社）。模式一："党支部+能人大户+社员"的生产托管模式。土地相邻的农户自愿组成合作经济组织，选出其中懂技术、善管理、做事公正的 1 至 2 人负责合作组织的运营管理，由宾川县宏源农副产品产销专业合作社为其提供生产、技术服务。加入合作经济组织的农户承担相应面积的投入资金后，由合作经济组织外聘技术过硬的生产工人负责种植生产，符合条件的农户可以在合作组织务工，其余农户则发展其他产业。合作经济组织的经营收入扣除生产成本后按面积分红到户。模式二：股份合作生产托管模式。成立合作经济组织，土地相邻的农户自愿以土地入股（占股50%），合作社及其社员以每亩投资 1 万元资本入股（占股 50%），由宾川县宏源农副产品产销专业合作社委派专人负责此类合作组织的运营管理，并外聘生产工人负责种植生产，合作组织的经营收入扣除生产成本后按股分红到户。2018 年，以宾川县宏源农副产品产销专业合作社为依托，采取创新发展模式的农民合作经济组织在菜甸村、小龙潭村等地建成红提、阳光玫瑰等优质葡萄标准化示范基地 7 个共 2000 余亩，盘活了集体和家庭零散土地，带动了大批农户发展高效产业。经营模式创新和集中连片种植，使农户、合作社和社员变为股东，小户变大户；推行规范化种植、标准化生产、集约化经营，推动了全县产业转型升级和农业现代化建设。

四是发展新业态：一二三产业融合发展，壮大村集体经济。合作社通过"空壳村"土地资源、集体山地入股和村民投资入股的方式，筹集资金 1200 万元，用了 3 年时间在老村后山集体山林空地上发展生态玫瑰蜜酿酒葡萄 500 亩，同时建设了 1 个年产量 50～100 吨的葡萄酒庄和 1000 平方米酒窖。

通过发展葡萄产业，截至 2018 年，宾川县宏源农副产品产销专业合作社直接带动原建档立卡贫困户 124 户 437 人，每年户均增收 3800 元以上，其中 84 户 298 人已实现致富。合作社所在地菜甸村的 3 户原建档立卡贫困户已于 2017 年全部脱贫。2018 年，菜甸村合作农场种植的 60 亩阳光玫瑰葡萄每公斤售价达 60 元，产值突破 280 万元，2016～2018 年，菜甸村村民的葡萄收入连续 3 年突破 1100 万元，2018 年达到 1300 万元。

第八节　鲁甸县稼和种植专业合作社——动员种植花椒助力乡村振兴

鲁甸县梭山镇埂底村地处牛栏江畔，鲁甸县稼和种植专业合作社注册成立于2018年3月29日，采取"党支部+合作社"模式，实行"党建引领、试点先行、合股联营"，组织动员群众以土地经营权入股合作社，通过股份合作、利润分红等形式，实现群众合理分享合作社收益，实现"抱团发展"的经营理念。

一是党建引领支部牵头，强化监督规范运营。在埂底村党总支的主导下，将上级财政扶持资金作为合作社启动运营资金，并以村集体名义拥有相应股份配额。村党总支还在合作社中建立了党支部，严格履行基层党组织职能，切实发挥村党总支、合作社党支部、村民监督委员会和广大党员群众的监督作用，健全监管体系，明确监管措施，严把财务关，严防资产流失，重点在日常经营、财务管理、盈余分配等方面加大监管力度，确保合作社规范运营、健康发展。

二是夯实群众工作基础，引导农户入社合作。驻村工作队在先期调查的基础上再次深入农户家中，了解村组干部、种植大户和普通群众对发展花椒种植产业、建立合作社的看法。之后又多次召开群众会、院坝会，听取群众意见，向群众宣传合作社的运营模式、管理方式和发展优势，多管齐下做通群众工作，得到了群众的广泛支持。

三是制度先行强化管理，建立合理分配机制。要想合作社实现有序经营、良性发展，必须要做到规范化管理、制度化运营。在合作社草创之初，驻村工作队就帮助合作社建立健全合作社章程、社员大会及理事会制度，规范合作社财务管理。在保证村"三委"的领导下，明确专岗专责，聘请"土专家"为合作社经理，负责日常管理和技术方面工作。定期召开理事会，商讨重大事项，安排日常工作，厘清工作责任，设立任务时限，确保科学决策。建立科学的利益分配机制，对每年度合作社的收益，按照入社股东50%、集体经济30%、合作社20%的比例进行分配。入社股东享有保底收入、务工收入、利润分红三笔收入，最大化地保证群众收益。

四是依托挂钩帮扶优势，拓宽渠道、保障销量。通过驻村工作队的牵线搭桥，合作社已和鲁甸县农业龙头企业——昭通市大成农业开发有限责任公司达成了长期合作协议，对合作社基地出产的鲜花椒，以每市斤8～9元的价格实现订单式销售，保障集体经济和群众的兜底收益，并且还获得了昭通市大成农业开发有限责任公司提供的田间管理、技术培训和支持，为花椒栽培、管护、抚育等生产活动提供保障，确保合作社生产经营高效、有序、科学开展。在此基础之上，为保障垾底村青花椒树立高品质形象，合作社综合市场行情，还打造"垾底青"花椒品牌，统一设计包装，规范晾晒流程和包装工艺，进行品牌化销售，扩大经营效益。

五是稳定拓展增收渠道，壮大集体群众受益。截至2018年9月，合作社新鲜青花椒产量达10 800余斤[①]，产值达9.72万元；销售"垾底青"干花椒640余袋，销售额达2.56万元。合作社2019年总产值达12.28万元，每亩花椒林产值4599元，每亩产值比全村平均水平增加800余元，合作社成员实现务工收入3.08万元，总计分红2.05万元，真真正正地实现了垾底村集体经济"零"的突破。2019年9月28日，合作社召开股东分红大会，向入社群众发放股金及分红总计4.17万元，持股最多的群众分得了3616元。充分说明了"党总支+合作社"的发展模式是共赢的、科学的、可行的。

2019年，合作社入社股东达到41户，入社社员达到110户。垾底村已经初步形成统一种植、统一管理、统一销售的花椒产业发展雏形。

第九节　香格里拉市五境乡藏香猪生态养殖农民专业合作社——建组织、强服务、富农户

香格里拉市五境乡藏香猪生态养殖农民专业合作社于2012年4月成立，理事长阿五是香格里拉市优秀共产党员、香格里拉市优秀团干部，获迪庆州五一劳动奖章等荣誉。合作社注册资金180万元，成员55户，资产总额达400多万元，年销售收入150万元，已发展成为具有较强可持续发展后劲的农民专业合作社。

一是创新管理模式。香格里拉市五境乡藏香猪生态养殖农民专业合作社最初只有6户人家入社，没有规模，更谈不上效益。为充分利用当地发展生态藏香猪的得天独厚的自然条件，帮助带动当地农民养殖增收、致富。合作社采取"合作社+农户"的经营管理模式，从圈舍修建、选种、养殖、防疫等方面，手把手进行扶持帮助，已吸纳55户养殖农户入社，合作社对入社养殖户进行业务培训指导，提供科技服务，与入社社员签订收购合同，以高于市场的价格收购，保证了社员的利益，增强了入社的积极性，提高了对未入社农民的吸引力，促进了合作社又好又快发展。

二是"五个统一"联结社员。"五个统一"即统一供应猪苗、统一技术培训、统一原生态养殖、统一饲喂五谷杂粮、统一保护价收购。诚信决定成败，服务决

---

① 1斤=0.5千克。

定效益。领头人阿五同志本身是一名质朴、勤劳、执着、自信的农村党员致富带头人，再加上合作社"五个统一"的服务承诺、猪苗赠送、圈舍改善、上门回收藏香猪，从各个方面为社员减少成本，使仓觉村的农户走上了致富路。

三是抓党建促振兴。合作社作为仓觉村集体经济示范点，在五境乡党委政府的关心下，于2017年8月24日成立了党支部，党员共有18人，覆盖全村，每月召集党员学习网购知识，学做会议笔记，学习科技技能，党员通过在合作社学习实用技能后在自己小组内传授给身边更多的老百姓共同致富，每月25日定为合作社党员固定活动日，党员要求在村里发挥先锋模范作用，成为党员致富带头人，合作社对党员有严格的要求，除了参加固定活动日之外，每个党员一个月至少要为身边群众做一件好事，自合作社支部成立以来18名党员共为身边群众做了120多件好事，有的党员为群众帮忙网购，有的党员为群众免费做兽医手术，有的帮忙打针，有的为群众更换老化电线等，所做好事每月在合作社支部可加两分，合作社党员严格按照积分制管理，合作社党员在村里树立了真正为民服务的良好形象，受到全村人的好评。

四是积极改善利益分配。合作社壮大了，但始终不忘社员，始终与社员心连心。自己富了，也不忘记国家，积极主动回报社会。①以人为本，善待社员。为社员解决生产、生活上的实际困难，切实为社员谋福利，从不拖欠社员盈余分红和工资，做到队伍和谐稳定，合作社生产经营持续发展。②安排农村剩余劳力就业，增加农民收入，使当地农民就此项收入人平均增加千元以上。③合作社在社员大会表决通过的情况下提取盈余基金积极参加各种公益事业和慈善事业。

合作社由小变大，由弱变强，不断发展壮大，2019年已成功注册藏香猪商标"藏乡情"，成功注册藏乡情互联网域名商标，资产由几十万元增加到上百万元，2017年社员户均增收8000多元，2019年已达10 000元以上。合作社在带动农户（社员）发展规模养殖，实现农户（社员）增收，合作社增效，走农业产业化经营道路上迈出了可喜的一步。2016年开始，合作社主动帮扶成绩优秀家庭困难的一名大学生每年资助5000元直至毕业，每年还拿出10 000元资助本村个别困难大学生。帮扶济困，做好事办实事，在当地传为佳话，为当地农民致富、农村经济发展、创造和谐平安环境，全面建成小康社会做出了一定的贡献。

第十节 寻甸岚亚养殖专业合作社——苗鸡撑起致富路

寻甸岚亚养殖专业合作社成立于2014年，注册资本516万元，占地123亩。合作社围绕寻甸特色纯土鸡（寻甸苗鸡）的品种、品质、品牌三要素设计建设年提纯 1.3 万套、年扩繁 300 万羽的寻甸苗鸡培育基地及年出栏 3 万羽土鸡的"三农"循环经济示范基地。2016 年,合作社出售商品鸡 7300 羽,出售土鸡蛋 30 万枚,带动农户养殖并提供土鸡苗 11 400 羽,提供雏鸡 34 500 羽,实现销售收入 154 万元。

一是支部搭台强组织。塘子街道党工委结合"基层党建提升年"活动。以易隆村党总支为核心,以寻甸岚亚养殖专业合作社产业基地为依托,以农户为主体、以富民强村为目的,探索推广"党支部+合作社+农户"模式,建立党支部、养殖合作社、农户的紧密联合体,形成支部引领、合作社推动、党员带头、群众参与的党建与帮扶工作同频共振、互动双赢的良好格局。基层党组织全程参与合作社与原建档立卡贫困户的合作,党员带领原建档立卡贫困户示范养殖,让原建档立卡贫困户放心、放胆的同时,增强了基层党组织在群众中的凝聚力和满意度,着力构建了农村党建促发展、促增收、助致富的工作机制,有效发挥了以党支部为核心的村级各类组织和以党员为重点的各支队伍在乡村振兴工作中的作用,达到了农村党建工作与帮扶工作双推进,最终实现了"建好一个党支部、办好一个合作社,振兴一个产业、致富一方群众"的目标。

二是合作社唱戏兴产业。寻甸岚亚养殖专业合作社带领四个社区原建档立卡贫困户养殖苗鸡,一方面,分红给原建档立卡贫困户的部分,由合作社按市场价的 90%供给雏鸡或育成鸡(由合作社按程序免疫接种后)给原建档立卡贫困户自主经营,合作社负责原建档立卡贫困户养殖生产的信息技术和培训工作,指导原建档立卡贫困户科学养殖,预防疾病,提高养殖质量。原建档立卡贫困户自养的土鸡(鸡蛋)可自主销售,也可由合作社实行保护价收购。合作社为原建档立卡贫困户分红、打折供给雏鸡、提供技术服务、保护价收购,全部让利给原建档立卡贫困户,没有考虑从原建档立卡贫困户一方赚钱,但赢得了声誉。另一方面,寻甸岚亚养殖专业合作社一直致力于寻甸本土苗鸡的提纯,努力打造本土苗鸡市场。在周边村子广泛动员农户进行本土苗鸡养殖,农户在散养过程中,土鸡的品质得到有效提升,增值空间加大,从而让当地群众逐步淘汰杂种鸡,接受土鸡养殖。绿色无公害的本土苗鸡将在当地形成特色产业,带动群众增收致富,无形中让寻甸本土苗鸡的宣传更为广泛,同时让合作社赢得了市场。

三是产业发展富百姓。脱贫攻坚完成之前合作社覆盖易隆、三支龙、坝者三个社区的原建档立卡贫困户 111 户,原建档立卡贫困户用产业扶持资金参与产业发展,在扶持资金得到保障的同时能够分红,并且分红资金再次利用,得到盘活。土鸡养殖不费劳动力、投资小、见效快,加之合作社负责免疫和技术指导保障了养殖安全,实行保护价收购保障了销售市场,党员示范养殖让群众增强了信心,带动了群众自主发展产业增加收入渠道。以每户入股 7000 元计,每年分红 700 元;以 50 天的雏鸡每只 20 元计,每户可养殖 35 只鸡;饲养半年后,每只鸡可卖

150 元，收入可达 5250 元，且一年可循环养两批次，从而享受到产业发展的成果。

2016 年合作社的产业带动机制运作后，从事寻甸苗鸡养殖的原建档立卡贫困户每户年分红 1000 元，分红资金置换 50 天的雏鸡每只 20 元计，每户可养殖 50 只鸡，饲养半年，每只鸡可卖 150 元，收入可达 7500 元，且一年可循环养殖两批次，年户均增收 15 000 元。

第十一节　兰坪县鑫良核桃种植农民专业合作社
——"合作社+公司+农户"　助推生态振兴

兰坪县鑫良核桃种植农民专业合作社成立于 2012 年 3 月，截至 2017 年合作社发展社员 53 户，建成了 2000 亩青刺果种植基地（其中规范化连片种植 800 亩）。合作社主要经营青刺果、核桃、中药材的种植与销售，农副产品收购与销售，植物油全精炼及销售。合作社采用"合作社+公司+农户"的经营模式，通过多年发展壮大，逐步形成一定规模。

①生产加工。在各部门的大力支持下，先后投资 610 多万元，在通甸镇福登村流转了 4500 平方米土地，建设了青刺果油加工厂，并于 2014 年 9 月建成了年处理青刺果干原料 300 吨、年产青刺果油 90 吨的精炼加工车间，每月可精炼青刺果油 10 吨。②品牌建设。合作社已获得"兰之肴青刺果"的注册商标、条码证，并于 2015 年 3 月取得安全生产认证，产品于当年 4 月上市销售。2015 年先后获得省级林农示范社称号，云南省农产品深加工科技型认定，州级农业产业化龙头企业称号，云南省知名商标称号。③体验展示。合作社在着力推进基地建设的同时，大力发展休闲、观光农业。充分利用当地有利的气候和土地条件，建设农耕体验区及发展生态养殖，着力打造农业标准化合作社种植基地建设。建设了集生态鱼塘、蜜蜂养殖、原生态核桃油及青刺果油加工房于一体的生态观光体验区，同时建设了中药材林下种植体验区、农耕体验区、青刺果展示区、原生态生活体验区，不断引进和推广农业标准化合作社种植基地的发展理念。④企业文化。项目区属原生态多民族聚居区域，民风淳朴、民族文化氛围浓厚。合作社在发展企业生产的同时，注重保护传承当地特有的民俗文化，将多民族文化和企业文化和谐交融，在民族节日里，积极引导组织周边群众和企业职工以联欢联谊会的形式互动。企业文化的核心重点放在利用先进的农业科学技术，帮助指导周边群众科学化农业生产，提高他们的生产生活水平。

一是拓宽农民就业门路。合作社种植基地由于交通、历史、地理等因素的制约，农民群众较为落后，近年虽有附近矿山开发，但只有少数群众能够参与，难以带动整个农村广大农民致富，大量劳动力和土地闲置。该项目为当地群众创造就业机会，为部分群众提供长期或短期劳动岗位，做到在家门口就有事干，拓宽了就业路子，有效地增加群众收入。

二是促进产业结构调整，培育支柱产业。合作社种植基地土地资源丰富，但多数耕地坡度在25°以上，发展传统农业难以增加群众收入。该项目建成后使得附近群众亲眼看见种植青刺果、核桃等经济林果、中药材产生的效益，并带动青刺果种植重点户1000户、核桃种植户500户，促进该地区农业产业结构调整，实现从传统农业向现代农业的转变，建成农村经济发展的支柱产业，带动广大农民群众致富。

合作社发展覆盖了河西乡联合村、胜利村及周边10余个村，直接带动了青刺果种植户400户，户均种植10亩，直接带动人数1400人，户均年种植收入5万元，纯收入达到3.5万元，直接带动种植户人均年增收1万元，农户年总增收1400万元；间接带动全县散种户1000户，间接带动人数3500人；户均年增收3500元，人均年增收1000元，农户年总增收350万元。该项目建成以来，使大量荒山得到绿化，大量闲置耕地得到利用，形成良好的绿色产业发展之路，使该地区生态环境逐年改善，生产生活环境逐年美化，走出一条人与自然和谐发展之路，为保护好三江并流世界自然遗产做出贡献。

第十二节　墨江县雅源养殖农民专业合作社——健全利益联结机制 推动农业产业化发展

墨江县雅源养殖农民专业合作社成立于2015年4月，截至2018年拥有成员120多人，带动当地农户308户。合作社充分整合林地、茶地、荒地、经济果园1000多亩发展林下养鸡，鼓励党员大户带头，带领周边广大农户积极发展绿色、环保、生态的林下经济养殖模式。2018年已建成标准化养殖场7个，标准化脱温室3个，小型饲料加工厂1个；存栏成品生态土鸡12万羽，年出栏成品鸡18万羽，年脱温鸡苗35万羽；建有1个投资500余万元的标准化养猪场，占地7000平方米，以繁育仔猪为主，现有能繁母猪350头，年出栏仔猪4000头，出栏肥猪500头以上。

一是结合实际，利用特色资源。合作社所养殖的鸡都是分散养殖在林下几百亩的各个养殖点，对林下生态环境没有造成任何破坏，同时减少了病虫害的发生。由于鸡在林下自由觅食，减少了人工喂养饲料，与圈养相比节省饲料35%，节约了养殖成本，使鸡的肉质更鲜美，深得广大消费者喜爱。

二是与时俱进，提升经营理念。严格按照"圈舍标准化、养殖规模化、品种优良化、饲养科学化"要求，建成标准化猪舍7000多平方米，并配套地下排污排粪设施、上顶旋转通风设施、建有360立方米污水收集处理池2个，配有粪便运输专用车，实现了污染物零排放；全舍共安装监控摄像头12个，全方位多角度实时监控，及时了解各圈舍情况；配备彩色B超，能掌握母猪怀孕情况，通过人工干预提高母猪产仔率；引进优良品种，并从外地高薪聘请专业技术人员，通过软硬件配备完善，合作社养殖场养殖精细化程度明显提高，养殖效益明显增加。

三是集约管理，解除后顾之忧。通过统一养殖标准、统一种苗供应、统一技术服务、统一饲料供应、统一销售，突破了广大成员由于缺乏养殖技术和资金带来的瓶颈，解决了养殖过程中防疫、饲料采购、产品销售等个体生产不便解决的问题，解除了养殖户的后顾之忧；合作社层面摆脱了规模不大，养殖场地不足的困境，养殖户和合作社通过合作实现了双赢。

2018年与合作社合作的养殖户达上百户，合作社提供鸡雏、仔猪、饲料等给养殖户，直到产品销售时再扣回，解决了广大养殖户无资金垫付的困难，入社农户的收入比以前有大幅提高，合作农户已扩展至玉溪市新平县。合作社积极支持公益事业发展，共投入30多万元养护道路、架设饮水管网等，每年拿出1万元给附近村民开展各类文体活动，直接招收22个农户长期在各养殖点打工，增加低收入农户的工资性收入。合作社按照农户交售数量年终进行分红（鸡和肥猪按销售额5%进行利润返还），合作社统一供应饲料，以低于市场价10元的价格销售给养殖户，养殖过程中还免费提供饲养技术和防疫，年分红和让利金额超30万元。2018年上半年，带动农户308户（其中原建档立卡贫困户127户），户均增收5000元以上（其中原建档立卡贫困户户均增收3500元）。通过多年的努力，雅源养殖农民专业合作社已成为当地首屈一指养殖大户，产品远销玉溪、西双版纳，2017年销售收入达1200多万元，为推动农业产业化规模化发展起到了很好的示范带动作用。

第十三节　大姚县锦亿魔芋专业合作社——"小魔芋"做出"大产业"

大姚县锦亿魔芋专业合作社位于大姚县金碧镇工业园区，于2014年3月工商行政管理局登记注册成立，主要从事魔芋种苗、种植技术服务、魔芋收购、销售等。合作社成立以来，积极发挥示范引领、互助服务功能，助推魔芋产业发展，助力乡村振兴，探索出了一条"合作社+企业+农户"的产业振兴新路。

一是示范引领建基地。合作社于 2015 年投资 54.6 万元在金碧镇金家地村委会秧田箐建成魔芋种苗基地 130 亩,组织合作社成员种植魔芋 650 亩,在桂花镇、六苴镇、昙华乡建成核桃林下魔芋种植基地 2000 亩。同时,深入石羊镇、新街镇、龙街镇、三岔河镇等地宣传发动魔芋种植,为农户提供魔芋种苗及种植技术服务,与魔芋种植大户订单种植面积达 500 亩以上,带动了周边 3000 多户农民种植魔芋,建立魔芋种植基地 2500 亩。

二是扶持大户促发展。合作社始终坚持"抓大户,带小户"的工作思路,着重扶持种植规模在 5 亩以上的大户,通过组织培训、给予种植补助等措施,鼓励种植户做大做强。同时,通过大力宣传发展魔芋产业的优势所在和致富典型,深入农户帮助算清效益账,积极鼓励外出返乡农民工回乡种植魔芋,就地发家致富。2016 年,全县培育魔芋种植大户 73 户,大户亩均效益最高达到 2 万元,带动全县魔芋种植低收入家庭达到 1100 户,户均增收 1500 元。

三是结对帮扶兴产业。合作社积极响应了县委、县政府关于企业与专业合作社挂钩扶贫贫困乡镇与村委会的安排部署,重点帮扶六苴镇、昙华乡小兴厂村委会及金碧镇金家地、涧水村委会发展魔芋种植。2015～2017 连续 3 年每年为挂钩扶贫村委会提供魔芋种 10 吨,免费供应化肥 3 吨,对挂钩扶贫村委会魔芋种植大户给予现金奖励。通过帮扶,六苴镇发展魔芋种植 1000 亩,带动低收入农户 112 户;昙华乡小兴厂发展魔芋种植 200 亩,带动低收入农户 27 户;金碧镇金家地、涧水村委会发展魔芋种植 300 亩,带动低收入农户 22 户。

四是订单收购保增收。合作社坚持魔芋订单收购方式,年初与种植户确定订单种植的面积和平均产量及最低保护价格,秋后收购做到随行就市,用比小商小贩高两成的价格统一收购销售,增加了种植大户的魔芋收入,最大限度保护了种植户的利益。

五是社企合作促双赢。合作社成员之一的大姚锦亿土特产有限公司,针对魔芋易腐烂、保鲜难,不宜长途运输的特点,为合作社提供收购场所与仓储、加工设施,由合作社组织资金统一收购鲜魔芋后再统一销售给公司作为加工原料,实现了公司与合作社的合作共赢。公司于 2016 年购置一套魔芋加工设备,建成一条魔芋产品加工线,该生产线加工能力可达到日加工鲜魔芋 18 吨,解决了魔芋的销售加工问题,生产旺季每天可为周边农民提供季节性岗位 350 个,带动周边地区低收入人群 15 000 人,户均可增收 3000 元。

2016 年合作社收购魔芋约 1 万吨,涉及农户约 7000 户,其中原建档立卡贫困户约 1100 户,收购均价 3.5 元/公斤,带动农户增收约 3500 万元。在大姚县锦亿魔芋专业合作社的大力推动下,全县魔芋产业规模与效益不断提升。至 2017 年末,全县魔芋种植面积达到 2.3 万亩,产量达 5 万吨,实现产值 1.8 亿元,成为全县重要的高原特色农业产业,有力地促进了农业增效、农民增收。

第十四节　姚安县鸿兴肉牛养殖专业合作社——肉牛养殖带农民 乡村振兴共发展

2016 年，巴拉鲊村党总支以强基惠农"股份合作"经济项目为依托，充分利用当地优势资源，因地制宜、创新思路、集中投入，积极用好各类扶持资金贴息贷款政策，采取"党支部+合作社+公司+农户"的合作模式，由村党总支牵头，动员全村原建档立卡贫困户组建成立了姚安县鸿兴肉牛养殖专业合作社，争取产业扶持资金 44 万元，流转荒地 7.8 亩，建盖了 4380 平方米牛舍，引进本地有实力、有技术、有养殖管理经验、有稳定销售市场的企业对牛舍委托经营管理，鼓励无畜圈、无养殖劳力的农户以扶持产业发展资金（每个原建档立卡贫困户 5000 元）为基础资金自愿加入合作社入股分红，积极吸纳农户入股分红，有效拓展了低收入群众的增收渠道。

一是在合作方式上防控经营风险。引进姚安县赵勇农牧业发展有限责任公司委托经营管理，签订委托管理协议，由被委托人承担经营管理风险。把原公司法人赵勇在姚安县城福利来农贸市场的价值 70 余万元的商品房抵押在姚安县鸿兴肉牛养殖专业合作社，一旦发生企业经营亏本，可根据委托管理协议的约定拍卖企业法人房产偿还原建档立卡贫困户的股金和分红，有效避免了投资经济风险，保障了合作社和群众的利益。

二是在入股模式上把控风险。原建档立卡贫困户以 5000 元产业扶持发展资金入股，入股期限不少于 2 年，每户分红不低于 400 元。姚安县赵勇农牧业发展有限责任公司每年将当年分红资金存入农户账户或现金支付给农户。满 2 年期限后由农户根据自己意愿选择是否继续入股分红，如农户愿意继续入股分红的，与公司续签协议；如农户坚持退股，公司无条件服从群众的意愿，将 5000 元扶持产业发展资金在协议约定到期时存入农户账户或现金支付农户。同时，要求企业在发展中要发挥主体作用，企业投入资金占股 75%以上，通过投入上的主导，增强企业带领发展的责任心，确保肉牛养殖成效，为带动地方肉牛养殖产业的发展奠定基础。

三是在防范措施上降低风险。以姚安县鸿兴肉牛养殖专业合作社为主体，与中国人民财产保险股份有限公司姚安支公司签订商业保险合同，为原建档立卡贫困户入股合作社的 79 头肉牛购买肉牛养殖保险（投险金额为 225 元/头，理赔金额为 5000 元/头)，保险费由姚安县鸿兴肉牛养殖专业合作社与姚安县赵勇农牧业发展有限责任公司各负责 50%，最大限度地降低原建档立卡贫困户的投入，确保原建档立卡贫困户 5000 元产业发展资金的安全。

按照合作社成立章程，养殖场租赁费 40%作为巴拉鲊村集体经济收入，60%作为原建档立卡贫困户分红，仅此一项，每年就增加村集体经济收入 2 万元，原建档立卡贫困户每户实现分红 217.39 元。同时，通过优先聘请原建档立卡贫困户到养殖场打工，实现了群众就近打工年增收 36 万元。姚安县鸿兴肉牛养殖专业合作社通过与巴拉鲊村农户签订种植供求协议，种植玉米 650 亩，由姚安县赵勇农牧业发展有限责任公司按鲜秸秆 0.45 元/公斤固定价负责收购，每年为当地群众增收 140 万元左右。

第十五节　江城鸿耀柑橘种植农民专业合作社——搭建农民致富桥梁

江城鸿耀柑橘种植农民专业合作社位于云南省普洱市江城县康平镇中平村和平寨，成立于 2015 年 9 月 8 日，当时拥有成员 300 户 620 人，辐射 3 个村委会 21 个村民小组，成员出资总额 198 万元。合作社以发展有机生态农业为目标，种植晚熟沃柑（云洱橙）3200 亩、果树良种母本园 1600 亩、育苗地 120 亩、采穗园 160 亩；聘请高级技术职称专业人员 3 人，中级技术职称 5 人，并与中国农业大学、云南农业大学、昆明市农业学校等科研院校建立了长期的合作关系。

一是公司带动，助农增收。创新合作经营模式，采取"公司+基地+合作社+农户"的模式，合作社与普洱市鸿耀科技农业开发有限公司、农户签订了合作协议，明确了责、权、利三者关系。通过"一返、二定、三统一"的方式进行合作：公司以市场价收购并按 0.2 元/公斤返给合作社，50%用于发展集体经济，50%奖励种植大户；统一制定保护价格和质量等级；统一供应种苗、统一技术指导、统一收购销售。通过建立稳定可持续的发展模式进行柑橘种植管理，充分发挥公司和合作社对当地农户和产业的引领、带动、辐射作用。公司直接收购合作社产品，减少了中间交易环节，同时增加了社员的收入。

二是流转土地，规模经营。公司实行网格化管理，50～100 亩土地为一网格，每网格收集了 3 至 5 户土地流转户管理果园，收入与产值挂钩。公司雇用当地老百姓管理果园，每天用工达到 120 人，每户年均至少有 5 万元的收入。

三是打造品牌，提升品质。聘请中国柑橘研究所和西南大学柑橘研究所专家成立了科研工作站，推进品种研发和技术研究，确保在品质提升、病虫害防治、现代化种植等方面得到强有力的科技保障，高起点、高规格着力打造柑橘有机品牌。新注册的"云洱橙"沃柑品质优良，含糖量在 16 度以上，含水量达 70%，富含葡萄糖、果糖、蔗糖、果酸、维生素 C、维生素 B1、维生素 B2、柠檬酸钙、磷、铁等多种人体所需的微量元素及营养物质，是目前国内最优质的柑橘品种之一，市场前景广阔。

近几年来，公司平均每年固定用工 205 户 450 人、季节性用工 500 人，其中原建档立卡贫困户 68 户 272 人，年劳务支出达 1500 万元，人均劳务收入达 1.57 万元。勐康村阿迷寨组 22 户村民 100 余人，通过政府实施易地搬迁项目，从旧址搬迁至沃柑基地旁新兴寨组，村民可以常年到沃柑基地打工就业，年人均可支配收入从原来的 1000 元增加至现在的 8000 元左右。公司从农户手中流转土地近 7000 亩，涉及 2 个村委会 3 个村民小组 147 户农户，农户获得地租收入达 1176 万元，户均收益 8 万多元，沃柑基地流转土地均为山地，每亩地租 2000 元，一次性签订流转合同 36 年。

第十六节　大关县琦鑫黄牛养殖农民专业合作社——抓支部带致富 同步小康路

大关县琦鑫黄牛养殖农民专业合作社成立于 2011 年，是大关县第一家黄牛养殖合作社，合作社理事长丁琪是党的十九大代表。截至 2017 年，合作社发展社员 1160 户，引领带动农户养殖黄牛 7680 头。先后将 223 名社员培养成致富能手，16 名致富能手发展为党员，6 名优秀党员已成为合作社骨干，支部党员从成立之初的 5 名发展到 24 名。

一是坚持以党建为引领。合作社重点培养发展了一批有事业心、能吃苦、能奉献的社员为共产党员，并把原来的共产党员进一步培养成为骨干中的"领头雁"，在强化堡垒、党员示范、服务群众等方面，发挥了坚强有力的先锋模范作用。党员带头饲养黄牛、种植优质牧草，积极主动指导其他农户种草养牛，形成了"合作社带大户、大户带小户、小户带散户"的联动发展模式，把合作社的发展和群众的增收牢牢地捆绑在一起。

二是增加附加值，带动农户更快、更稳地增收致富。2013 年成立了大关县琦鑫农产品生产有限公司，千方百计增加产业附加值。为提高黄牛养殖实现了产、供、销一体化经营，并先后完成"琦鑫"牛肉产品的条码、商标注册、SC 认证的申请、核定。2017 年，建有 1 个占地 8 亩的养殖示范基地，15 000 亩的牧草基地；建有牛肉加工厂 2 个，老厂区占地 4 亩、新厂区占地 10 余亩，成功推出麻辣牛肉、黄牛干巴、卤牛肉、红烧牛肉等系列产品，年生产加工肉制品 200 吨，产值达 1000 多万元。

　　三是多种方式帮扶。①项目帮扶。2015 年以来，合作社分别整合资金 9.6 万元，帮扶 17 户低收入群众建立储草棚 1200 平方米，种植人工草地 450 亩；整合资金 12.16 万元，补贴 30 户低收入群众购买母牛；帮助大寨、新民、红旗 3 个村 316 户低收入户解决养殖设施落后、饲草饲料紧缺等问题。②高价回购。2016 年以来，累计为低收入群众申请创业致富贷款 190 万元发展黄牛养殖，在回收时以每头黄牛高于市场价 500～1000 元价格收购，解决群众后顾之忧。③精准扶持。2017 年以来，共购买母牛 28 头发放给原建档立卡贫困户喂养，两年后合作社回收牛源本金，新生牛犊和母牛产生的利润由农户所得。④特殊帮带。对有养殖愿望而没有劳动能力的原建档立卡贫困户这一特殊群体，合作社采取收取一定成本和人工费用的方式帮助代养，帮带这一特殊群体获得收入。⑤抱团发展。依托整村推进的项目资金，与村委会和享受项目资金的农户合作，以资金入股合作社，一半用于购买种牛、一半作为股本，合作社按年 8%进行分红。

　　2015 年以来，合作社在促进增收、抢险救灾、助老救孤、教育文化等方面，累计捐资 57.3 万元；主动落实"万企帮万村"行动，出资 32 万元对低收入群众进行产业、就业、技能培训；为红旗、大寨、新民、打堡、团结、龙堡 6 个村部分农户发放红利 20.4 万元；截至 2017 年底，社员户均增收 4000 元以上。

第十七节　耿马旺盛蔬菜种植农民专业合作社——规范建设合作社 辐射带动促增收

　　耿马旺盛蔬菜种植农民专业合作社 2012 年 6 月成立，注册资金 200 万元，共有社员 523 名，其中，党员社员 39 户，普通社员 187 户，残疾人社员 12 户。合作社有冷库 2800 立方米，蔬菜收购、分拣、包装、交易市场 3.5 亩，带动耿马县及周边县 12 个乡镇 2568 户各族群众发展无筋豆、辣椒、茄子、冬瓜等蔬菜种植。截至 2020 年，合作社累计种植瓜果蔬菜 8.2 万亩，实现产值 2.46 亿元，为社员年均增收 4500 元以上。

　　一是支部搭台，为低收入群众找路子。坚持党支部带动，致力于产业化、规模化经营，按照"党支部+合作社+农户"产业化运作模式，吸收农户入社，引导农户发展蔬菜种植，通过统一供应农资、技术指导、保底收购、就业务工等措施，引领农户聚集在产业链上，实现资源融合，抱团发展，变农户盲目生产为有计划地按订单生产，变弱势个体为强势群体。2015 年以来，合作社在耿马县耿马镇、贺派乡、四排山乡等乡镇 15 个村（组），带领 1568 户农民发展鲜食玉米、青贮玉米、辣椒、茄子等蔬菜种植 9200 亩。

二是培训技术，为低收入群众强底子。在生产经营过程中，注重培养一批熟悉农村政策、善于经营、乐于扶持的党员能人社员，再由能人社员组织帮扶低收入农户发展产业，实现社员相互合作、相互促进、共同发展。定期对成员进行农村政策及乡村振兴政策宣传解读、技术培训，提高低收入农户对党的政策的理解和对农业新技术、新成果的应用能力。经常邀请专业技术人员为农民授课，到田间地头指导农户种植、病虫害防控。组织安排低收入农户、种植大户到保山、大理等地学习考察蔬菜种植，逐步提高低收入群众的科技文化素质和自我发展能力。合作社自成立以来，共组织开展培训 25 余场次 2870 余人次。

三是实施"五个统一"模式，为低收入群众挣票子。实施"五个统一"模式：统一供应种苗、统一规范种植、统一收购价格、统一农特品牌、统一市场销售，有序组织生产，解决农户农产品"卖难"的问题。产品已远销昆明、贵阳、重庆、广州等地，价格和市场都比较稳定，确保参与的社员和农户稳定增收。合作社注重聘用困难群众，为低收入农户解决就业问题，使合作社内低收入人群通过合作入股领"红金"、流转土地收"租金"、就近务工挣"薪金"。

合作社成立以来，先后协调资金 60 万元，投入资金 24.8 万元建成芒东泼水广场 1800 平方米，入村组水泥路 1.5 公里，建成停车场、休闲亭子、傣族文化长廊和占地 84 平方米活动室等群众文化设施。协调市委政法委每户补助 1.5 万元，改造傣族特色民居 80 户。合作社还为社内务工的残疾人购买保险。在产业发展过程中，对低收入农户给予倾斜扶持，如免费为低收入农户提供籽种、化肥、地膜、农药等。

第十八节　师宗县果朴种植专业合作社——示范指导助振兴

师宗县葵山镇山乌果村委会辖大红石岩、小红石岩、山乌果、海子、长田、老寨、水塘、冒水洞 8 个村民小组，有 1046 户 2664 人。2017 年农村经济总收入 5091 万元，农民人均纯收入 6489 元。2018 年，在昆明英武农业科技有限责任公司带动下，依托师宗县葵山瑞农扶贫开发投资有限责任公司，该村成立师宗县果朴种植专业合作社，吸纳 53 户（原建档立卡贫困户 46 户）为社员，已种植金银花 108 亩。

一是规范组建合作社。山乌果村严格按照国家相关法律法规规范成立师宗县果朴种植专业合作社，在组建合作社上严格做到规范化，重点做好理事会、监事会成立，合作社章程制定，产业扶持实施方案制订，相关协议签订，各项制度制定上墙及档案痕迹管理等工作。产业扶持实施方案中明确开发公司、合作社及原建档立卡贫困户三方股权比例（合作社明确扶持产业为金银花，围绕金银花生长特点明确了股权比例为公司 20%、合作社 10%、原建档立卡贫困户 70%），明确原建档立卡贫困户占地费、管护费等内容。依照产业扶持实施方案，开发公司、合作社及原建档立卡贫困户签订三方协议；合作社与原建档立卡贫困户（社员）签订管护协议。引导龙头企业与公司、合作社开展深度合作，围绕种苗供应、技术指导、产品收购等内容签订合作协议。为实现农户增收、集体经济壮大奠定了坚实基础。

二是提高带动面。经认真梳理，并尊重原建档立卡贫困户意愿，全村 79 户原建档立卡贫困户，共甄别 46 户发展金银花，占比达到 58%。

三是建立核心示范区。为提高农户种植管理水平和能力，合作社注重示范基地建设。选择了靠近交通要道、平整连片的 17 亩土地建设金银花核心示范基地，做到规范化操作、标准化管理，以此作为农户发展金银花的实训基地，让农户看在眼中、记在心中、落实到具体操作中，较好地掌握了金银花种植技术，农户种植成活率达 91.18%。

四是及时兑付种植费和管护费。为调动农户种植管理积极性，合作社安排专人加强指导和督促，及时核实各户种植成活率，按照资金兑付办法，已兑付了栽植费用和管护费用 32.6 万元，极大提高了农户种植管理积极性。

五是加强科技指导服务。合作社依托县乡技术服务部门，认真组织社员参与培训，围绕种植、管护等环节已开展课堂培训、田间实训 3 次。

第十九节　昌宁恩果果蔬专业合作社——引领群众致富 助推乡村振兴

昌宁恩果果蔬专业合作社成立于 2013 年 6 月 25 日，注册资金 120.97 万元，主要从事水果、蔬菜的种植指导、收购和销售，产品集中转运到北京、陕西、广东、山东等省区市，远销俄罗斯、日本等国家。合作社占地面积 11 588 平方米，建筑面积 5156 平方米，其中，分拣车间 2170 平方米，门市部仓库 756 平方米，冷冻保鲜库 926 平方米，固定资产达到 265.18 万元。成立初期有社员 54 户，经过逐步发展壮大，现有社员 227 户，其中，集体单位社员 2 家，当地群众社员 225 户，占社员总数的 99%。

昌宁恩果果蔬专业合作社自成立以来，坚持以"服务群众引领致富"为发展理念，切实为菜农、果农解决了卖难、价低等问题，2017 年外销各类蔬菜、果品5000 多吨，实现销售收入 2650.97 万元，合作社社员比社外农户收入增加 28%，为当地群众致富立了新功。

一是科技指导提质增效。合作社高度重视种植技术指导工作，积极主动将各村（社区）具有多年种植经验和专业技术的种植大户和技术能手吸纳到合作社来，为群众交流种植技术提供平台。聘请技术指导团队，对群众蔬菜、水果种植生产中的各个环节进行技术指导，集中培训和现场指导有机结合起来，引导群众特色种植、绿色无公害种植，每年开展相关培训指导 10 余场次，全面提升群众科学化种植水平。

二是基地建设服务群众。合作社以服务群众致富为宗旨，采取"合作社＋基地＋农户"的经营模式。2018 年拥有种植基地面积 3000 亩，通过基地建设，引进新品种，推广新技术带动社外农户 1260 多户，吸纳原建档立卡贫困户 120 户，积极引导农户规范种植，实行种子、农药、化肥等生产资料统一购进，蔬菜和水果产品统一销售，稳步提高群众的经济效益。同时每年可为当地群众提供 350 多人次季节性临时用工名额，用工以原建档立卡贫困户优先，按 120 元/天计算，可增加群众收入 4.2 万元。带动了当地经济发展，取得了良好的社会和经济效益。

三是建立利益链接机制，完成脱贫攻坚任务。2018 年合作社吸纳大城村、芒回村全部原建档立卡贫困户 120 户，占全体成员总数的 52.6%。通过合作社为原建档立卡贫困户户均配股 100 元，同时将争取到的 120 万元财政整合资金折股量化到 120 户原建档立卡贫困户，每年按扶持资金 10% 的比例分红，户均可增加 1000元，以产业发展和与原建档立卡贫困户建立有效的利益链接机制，完成了脱贫攻坚任务。

第二十节　云县家兴林下土鸡养殖专业合作社——搭台子 创路子 鼓袋子

云县家兴林下土鸡养殖专业合作社成立于 2016 年 1 月，由村党支部动员本地养殖大户和回乡创业能人组建，注册资金 52 万元。合作社养殖场占地 80 亩，建成鸡舍 3000 平方米，仓库 200 平方米，办公用房 85 平方米。脱贫攻坚完成之前，合作社吸纳了周边 50 余户养殖户和原建档立卡贫困户加入，并指导、帮助社员在自家的自留山、责任山、经果林地中发展林下土鸡生态养殖。"党支部＋合作社"搭台子。通过合作社的规模化经营，变农户单打独斗为合作发展，调动了农户发展产业的积极性，增强了发展合力，降低了市场风险。

一是"林＋禽"模式创路子。围绕"近期增收有保障、远期增收有潜力"目标，大树村坚持"种养相加、长短结合"的思路，在全面巩固提升核桃、茶叶等长期持续增收产业的基础上，依托 1.7 万亩森林、7850 亩核桃、989 亩茶叶，实行"林+禽"发展模式，着力发展"核桃+茶叶+土鸡"生态绿色产业，培育以土鸡养殖为主的短平快、高特精产业，让闲置的林地变成农民致富的宝地。

二是"合作社+农户"鼓袋子。云县家兴林下土鸡养殖专业合作社通过采取统一选育品种、统一脱温防疫、统一提供鸡苗、统一自制饲料、统一技术服务、统一销售渠道的方式，与农户抱团发展林下生态土鸡养殖业。2017 年，镇村两级积极争取 50 万元财政支农资金注入合作社，将股权量化到村集体经济和 22 户原建档立卡贫困户，每年按照原建档立卡贫困户 2 万元、村集体经济 0.8 万元的定额，定股分红 3 年，探索出了一条以财政支农资金强村富民的新途径。随着合作社的发展壮大，镇党委、政府引导专业合作社注册了"大树茶园鸡"产品商标，通过产品包装和品牌创立，大树林下生态养殖的土鸡已成为县域知名的绿色产业品牌，并运用电商平台实行线上线下同步销售。

林下土鸡养殖业发展态势良好，"上有果、中有茶、下有鸡"的立体经济效益初显，促进全村家禽年出栏达 8 万只，产值 480 万元，带动全村实现畜牧产值达 718.4 万元，其中，存栏土鸡 4.2 万只，已出栏土鸡 11 批次 3.25 万只，营业额达 200 多万元。2017 年，全村经济总收入 2388.7 万元，农村居民可支配收入 11 134 元。过去，养殖基地茶叶亩均收入 3000 元，发展林下土鸡养殖后，亩均增收 18 000 元，已逐步突显出发展投入小、生产周期短、成本投入低、增收见效快的良好效应。

第二十一节　维西惠民种养殖农民专业合作社
——创效益　惠农民

维西惠民种养殖农民专业合作社成立于 2010 年 3 月 22 日，主要从事中药材种植及销售，农副产品的购销，家禽、家畜的养殖及销售，榨油服务，农产品信息咨询服务。2018 年，合作社种植秦艽苗 50 亩，育有秦艽苗 20 亩、党参苗 50 亩；食用猪养殖 200 头；核桃油年加工量 40 吨，青刺果油年加工量 5～8 吨。

合作社先通过向农户流转土地（租用）建设种植基地，再雇用当地农户劳动力进行生产加工，最后向长期合作的企业及县域消费者销售农副产品。①中药材种植业方面。通过向农户租用土地建设中药材种植基地、雇用农户劳动力、向农户购买农家肥料、提供中药材种植技术等方式带动农户增收。②食用猪养殖业方面。通过发放猪苗给农户代养、销售优质猪苗给农户并通过订单回收、分享市场信息，代销农户健康食用猪、提供养殖技术等方式带动农户增收。③油料加工业方面。通过向当地农户收购核桃、青刺果加工油料，加工厂雇用当地劳动力方式带动农户增收。

一是经济效益。①中药材种植。土地流转（租用）费用700元/（年·亩）；基地临时用工100元/（人·天）；长期务工3人，80元/（人·天）。以一户2亩土地计，土地流转收入1400元，1人务工25个劳动日收入2500元，小计3900元。②食用猪养殖。以低于市场价格销售猪苗给农户，再以高于市场价格0.5元/市斤（毛重）收购农户养殖的食用猪。以2头计，养殖户年户均收入3000元。③油料加工。收购核桃2.4元/公斤，青刺果32元/公斤，以100公斤核桃、30公斤青刺果计，农户户均年收入1840元。以上三项合计：8740元（户均年收入）。其中，合作社针对6户内生动力发展不足的农户采取免费提供中药材种苗，免费提供种植技术，略高于市场价格回收方式进行带动，农户年户均收入6000元以上。

二是社会效益。经过8年的创业磨砺，合作社累计带动原建档立卡贫困户288户。合作社充分利用农户劳动力资源优势，实现就近务工、就近创业，通过油料加工，不仅消化了当地滞销的核桃、青刺果，实现农户增收，同时该项目的实施辐射到周围乡镇，种植农户将收获的核桃、青刺果销往合作社。

第二十二节　隆阳区上麦庄核桃种植专业合作社——兴一项产业　富一方百姓

隆阳区上麦庄核桃种植专业合作社成立于2013年11月，位于瓦窑镇下麦庄村委会，目前共有社员114户。合作社充分发挥职能，坚持以"合作社+产业+村集体+农户"的精准帮扶模式，依托"云南省林农专业合作社省级示范社""第二批国家级核桃示范基地""云桩"商标的优势，为致富农户打下了良好的基础。

一是转变发展思路，实现农业产业化。隆阳区上麦庄核桃种植专业合作社是由下麦庄村委会成立的，过去合作社只是收购村民的鲜核桃，2015年以来由于鲜核桃在市场上价格不高，村委会意识到靠传统方法来维持收入，是无法实现村民致富目标的，他们把目光投向了核桃深加工。说干就干，合作社开始积极准备，到大理、楚雄等地学习技术，与新疆大枣生产商联系合作。合作社筹资引进果蔬烘烤机14台、封口机、真空机、脱枣核机、榨油机各1台，并配套包装盒、包装袋等，率先实现了农业产业化，带领闯出一条致富的新路子。

二是合作社积极推行"合作社+产业+村集体+农户"的精准帮扶模式。将合作社收益的50%返利给农户，25%用于壮大村集体经济，25%用于合作社自身发展。2017 年 118 户社员将分红资金（2000 元/户）再次入股合作社，投资加工厂房建设，把股权量化给 118 户农户。

三是建立产品保护价收购机制。合作社与社员签订核桃购销合同，产品由合作社负责统一收购、销售，实现合同惠农。在泡核桃价格下跌严重的情况下，合作社仍以高出市场价每斤 0.5 元的价格收购全村的泡核桃，避免了农户增产不增收现象。

四是建立农户务工收入增长机制。2017 年合作社为村民提供季节性用工岗位 260 个，其中，85% 为低收入农户，工时费每人每天 120 元，发放工资 31 万元。合作社可带动农户户均增收 5000 元以上，有力带动当地农户发家致富。

第二十三节　镇雄县润森太种植养殖农民专业合作社
——能人返乡带乡亲 乡村振兴显力量

镇雄县润森太种植养殖农民专业合作社成立于 2014 年 5 月，2018 年有社员 113 户。合作社主要从事肉牛和生态鸡养殖、天麻和核桃种植。2018 年，种植天麻 320 亩、核桃 100 亩，种植的青储用玉米年产饲料 4600 吨，人工种草 3700 亩，现有存栏牛 263 头，存栏生态鸡 5000 余只。

一是能人返乡带动。2014 年 3 月，已将户口迁移曲靖多年的吉正余返回家乡，在镇雄县五德镇党委政府及大水沟村委会的帮助、支持下，把家乡闲置土地集中起来，统一部署，统一安排，坡地改台地、修路，让拖拉机、微型机械能进地，努力减轻劳动力投入，带领父老乡亲探索共同致富新路子。

二是坚持三产融合发展新模式。2016 年 9 月，合作社网上商城"中国现代农业商城"网站建立，2018 年 5 月合作社申请注册的"润森太"商标已经工商总局认证通过。在开展种养殖业的基础上，利用五德河、大水沟水库、海鸥迁徙地等优美风光及"大锅圈"溶洞旅游建设契机，发展集种养殖、旅游、观光、农家乐一体的庄园经济。

三是务工带动促增收。合作社原有入股农户 113 户，在合作社领固定工资的 12 人，其中每月工资 2500 元的 4 人，3000 元的 5 人，3500 元的 2 人，5000 元的 1 人，在合作社做零工的，忙工时多达 60 人左右，每人每天工资 120 元，做零工最多的一人一年有 23 000 元收入，周边受益农户达 200 余户。

2018 年，合作社已出栏生态鸡 7300 只，实现各项收入 260 万元。合作社的发展成效使广大合作社成员看到了致富的希望，大水沟村已集体入股 50 万元，通过入股合作社发展村级集体经济、增加农户收入，助推乡村实现振兴。

第二十四节　泸水壹家村生态养殖农民专业合作社
——合作养殖　助推特色产业振兴乡村

泸水壹家村生态养殖农民专业合作社成立于 2011 年，法人代表王兆武。2017 年有壹家村高黎贡山猪种源扩繁基地占地 350 亩，存栏能繁母猪 1900 多头；壹家村合作社有社员 872 户，社员通过分散育肥实际存栏高黎贡山猪 12 518 头；在建的养殖小区（社员合作养殖育肥基地）有 3 个，占地 690 亩，规划建设 200 个养殖单元，养殖小区建成后，能集中养殖高黎贡山猪 20 000 头。

一是创建"11511"合作养殖产业互助振兴新模式。该模式是共用 1 个养殖单元，依托 1 名能人驱动，带动 5 个普通农户，共同饲养 100 头高黎贡山猪，确保每年户均增收 10 000 元以上。在公司统一建设的养殖小区里，1 个养殖单元包括可以养殖 100 头高黎贡山猪的圈舍和 3~5 亩的放养区。在养殖过程中，曾由致富带头人带领 5 个原建档立卡贫困户组成合作养殖小组，共同饲养 100 头高黎贡山猪，原建档立卡贫困户负责在自家地里种植青饲料，保障 100 头猪的饲料供给，公司则订单式现金收购青饲料，同时为合作养殖小组提供保姆式养殖技术服务和成品保价回购等。

二是四种途径助低收入人群增收。参与合作养殖的农户有四个收入途径：出售青饲料有生产性收入，通过合作养殖利润分配有产业性增收，在种源基地与养殖小区建设中打工劳动有工资性劳务收入，通过土地、贷款和政策补贴资金入股分红有资产性收入。每个合作养殖小组，每年养殖 100 头高黎贡山猪，包括上述各项收益，每个低收入农户年均可增收 1 万~3 万元，致富带头人年均能增收 3 万~5 万元。

2017 年合作社直接带动 369 户 1073 人原建档立卡贫困户实现有效增收，合作社直接带动增收的农户累计增加到 492 户 1538 人。2018 年 3 月，云南省农业厅和省扶贫办对合作社的模式进行了宣传和推广。

第二十五节　漾濞县富恒种植业农民专业合作社——发展
紫丹参　开拓致富路

漾濞县富恒种植业农民专业合作社成立于 2013 年 8 月，截止到 2020 年拥有林地 13 000 余亩，发展中药材（主要为紫丹参）、核桃为主的经济林果 2 万亩，实现年产值 3000 多万元。合作社紫丹参种植示范基地投入建设资金 200 万元，完成丹参种植 1060 亩，其中，规范化种植 460 亩，丹参规范化种苗繁育 600 亩。

一是企业合作。漾濞县富恒种植业农民专业合作社与昆明俊峰伟业经贸有限公司建立长期合作关系，由双方共同出资，充分利用富恒乡核桃树下的闲置林地资源，在石竹村岩腊左村民小组创建千亩连片丹参种植基地。昆明俊峰伟业经贸有限公司和漾濞县富恒种植业农民专业合作社免费为全乡紫丹参种植户提供生产技术服务，带动农户发展林下中药材种植。

二是订单收购。由昆明俊峰伟业经贸有限公司联合上海医药集团股份有限公司以保底价向合作社和农户收购紫丹参，通过"订单收购"模式解决药材销路问题，保障群众种植收益。

三是带动就业。注重发挥基地带动作用，优先聘用当地农户到基地务工，年用工 12 000 人次，按照 80～120 元的日工资标准发放工资 100 多万元。

四是高校指导。为进一步推动林下种植产业科学化、规范化、品牌化发展，漾濞县富恒种植业农民专业合作社与云南农业大学签订合作协议，将石竹村岩腊左丹参种植基地打造为云南农业大学紫丹参种苗繁育及规范化种植示范基地，由云南农业大学选派专家和技术人员到基地进行技术指导。

在漾濞县富恒种植业农民专业合作社的示范带动下，富恒乡丹参种植面积达 3860 亩，新增效益 1853 万元，农户户均增收 2 万元以上。合作社还与富恒乡、太平乡、龙潭乡、顺濞镇、鸡街乡等乡镇的 657 户原建档立卡贫困户签订了 2100 亩的紫丹参种植回收合同，2018 年种植丹参 3000 亩，完成育苗 600 亩，带动了 297 户原建档立卡贫困户增收致富。

第二十六节　广南县底圩诚信茶叶农民专业合作社
——"底圩茶"拓宽乡村振兴路

广南县底圩诚信茶叶农民专业合作社隶属于广南县凯鑫生态茶业开发有限公司，在底圩乡叮当移民开发区设立加工厂，主要以茶叶种植、加工、销售为主。公司于 2016 年初建加工厂房，总占地面积 5 亩，配备了国内较先进的生产设备，新厂房的建成改进了原有落后的生产工艺，提高了生产效能，实现了年产 2600 吨的生产能力，保证了茶叶产品质量，同时能满足当前的茶叶市场加工需求，使合作社生产加工能力提升到一个新水平。合作社共开发种植高产良种茶园 2300 亩，以"底圩大白毫""云抗 10 号"等良种茶树为主，直接带动周边 150 户原建档立卡贫困户参与发展,辐射带动周边 1000 余户茶农,优化调整了茶叶产业结构,实现区域化、规模化种植。

一是订单收购模式。合作社与农户签订订单收购协议,无偿为原建档立卡贫困户提供技术指导,保底订单收购茶叶。

二是价格补贴模式。合作社为加强精准帮扶和乡村振兴实施力度,制定最低保护价,切实保障农户利益,茶叶鲜叶分等级按照 5～6 元/斤的价格进行收购后,再实行奖补政策,根据各项质量指标达到检测标准,茶叶按等级给予 0.5～1 元/斤的奖励。

三是入股分红模式。合作社与农户签订入股分红协议,原建档立卡贫困户不承担风险,入股三年,合作社保底分红并按期偿还本息,每年按入股总额的 8% 进行分红。

四是劳务用工模式。合作社以扶持暂贷款模式,临时雇用原建档立卡贫困户共 80 户参加茶园基地的建设管理,并对在岗雇佣人员进行技能培训,使雇佣人员拥有一技之长,同时,原建档立卡贫困户务工期间由合作社缴纳意外伤害险。

2017 年底,合作社共奖补原建档立卡贫困户 14 万元,涉及 10 个村小组;2017 年共签订入股协议 41 户实现入股分红 9.8 万元;2017 年原建档立卡贫困户共实现增收 45 万元。

第二十七节　陆良县逸禾花卉种植专业合作社——"三金"助乡村振兴

陆良县逸禾花卉种植专业合作社位于陆良县马街镇郭家村村委会,距县城 5 公里,合作社成立于 2016 年 11 月,注册资金 780 万元,固定资产总额 1150 万元,累计投资 3000 余万元,建成 500 余亩玫瑰种植基地,年产销鲜切花 2500 万枝,实现年产值 1500 万元左右。

一是资金变股金,接纳低收入人群政策性扶持资金入股。带动原建档立卡贫困户投资入股合作社花卉产业参与分红,原建档立卡贫困户 137 户每户 6000 元的产业扶持资金作为股金入股到合作社,2018 年每户分红和返本 2760 元。

二是劳动得到薪金,安排低收入人群基地务工。只要有劳动能力和劳动意愿的原建档立卡贫困户,合作社优先安排在基地务工,并鼓励多劳多得。务工收入按月及时发放,月收入为 1800～2100 元。其中,在合作社务工满 28 天/月,奖励 200 元/月;满 10 月/年,奖励 1000 元/年;满 12 月/年,奖励 1500 元/年。

三是发展资本金,订单合同带动发展。有生产意愿的原建档立卡贫困户要发展花卉产业,合作社经考查论证后,在原建档立卡贫困户的能力范围内由合作社签订产销合同,安排技术人员指导种植,通过发展花卉产业实现致富。合作社同时在苗木上采取赊销模式,苗木费在回收产品中扣除。

2018 年合作社社员发展到 42 户,鲜花种植面积达 600 亩,带动当地 200 余人就业,实现务工收入 600 多万元。共带动原建档立卡贫困户 47 人,包括 24 户原建档立卡贫困户入股分红,其中 20 人(户)同时在基地务工,人均年收入达 3万元左右。

第二十八节　彝良县农业产业发展协会——新主体与低收入人群联结　引领乡村振兴

彝良县农业产业发展协会(简称农发会)于 2016 年 11 月成立,它将彝良县辖区内的农业龙头企业、农民专业合作社、种养大户吸纳为会员,拟通过抱团发展,做大做强彝良县农业优势产业,从而助推乡村振兴。农发会自成立以来,积极主动发挥职能作用,助力新型农业主体与低收入人群联结,彰显了力量。

一是搭建融资平台,加强金融协调服务。搭建引进了中小企业协会与邮储银行服务站,2017 年召开了两次银、政、企融资座谈会,帮助彝良城垣地农业科技有限公司、彝良县万物生养殖专业合作社、彝良伯格勒黑山羊种羊开发有限责任公司等新型农业经营主体融资贷款 3.3 亿元,2018 年 2 月 22 日再次通过协调中国农业发展银行和扶投公司获得 2 亿元的贷款资金,切实有效解决农业企业融资难、融资贵难题,带动了城垣地、柏格勒、山益宝、好医生、麻得跳等一批农业龙头企业不断发展壮大。

二是搭建招商平台,促进资源整合。引进了彝良山益宝生物科技有限公司,投资 1.84 亿元,建成 6000 吨级的竹笋、天麻气调保鲜周转库,7 条现代化农副产品精深加工生产线,开发出以超高压保鲜竹笋、天麻为核心的 32 个产品链;投资了 5000 万元,建设西南片区最大的种羊场,不断提纯"百草羊"品种,力争使"百草羊"走向全国、走出国门,通过"一带一路"走入阿拉伯国家市场;投资 5000万元,发展本地生态土鸡,加大系列产品研发,力争生态环保的土鸡产品进入北上广市场;流转土地 5 万亩,开展小草坝仿野生天麻标准化种植;引进四川好医生药业集团,投资 1.7 亿元开展天麻精深加工;投资 2 亿元,建成天麻国际交易中心,2017 年天麻总产值突破 17.01 亿元;投入 5000 万元,发展黄毛猪产业;投资 3500 万元,流转土地 110 亩,建设食用菌菌棒厂;计划投资 1 亿元,调整土地35 亩,建有机肥料厂。投资 4200 万元,建成生猪屠宰场,修建冷冻库 1800 立方米，解决农产品保鲜问题。

三是搭建合作平台，促进产品流通。2017年通过县供销社牵头，彝良城垣地农业科技有限公司与贵州辣椒红农产品开发有限公司签约种植辣椒10 000亩，马铃薯合作88号20 000亩，公司同时与杭州亚迪食品有限公司合作，签订西式蔬菜购销合同，并就贵州辣椒红农产品开发有限公司在本地建立辣椒深加工企业达成协议，解决增收和就业难题。引导全县电子商务发展，搭建农副产品电子网络交易平台。彝良在线商城已经建立，拥有11个乡镇建立电商工作站，与多家物流公司建立电子商务物流合作关系，天麻、核桃等十多个产品走上了彝良在线网络交易渠道，2017年交易额达5300万元，2018年电子商务交易突破3亿元。

四是强化协会引领，助力乡村振兴。2017年通过农业公司与农民专业合作社签订购销合同形成"公司+农民专业合作社+农户"的发展模式，建立公司与合作社利益联结机制，通过产业发展实现致富，引导农民专业合作社健康发展。2017年公司与23家农民专业合作社签订了购销合同直接带动原建档立卡贫困户7102户，实现共同致富，辐射带动农户21 766户。

五是发挥模范带头，引导规范发展。全县采取"农发会+龙头公司+农民专业合作社+农户"的发展模式，不断健全农发会的金融、保险、信贷等职能，使更多的扶持资金、金融资金、社会资本向农业产业倾斜集中，大力扶持天麻、马铃薯、"百草羊"、黄毛猪、土鸡、食用菌、蔬菜等特色产业发展。通过农发会的协调，全县产业发展步伐明显加快，彝良的优势产业开始焕发生机，龙头企业、专业合作社、电商平台（彝良在线商城）、互联网+新模式、B2B、C2C等就像一个个发家致富的新引擎，引领低收入群众走上共同致富新道路。

第二十九节　芒市勐戛镇志扬家庭农场——签约回购养殖助力乡村振兴

芒市勐戛镇志扬家庭农场成立于2016年，启动资金60多万元，养殖生猪400多头。农场主施志阳2009年毕业于海南大学农学院农业资源与环境系，2010年被招聘为城区勐焕街道办事处东北里社区党总支副书记。2015年下半年，施志阳把家庭农场作为示范基地，发动农户参与养殖，并与农户签订合同，开始采取保底收购的养殖模式，带头成立了芒市一缘养猪专业合作社。2018年初，施志阳又带头成立了德宏州新农缘生态农业发展有限公司，注册资金600万元。2018年已在芒市设立4个专卖店和1个体验馆、1个电商平台，其中"体验馆"和"电商平台"得到"国际农发基金价值链延伸项目"的支持。

　　"公司+合作社+家庭农场+农户"的模式建立后，每个部门的职责划分如下：合作社作为良种繁育和组织生产的主体，家庭农场作为基地周边育肥的养殖示范、技术指导、质量把控及中转的主体，农户作为育肥生产的主体，公司作为以"互联网+农业电商"为主打平台的销售、推广及品牌打造的销售主体。模式的建立逐渐提升产业的竞争力和灵活性，各个主体负责好自己的环节，而家庭农场在整个模式中对农户的带动最为明显，主要体现在以下几个方面。

　　一是通过几年的养殖，家庭农场作为排头兵，总结出了生态养殖的经验，给农户做了很好的示范和培训，真正做到"干给农民看，带着农民干"。

　　二是农户在养殖过程中遇到问题了，由家庭农场的养殖技术员进行指导，并帮农户做好疫苗防控，降低农民养殖风险。

　　三是所有农户养殖的肥猪都要到家庭农场观察半个月，达不到出栏标准的由家庭农场继续养殖，没有问题的进入公司平台屠宰销售，通过家庭农场为生猪出栏的质量把好了关口，对消费者负责，为品牌建设建立了保障。

　　四是当合作社繁育的仔猪有剩余时，由家庭农场育肥，解决了合作社的仔猪滞销问题。

　　"公司+合作社+家庭农场+农户"模式实现了一二三产融合发展，各主体各司其职，点连成线，线连成面，统一管理，独立核算，竞争力得到显著提高。2018年底销售额已达到1000万元以上，带动农户1237户。辐射到4个乡镇，36户景颇族、德昂族等少数民族参与，其中芒市勐戛镇志扬家庭农场指导带动的有一般户47户，示范户户均增收达到7000元。农户通过农场养猪产业的扶持，有了稳定的收入，为发展产业振兴找到了支撑，家庭生活水平得到逐步改善。

参 考 文 献

[1] 韩育良. 一门新兴经济学科的兴起——评《合作经济学概论》[J]. 经济学动态，1990，（9）：79-80.

[2] 马俊驹. 立法为合作社发展提供更大空间[J]. 中国合作经济，2007，（1）：50-51.

[3] 徐旭初. 厘清合作社发展内核[J]. 农村经营管理，2012，（8）：23.

[4] 黄胜忠. 关于《农民专业合作社法》修订完善的几点思考[J]. 中国农民合作社，2015，（3）：29-32.

[5] 谭启平. 论合作社的法律地位[J]. 现代法学，2005，（4）：112-121.

[6] 梁巧，黄祖辉. 关于合作社研究的理论和分析框架：一个综述[J]. 经济学家，2011，（12）：77-85.

[7] 张俊浩. 市场制度与中国大陆的私法[J]. 政法论坛，1994，（6）：34-39.

[8] 王艳林. 市场交易的基本原则——《中国反不正当竞争法》第 2 条第 1 款释论[J]. 政法论坛，2001，（6）：41-49.

[9] 崔晓红，张玉鑫. 浅析新型农业合作社的性质与法律地位[J]. 农业经济，2017，（1）：56-58.

[10] 李慧雯. 农民资金合作社的组织性质及其监管框架[J]. 知识经济，2016，（11）：5-6，8.

[11] 管洪彦，孔祥智. 农民专业合作社法人财产权：规范解释与修法思路[J]. 农业经济问题，2017（5）：4-14，110.

[12] 左云鹤. 论农民专业合作社的性质[J]. 长春师范大学学报，2013，（2）：13-14，76.

[13] 秦德智，姚岚，邵慧敏. 基于现代企业制度的农民专业合作社治理研究[J]. 经济问题探索，2016，（4）：150-155.

[14] Coase R H. The nature of the firm[J]. Economica，1937，4（16）：386-405.

[15] 徐旭初，吴彬. 减贫视域中农村合作组织发展的益贫价值[J]. 农业经济与管理，2012，（5）：18-24.

[16] 孙艳华，禹城荣. 农民专业合作社内部信任结构特征及其优化[J]. 湖南农业大学学报（社会科学版），2014，15（4）：41-46.

[17] 蔺虹. 浅谈合作社发展中存在的问题及对策[J]. 农民致富之友，2016，（9）：220.

[18] 黄祖辉，徐旭初. 基于能力和关系的合作治理——对浙江省农民专业合作社治理结构的解释[J]. 浙江社会科学，2006，（1）：60-66.

[19] 季小平. "能人"治社存在的问题及解决方法[J]. 商场现代化，2012，（20）：387-388.

[20] 孙新华. 合作经营的想象与现实[J]. 中国老区建设，2014，（5）：11-12.

[21] 焦方义，郭新利. 创新合作社、龙头企业与贫困户利益分红机制的精准扶贫对策研究[J]. 理论观察，2017，（2）：18-21.

[22] 倪凯，胡淑铃. 中国农村反贫困模式的历史演进及成效评价[J]. 南方农业，2020，（6）：101-103.

[23] 王小林，冯贺霞. 2020 年后中国多维相对贫困标准：国际经验与政策取向[J]. 中国农村经济，2020，（3）：2-21.

[24] 王小林，Alkire S. 中国多维贫困测量：估计和政策含义[J]. 中国农村经济，2009，（12）：4-10，23.

[25] 郝耕，孙维佳. 农业生产方式变革是乡村振兴的根本出路[J]. 西安财经大学学报，2020，33（6）：66-74.

[26] 辛翔飞，王济民. 乡村振兴下农业振兴的机遇、挑战与对策[J]. 宏观经济管理，2020，（1）：28-35.

[27] 彭成圆，赵建伟，蒋和平，等. 乡村振兴战略背景下农村电商创业的典型模式研究——以江苏省创业实践为例[J]. 农业经济与管理，2019，（6）：14-23.

[28] 姜长云. 推进乡村振兴背景下农业产业化支持政策转型研究[J]. 学术界，2020，（5）：120-127.

[29] 曾盛聪，卞思瑶. 乡村振兴背景下"田园综合体"的政策扩散分析——基于多个经验性案例的考察[J]. 中国行政管理，2019，（2）：60-65.

[30] 陈美球，蒋仁开，朱美英，等. 乡村振兴背景下农村产业用地政策选择——基于"乡村振兴与农村产业用地政策创新研讨会"的思考[J]. 中国土地科学，2018，32（7）：90-96.

[31] 赵龙. 为乡村振兴战略做好土地制度政策支撑[J]. 行政管理改革，2018，（4）：11-14.

[32] 龙静云. 农民的发展能力与乡村美好生活——以乡村振兴为视角[J]. 湖南师范大学社会科学学报，2019，48（6）：46-55.

[33] 周柏春，娄淑华. 新型城镇化进程中的分配正义：来自于农民能力与政策保障的双重视角[J]. 农业经济问题，2016，37（9）：25-32，110.

[34] 温涛，何茜. 新时代中国乡村振兴战略实施的农村人力资本改造研究[J]. 农村经济，2018，（12）：100-107.

[35] 王露璐. 谁之乡村？何种发展？——以农民为本的乡村发展伦理探究[J]. 哲学动态，2018，（2）：80-86.

[36] 袁威. 工商资本参与下农民主体作用的困境与破解思路——基于 S 省 20 个乡镇 59 个村庄的调查[J]. 行政管理改革，2020，（11）：78-85.

[37] 赵羲. 乡村振兴中的文化生态建设[J]. 人民论坛，2019，（8）：134-135.

[38] 鲁可荣. 脱贫村的文化重塑与乡村振兴[J]. 广西民族大学学报（哲学社会科学版），2019，41（1）：64-69.

[39] 陈宝月. "红色文化+绿色生态"的乡村振兴之路——福建省龙海市卓港村实施乡村振兴战略的调研[J]. 低碳世界，2020，10（9）：169-170.

[40] 李三辉，范和生. 乡村文化衰落与当代乡村社会治理[J]. 长白学刊，2017，（4）：134-141.

[41] 刘忱. 乡村振兴战略与乡村文化复兴[J]. 中国领导科学，2018，（2）：91-95.

[42] 徐越. 乡村振兴战略背景下的乡风文明建设[J]. 红旗文稿，2019，（21）：32-34.

[43] 李佳. 乡土社会变局与乡村文化再生产[J]. 中国农村观察，2012，（4）：70-75，91，95.

[44] 孙喜红，贾乐耀，陆卫明. 乡村振兴的文化发展困境及路径选择[J]. 山东大学学报（哲学社会科学版），2019，（5）：135-144.

[45] 孟祥林. 乡村公共文化空间建构的困境、向度与方向[J]. 华南理工大学学报（社会科学版），2019，21（6）：102-110.

[46] 徐顽强，于周旭，徐新盛. 社会组织参与乡村文化振兴：价值、困境及对策[J]. 行政管理改革，2019，（1）：51-57.

[47] 舒坤尧. 以中华优秀传统文化促进乡村文化振兴[J]. 人民论坛，2022，（3）：123-125.

[48] 周军. 中国现代化与乡村文化建构[M]. 北京：中国社会科学出版社，2012.

[49] 范玉刚. 乡村文化复兴与乡土文明价值重构[J]. 深圳大学学报（人文社会科学版），2019，36（6）：5-13.

[50] 李明，陈其胜，张军. "四位一体"乡村文化振兴的路径建构[J]. 湖南社会科学，2019，（6）：147-156.

[51] 孔祥智，卢洋啸. 建设生态宜居美丽乡村的五大模式及对策建议——来自5省20村调研的启示[J]. 经济纵横，2019，（1）：19-28.

[52] 赵金科，李娜. 乡村生态振兴的价值逻辑与践行路径——基于生态安全视角的思考[J]. 长白学刊，2020，（5）：117-124.

[53] Li X F, Yang H, Jia J, et al. Index system of sustainable rural development based on the concept of ecological livability[J]. Environmental Impact Assessment Review，2021，86：106478.

[54] 钟春艳，张斌，孙素芬. 生态保护为主的区域乡村振兴模式与路径——以湖北省神农架林区为例[J]. 东北林业大学学报，2020，48（10）：55-60.

[55] 曹桢，顾展豪. 乡村振兴背景下农村生态宜居建设探讨——基于浙江的调查研究[J]. 中国青年社会科学，2019，38（4）：100-107.

[56] 刘煜杰，李依，郝亚杰，等. 关于生态环保助推乡村振兴的思考与建议[J]. 环境与可持续发展，2020，45（5）：85-87.

[57] 王宜伦. 乡村振兴战略生态宜居篇[M]. 北京：中国农业出版社，2018.

[58] 黄国勤. 论乡村生态振兴[J]. 中国生态农业学报（中英文），2019，27（2）：190-197.

[59] 魏后凯，郜亮亮，崔凯，等. "十四五"时期促进乡村振兴的思路与政策[J]. 农村经济，2020，（8）：1-11.

[60] 文宏. 建国以来乡村振兴路程回顾及未来展望——基于政策文本的内容分析[J]. 南通大学学报（社会科学版），2019，35（1）：41-49.

[61] 郑泽宇，陈德敏. 乡村振兴的立法考量——基本法与促进法的视角[J]. 广西社会科学，2020，（8）：108-114.

[62] 刘天琦，宋俊杰. 财政支农政策助推乡村振兴的路径、问题与对策[J]. 经济纵横，2020，（6）：55-60.

[63] 余戎，王雅鹏. 以"三大改革"开创乡村振兴新局面[J]. 人民论坛，2020，（5）：86-87.

[64] 黄建红. 乡村振兴战略下基层政府农业政策执行困境与破解之道——基于史密斯模型的分析视角[J]. 农村经济，2018，（11）：9-16.

[65] 肖方仁，唐贤兴. 再组织视野下政策能力重构：乡村振兴的浙江经验[J]. 南京社会科学，

2019，（9）：63-70.

[66] 李永安. 乡村振兴战略须破解"持续高度关注"与"长期问题严峻"的"三农"悖论——基于"三农"支持政策碎片化的反思[J]. 学术交流，2019，（2）：121-129.

[67] 杜辉. 乡村振兴进程中惠农政策的运行保障[J]. 人民论坛，2019，（20）：94-95.

[68] 崔桂莲，田杨，武玉青. 治愈农业、归农归村与乡土饮食：韩国乡村振兴路径及启示[J]. 世界农业，2020，（11）：81-90.

[69] 茹蕾，杨光. 日本乡村振兴战略借鉴及政策建议[J]. 世界农业，2019，（3）：90-93.

[70] 王彦，田志宏. 如何实施金融服务乡村振兴——基于日本金融支农政策演变的经验借鉴[J]. 现代经济探讨，2020，（5）：117-125.

[71] 武小龙. 英国乡村振兴的政策框架与实践逻辑[J]. 华南农业大学学报（社会科学版），2020，19（6）：23-33.

[72] 张亚峰，许可，刘海波，等. 意大利地理标志促进乡村振兴的经验与启示[J]. 中国软科学，2019，（12）：53-61.

[73] 罗屹，武拉平. 乡村振兴阶段的农业支持政策调整：国际经验及启示[J]. 现代经济探讨，2020，（3）：123-130.

[74] 肖卫东. 美国日本财政支持乡村振兴的基本经验与有益启示[J]. 理论学刊，2019，（5）：55-63.

[75] 吴本健，王蕾，罗玲. 金融支持乡村振兴的国际镜鉴[J]. 世界农业，2020，（1）：11-20，57.

[76] 夏金梅. "三农"强富美：美国乡村振兴的实践及其经验借鉴[J]. 世界农业，2019，（5）：10-14.

[77] 徐旭初. 再谈在脱贫攻坚中发挥农民合作社的内源作用[J]. 中国农民合作社，2016，（7）：37.

[78] 王勇. 产业扩张、组织创新与农民专业合作社成长——基于山东省5个典型个案的研究[J]. 中国农村观察，2010，（2）：63-70.

[79] 李国祥. 农民合作经济组织应成为精准扶贫的重要力量[J]. 中国合作经济，2016，（4）：8-12.

[80] Verhofstadt E，Maertens M. Can agricultural cooperatives reduce poverty? heterogeneous impact of cooperative membership on farmers' welfare in Rwanda[J]. Applied Economic Perspectives and Policy，2015，37（1）：86-106.

[81] 邵科，于占海. 农民合作社在促进产业精准脱贫中的功能机理、面临问题与政策建议[J]. 农村经济，2017，（7）：120-123.

[82] 扶玉枝，李琳琳，赵兴泉. 合作社农业产业链服务供给及其影响因素分析[J]. 农林经济管理学报，2017，16（3）：285-292.

[83] Okezie C A，Baharuddin A H. Risk and poverty in agriculture：expanding roles for agricultural cooperatives in Malaysia[J]. Geografia Malaysian Journal of Society & Space，2012，（4）：1-11.

[84] 黄斌，张琛，孔祥智. 产业链整合视角下合作社再联合作用机制研究——基于三省三家联合社的案例分析[J]. 农村经济，2019，（11）：128-136.

[85] 肖富群. 专业合作经营与农民合作能力的培育——来自广西贵港市农村的证据[J]. 农业经济问题，2011，35（12）：35-42.

[86] 李二超. 农民合作社的核心能力识别[J]. 农村经济，2013，（9）：127-129.

[87] 刘风. 农民合作社的反脆弱性及其贫困治理能力[J]. 中国农业大学学报（社会科学版），

2018，35（5）：90-98.

[88] de los Rios I，Rivera M，Garcia C. Redefining rural prosperity through social learning in the cooperative sector：25 years of experience from organic agriculture in Spain[J]. Land Use Policy，2016，54：85-94.

[89] 朱兴涛，吴宗劲，李方乐. 农民专业合作社生命周期与长效机制初探[J]. 长白学刊，2016，（4）：88-97.

[90] 宫哲元. 论农民专业合作社的性质、作用和研究范式[J]. 社会科学论坛，2014，（1）：230-234.

[91] 杜洁，宋健，何慧丽. 内生性脱贫视角下的农村妇女与合作组织——以山西 PH 与河南 HN 两个农民合作社为例[J]. 妇女研究论丛，2020，（1）：67-79.

[92] Bardsley D K，Bardsley A M. Organising for socio-ecological resilience：the roles of the mountain farmer cooperative genossenschaft gran alpin in Graubunden，Switzerland[J]. Ecological Economics，2014，98：11-21.

[93] 张渊媛，徐旭初，薛达元. 发展农民专业合作社促进生态文明建设[J]. 中国人口·资源与环境，2014，24（S1）：423-425.

[94] 李恩，孙为平. 农民专业合作社于生态农业发展的价值研究[J]. 农业经济，2010，（11）：38-39.

[95] 胡平波. 支持合作社生态化建设的区域生态农业创新体系构建研究[J]. 农业经济问题，2018，（12）：94-106.

[96] Getnet K，Anullo T. Agricultural cooperatives and rural livelihoods：evidence from Ethiopia[J]. Annals of Public & Cooperative Economics，2012，83（2）：181-198.

[97] 李如春，陈绍军. 农民合作社在精准扶贫中的作用机制研究[J]. 河海大学学报（哲学社会科学版），2017，19（2）：53-59，91.

[98] 徐旭初. 在脱贫攻坚中发挥农民合作社的内源作用[J]. 中国农民合作社，2016，（2）：44.

[99] 陈莉，钟玲. 农民合作社参与扶贫的可行路径——以小农为基础的农业产业发展为例[J]. 农村经济，2017，（5）：116-122.

[100] 桂玉. 农民合作社扶贫机制的构建[J]. 华北水利水电大学学报（社会科学版），2017，33（1）：66-70.

[101] 刘海波. 发展农民合作社 打造精准脱贫新引擎[J]. 中国农民合作社，2017，（6）：28-30.

[102] Majee W，Hoyt A. Cooperatives and community development：a perspective on the use of cooperatives in development[J]. Journal of Community Practice，2011，19（1）：48-61.

[103] 赵晓峰，邢成举. 农民合作社与精准扶贫协同发展机制构建：理论逻辑与实践路径[J]. 农业经济问题，2016，37（4）：23-29，110.

[104] 孙亚范，余海鹏. 立法后农民专业合作社的发展状况和运行机制分析——基于江苏省的调研数据[J]. 农业经济问题，2012，33（2）：89-96，112.

[105] 廖文梅，曹国庆，孔凡斌. 农民专业合作社助力于产业化精准扶贫的创新模式研究——以江西省石城县为例[J]. 农业考古，2016，（6）：263-267.

[106] 黄承伟. 党的十八大以来脱贫攻坚理论创新和实践创新总结[J]. 中国农业大学学报（社会科学版），2017，34（5）：5-16.

[107] 徐峰. 农民合作社是农业产业精准扶贫的生力军——铭顺果蔬专业合作社帮扶贫困户脱

贫记[J]. 农机质量与监督，2016，（7）：31-32.

[108] Basu P，Chakraborty J. Land，labor，and rural development：analyzing participation in India's village dairy cooperative[J]. Professional Geographer，2008，60（3）：299-313.

[109] Ruben R，Heras J. Social capital，governance and performance of Ethiopian coffee cooperatives[J]. Annals of Public & Cooperative Economics，2012，83（4）：463-484.

[110] Francis P，James R. Balancing rural poverty reduction and citizen participation：the contradictions of uganda's decentralization program[J]. World Development，2004，31（2）：325-337.

[111] 李兴华，贺艺，薛从庆，等. 贫困地区乡村旅游与精准扶贫融合发展研究——以麻阳苗族自治县为例[J]. 湖南农业科学，2017，（11）：101-104，109.

[112] 唐建兵. 集中连片特困地区资源产业精准扶贫机制研究——以四川藏区为例[J]. 四川民族学院学报，2016，25（2）：50-55.

[113] 吕国范. 中原经济区资源产业扶贫模式研究[D]. 北京：中国地质大学，2014.

[114] 田晓涵，井立义. 合作社参与扶贫的东平探索[J]. 农村经营管理，2016，（10）：42.

[115] 黄林，李康平. 扶贫经验的国际比较：农民组织化建设的视角[J]. 当代世界，2017，（4）：72-75.

[116] 徐麟辉. 甘肃省：加强政策制定 扶持农民合作社快速发展[J]. 中国农民合作社，2015，（8）：36-37.

[117] Ravallion M. Growth，inequality and poverty：looking beyond averages[J]. World Development，2001，29（11）：1803-1815.

[118] Kraay A. When is growth pro-poor？evidence from a panel of countries[J]. Journal of Development Economics，2006，80（1）：198-227.

[119] Moser G G，Ichida T. Economic growth and poverty reduction in Sub-Saharan africa[J]. IMF Working Papers，2001，1（112）：36.

[120] Dollar D，Kraay A. Growth is good for the poor[J]. Journal of Economic Growth，2001，7（3）：195-225.

[121] 李宝东. 北京谷氏农业专业合作社产业扶贫的启示[J]. 中国合作经济，2020，（5）：58-61.

[122] 李政忙. 欠发达地区农民合作扶贫模式研究[J]. 知识经济，2018，（6）：13-14.

[123] 张曼曼，贾伟强. 能人带动型农民合作社发展的系统研究[J]. 系统科学学报，2018，26（1）：82-85.

[124] 陆倩，孙剑，向云. 农民合作社产权治理现状、类型划分及社员利益比较——中国为何缺乏有效的农民合作社[J]. 经济学家，2016，（9）：86-95.

[125] 郭红东，田李静. 大户领办型农民专业合作社研究——以箬横西瓜合作社为例[J]. 学会，2010，（1）：27-30，64.

[126] 徐旭初. 农民合作社发展中政府行为逻辑：基于赋权理论视角的讨论[J]. 农业经济问题，2014，（1）：19-29，110.

[127] 韩旭东，王若男，郑风田. 能人带动型合作社如何推动农业产业化发展？——基于三家合作社的案例研究[J]. 改革，2019，（10）：98-107.

[128] 吴彬，徐旭初. 农民专业合作社的益贫性及其机制[J]. 农村经济，2009，（3）：115-117.

[129] 蒋宁. 欠发达地区农民合作社扶贫模式研究[J]. 现代营销（经营版），2018，（8）：50-51.

[130] 张文菊，陈继萍. 金融扶贫创新：农户资金互助合作社初探[J]. 新疆财经，2006，（3）：
       5-8.

[131] 徐家琦. 政府扶贫资金参与式扶贫实证分析[J]. 林业经济，2008，（4）：69-73.

[132] 何焱. 正确认识农村资金互助组织的作用——对太湖县建立"贫困村村级发展互助资金"
       情况的调查与思考[J]. 乡镇经济，2008，（7）：88-92.

[133] 咸金君，王伟. 探索合作社扶贫新模式 增添产业扶贫新动力[J]. 中国农民合作社，2018，
       （4）：62-63.

[134] 秦亚芹，张艳青. "整村推进"扶贫模式探析——以芍药村"8+2"农民专业合作社模式
       为例[J]. 湖南农机，2013，（1）：136-137.

[135] Franken J R V，Cook M L. Investment Constraints in Agricultural Cooperatives[C]. San
       Francisco：AAEA & WAEA Joint Annual Meeting，2015.

[136] Baourakis G，Kourgiantakis M，Migdalas A. The impact of e-commerce on agro-food
       marketing：the case of agricultural cooperatives，firms and consumers in Crete[J]. British Food
       Journal，2002，104（8）：580-590.

[137] Jones G R，George J M. The experience and evolution of trust：implications for cooperation and
       teamwork[J]. Academy of Management Review，1998，23（3）：531-546.

[138] 李道和，陈江华. 农民专业合作社绩效分析——基于江西省调研数据[J]. 农业技术经济，
       2014，（12）：65-75.

[139] Chaddad F，Iliopoulos C. Control rights，governance，and the costs of ownership in agricultural
       cooperatives[J]. Agribusiness，2013，29（1）：3-22.

[140] Rehman A，Luan J D，Du Y N，et al. Rural credit cooperatives RCCs financial system and role
       in economic development of China[J]. Research Journal of Finance and Accounting，2015，3（4）：
       434-439.

[141] Bernard T，Abate G T，Solomon L. Agricultural cooperatives in Ethiopia：Results of the 2012
       ATA Baseline Survey[M]. Washington：International Food Policy Research Institute Washington，
       2013.

[142] 廖媛红. 农民专业合作社的社会资本与绩效之间的关系研究[J]. 东岳论丛，2015，36（8）：
       128-135.

[143] 赵晓峰，许珍珍. 农民合作社发展与乡村振兴协同推进机制构建：理论逻辑与实践路径[J].
       云南行政学院学报，2019，21（5）：6-11.

[144] 秦德智，何梦丹，邵慧敏. 农民合作社反贫困绩效研究[J]. 当代经济管理，2019，41（4）：
       52-56.

[145] 王家斌，荆蕙兰. 后扶贫时代青海涉藏地区的相对贫困及其治理机制构建[J]. 青海社会科
       学，2020，（5）：54-61.

[146] 李创，龚宇. 后精准扶贫时代资本协同反贫困问题研究——基于 DFID 可持续生计框架分
       析[J]. 西南金融，2020，（11）：13-23.

[147] DFID. Sustainable livelihoods guidance sheets[M]. London：De-partment for International
       Development，2000：68-125.

[148] 讷克斯 R. 不发达国家的资本形成问题[M]. 谨斋译. 北京：商务印书馆，1966.

[149] 舒尔茨 W T. 论人力资本投资[M]. 吴珠华译. 北京：北京经济学院出版社，1990.

[150] 包蓓蓓，曾莹莹. 美国农民合作社发展的经验及其启示[J]. 甘肃农业，2010，（2）：15-16，18.

[151] 徐更生. 美国农场主合作社的特点及作用[J]. 世界农业，1986，（2）：6-8.

[152] 鹿安. 法国农业合作社解决小农生产与大市场矛盾[J]. 当代农机，2018，（3）：57.

[153] 徐惠喜. 法国90%的农民参加了农业合作社[N]. 经济日报，2018-9-28.

[154] 李先德，孙致陆. 法国农业合作社发展及其对中国的启示[J]. 农业经济与管理，2014（2）：32-40，52.

[155] 洪天牧. 荷兰家庭农场规模渐扩 多数加入合作社[EB/OL]. http://world.xinhua08.com/a/20130906/1244141.shtml[2013-09-06].

[156] 美丽乡村. 荷兰农业合作社屹立200多年，创造万亿产业，有何特别之处？[EB/OL]. https://www.sohu.com/a/299051013_120055808[2019-03-04].

[157] 王军. 国外农民合作社发展模式浅析[J]. 中国农民合作社，2015，（8）：24-26.

[158] 朋文欢. 农民合作社减贫：理论与实证研究[D]. 杭州：浙江大学，2018.

[159] 欧继中，张晓红. 荷兰和日本农业合作组织模式比较与启示[J]. 中州学刊，2009，（5）：76-78.

[160] 陈家涛. 印度农业合作社的发展及对中国的启示[J]. 海派经济学，2015，（4）：152-164.

[161] 曹建如. 印度的农业合作社[J]. 世界农业，2008，（3）：66-68.

[162] 孙亮. 美国、韩国、印度的农业合作社发展研究[J]. 世界农业，2013，（2）：22-25.

[163] 戴孝悌. 产业链视域中的中国农业产业发展研究[M]. 北京：中国社会科学出版社，2015.

[164] 彭玮，王金华，卢青. 构建新型农村社会化服务体系[M]. 武汉：湖北科学技术出版社，2012.

[165] Lele U. Cooperatives and the poor：a comparative perspective[J]. World Development，1981，9（1）：55-72.

[166] Cavalcanti C，Schläpfer F，Schmid B. Public participation and willingness to cooperate in common-pool resource management：a field experiment with fishing communities in Brazil[J]. Ecological Economics，2010，69（3）：613-622.

[167] Brannstrom C. Conservation-with-development models in Brazil's agro-pastoral landscapes[J]. World Development，2001，29（8）：1345-1359.

[168] 张益丰. "三农"问题视阈中企业领办农民专业合作社研究[M]. 北京：中国言实出版社，2016.

[169] 王正谱. 孟加拉国的农业合作社[J]. 农村合作经济经营管理，1994，（9）：40-41.

[170] 徐旭初. 从十九大报告看农民合作社的作用空间[J]. 中国农民合作社，2017，（11）：30.

[171] 王子晗. 对互联网+金融模式提高电商扶贫项目可持续性的分析——基于供应链金融与互联网+资产证券化的视角[J]. 时代金融，2018，（20）：299-300.

[172] 杜婧. 贵州省石漠化地区农业产业扶贫可持续发展路径研究——基于平塘县克度镇金山村百香果种植项目实践[J]. 河南农业，2018，（20）：4-5.

[173] 郭建宇，白婷. 产业扶贫的可持续性探讨——以光伏扶贫为例[J]. 经济纵横，2018，（7）：109-116.

[174] 刘子扬，王一多，高阳. 河曲县"山区扶贫移民新村"项目的可持续发展研究[J]. 山西财

经大学学报（高等教育版），2009，（S1）：10，13.

[175] 谭琳琳，帅传敏，张先锋. 联合国 IFAD 扶贫项目的可持续性评价[J]. 科技情报开发与经济，2007，17（22）：128-129.

[176] Ozdemir G. Women's cooperatives in Turkey[J]. Procedia-Social and Behavioral Sciences，2013，81：300-305.

[177] 韩国民，高颖. 西部地区参与式扶贫与农民专业合作社发展的互动研究[J]. 农村经济，2009，（10）：116-118.

[178] Allahdadi F. The contribution of agricultural cooperatives on poverty reduction：a case study of Marvdasht，Iran[J]. Journal of American Science，2011，7：22-25.

[179] 黄祖辉，梁巧. 小农户参与大市场的集体行动——以浙江省箬横西瓜合作社为例的分析[J]. 农业经济问题，2007（9）：66-71.

[180] 牟永福，刘娟. 贫困农户合作机制研究：合作式贫困治理结构的视角[J]. 河北师范大学学报（哲学社会科学版），2013，（4）：140-143.

[181] 叶云，汪发元. 农民专业合作社合作机制及溢出效应分析[J]. 农业部管理干部学院学报，2018，（3）：44-50.

[182] 王春丽. 关于农民合作社扶贫机制的构建探究[J]. 科技经济导刊，2018，26（15）：222.

[183] 秦德智，陈婷婷，邵慧敏. 脱贫攻坚完成后原贫困社员继续参加农民合作社意愿分析——以国家贫困县 LH 为例[J]. 农村经济，2012，（5）：136-144.

[184] 孔祥智. 给合作社安上电商的翅膀[J].中国农民合作社，2015，（7）：33.

[185] 程欣炜，林乐芬. 农产品电商对小农户有机衔接现代农业发展效率的影响研究[J]. 华中农业大学学报（社会科学版），2020，（6）：37-47，162.

[186] 徐旭初. 农村电子商务：互联网赋能"三农"[J]. 中国农民合作社，2015，（3）：42.

[187] 曾亿武，万粒，郭红东. 农业电子商务国内外研究现状与展望[J]. 中国农村观察，2016，（3）：82-93，97.

[188] 张益丰. 生鲜果品电商销售、农户参与意愿及合作社嵌入——来自烟台大樱桃产区农户的调研数据[J]. 南京农业大学学报（社会科学版），2016，16（1）：49-58，163-164.

[189] 周立群，曹利群. 农村经济组织形态的演变与创新——山东省莱阳市农业产业化调查报告[J]. 经济研究，2001，（1）：69-75，83.

[190] 韩国明，朱侃，赵军义.国内农民合作社研究的热点主题与演化路径——基于 2000～2015 年 CSSCI 来源期刊相关论文的文献计量分析[J]. 中国农村观察，2016，（5）：77-93，97.

[191] 王军. 充分发挥农民合作社在农业适度规模经营中的引领作用[J]. 中国农民合作社，2017，（8）：35.

[192] 刘同山，周振，孔祥智. 实证分析农民合作社联合社成立动因、发展类型及问题[J]. 农村经济，2014，（4）：7-12.

[193] Coase R H. The Nature of the Firm[M]. Oxford：Oxford University Press，1937.

[194] 马晓河，胡拥军. "互联网+"推动农村经济高质量发展的总体框架与政策设计[J]. 宏观经济研究，2020，（7）：5-16.

[195] 郭红东. 浙江省农业龙头企业与农户的利益机制完善与创新研究[J]. 浙江社会科学，2002，（5）：181-185.

[196] 刘滨，雷显凯，杜重洋，等. 农民合作社参与农产品电子商务行为的影响因素——以江西省为例[J]. 江苏农业科学，2017，45（14）：284-288.

[197] 贺敏. 新型农业经营主体与小农户利益联结问题研究[J]. 农业经济，2020，（10）：15-17.

[198] 刘顿，刘越. 乡村振兴战略下农村消费的正义性探析[J]. 湖北社会科学，2020，（1）：77-85.

[199] Yin R K. Case Study Research：Design and Methods[M]. Thousands Oaks，CA，2003.

[200] Yin R K. 案例研究[M]. 周海涛，李永贤，张蘅，译. 重庆：重庆大学出版社，2004.

[201] 赵晓峰，刘成良. 利益分化与精英参与：转型期新型农民合作社与村两委关系研究[J]. 人文杂志，2013，（9）：113-120.

[202] 韩长赋. 四十年农业农村改革发展的成就经验[J]. 农村科学实验，2019，（2）：10-11.

[203] 陈磊，胡立君，何芳. 要素流动、产业集聚与经济发展的实证检验[J]. 统计与决策，2021，37（6）：104-108.

[204] 刘自敏，杨丹. 农民专业合作社对农业分工的影响——来自中国六省农户调查的证据[J]. 经济问题，2013，（9）：106-110.

[205] Cechin A，Bijman J，Pascucci S，et al. Quality in cooperatives versus investor-owned firms：evidence from broiler production in Paraná，Brazil[J]. Managerial and Decision Economics，2013，34（3）：230-243.

[206] Abebaw D，Haile M G. The impact of cooperatives on agricultural technology adoption：empirical evidence from Ethiopia[J]. Food Policy，2013，38（1）：82-91.

[207] 李道和，陈江华，康小兰. 农民专业合作社扶持政策需求优先序及影响因素分析——基于江西省 578 户样本的调查[J]. 农林经济管理学报. 2014，13（2）：137-145.

[208] 刘刚，张晓林. 农民合作社的规模，治理机制与农产品质量安全控制——基于集体行动理论的视角[J]. 农业现代化研究，2016，37（5）：926-931.

[209] 赵泉民. 合作社组织嵌入与乡村社会治理结构转型[J]. 社会科学，2015，（3）：59-71.

[210] 仝志辉，温铁军. 资本和部门下乡与小农户经济的组织化道路——兼对专业合作社道路提出质疑[J]. 开放时代，2009，（4）：5-26.

[211] 潘劲. 中国农民专业合作社：数据背后的解读[J]. 中国农村观察，2011，（6）：2-11，94.

[212] 邓衡山，王文烂. 合作社的本质规定与现实检视——中国到底有没有真正的农民合作社？[J]. 中国农村经济，2014，（7）：15-26，38.

[213] 阮建雯，商茹，陈立畅，等. 云南农机专业合作社发展中存在的问题与对策[J]. 农机化研究，2014，36（2）：245-248，252.

[214] 陈爱华. 农民专业合作社发展中遇到的困难与解决对策——基于云南腾冲农民专业合作社发展的调研报告[J]. 经济研究导刊，2015，（4）：37-38.

[215] 段敏. 云南云龙县农民专业合作社发展现状、问题与对策[J]. 农业工程技术，2018，38（5）：8.

[216] 曹甜甜，马蓉，朱秀春，等. 小农背景下云南农民专业合作社发展现状及对策[J]. 农村经济与科技，2018，29（15）：73-74，78.

[217] 曲晓云，林建华. 改革开放 40 年农业合作经济政策目标、原则及特征[J]. 现代经济探讨，2019，（4）：112-119.

[218] 张晓山. 农民合作社可持续发展需重视的几个问题[J]. 农村经营管理，2015，（4）：1.

[219] 孙迪亮. 近十年来我国农民合作社发展政策的实践创新与理论思考——以"中央一号文件"为中心的考察[J]. 中国特色社会主义研究, 2017, (4): 44-52.

[220] Schultz T W. What ails world agriculture? [J]. Bulletin of the Atomic Scientists, 1968, 24 (1): 28-35.

[221] Woolthuis R K, Lankhuizen M, Gilsing V. A system failure framework for innovation policy design[J]. Technovation, 2005, 25 (6): 609-619.

[222] Rothwell R, Zegveld W. Reindustrialization and Technology[M]. Longman: M.E. Sharpe, 1985.

附　　录

附录 1　培育农民合作社主要农业支持保持政策

一、中共中央　国务院出台的相关政策文件

1. 中共中央　国务院关于促进农民增加收入若干政策的意见
2. 中共中央　国务院关于进一步加强农村工作提高农业综合生产能力若干政策的意见
3. 中共中央　国务院关于推进社会主义新农村建设的若干意见
4. 中共中央　国务院关于积极发展现代农业扎实推进社会主义新农村建设的若干意见
5. 中共中央　国务院关于切实加强农业基础建设进一步促进农业发展农民增收的若干意见
6. 中共中央　国务院关于 2009 年促进农业稳定发展农民持续增收的若干意见
7. 中共中央　国务院关于加大统筹城乡发展力度进一步夯实农业农村发展基础的若干意见
8. 中共中央　国务院关于加快水利改革发展的决定
9. 中共中央　国务院印发《关于加快推进农业科技创新持续增强农产品供给保障能力的若干意见》
10. 中共中央　国务院关于加快发展现代农业进一步增强农村发展活力的若干意见
11. 中共中央　国务院印发《关于全面深化农村改革加快推进农业现代化的若干意见》
12. 中共中央　国务院印发《关于加大改革创新力度加快农业现代化建设的若干意见》
13. 中共中央办公厅、国务院办公厅印发《关于引导农村土地经营权有序流

转发展农业适度规模经营的意见》

14. 中共中央　国务院关于打赢脱贫攻坚战的决定

15. 中共中央办公厅、国务院办公厅印发《关于加快构建政策体系培育新型农业经营主体的意见》

16. 中共中央　国务院印发《中国农村扶贫开发纲要（2011—2020 年）》

17. 中共中央　国务院关于深化供销合作社综合改革的决定

二、国务院出台的相关政策文件

1. 国务院办公厅关于推进种子管理体制改革加强市场监管的意见

2. 国务院关于深化改革加强基层农业技术推广体系建设的意见

3. 国务院关于做好农村综合改革工作有关问题的通知

4. 国务院办公厅关于严格执行有关农村集体建设用地法律和政策的通知

5. 国务院关于促进节约集约用地的通知

6. 国务院办公厅关于进一步加强鲜活农产品运输和销售工作的通知

7. 国务院关于加快推进现代农作物种业发展的意见

8. 国务院关于支持云南省加快建设面向西南开放重要桥头堡的意见

9. 国务院关于印发全国现代农业发展规划（2011—2015 年）的通知

10. 国务院关于支持农业产业化龙头企业发展的意见

11. 国务院关于推进物联网有序健康发展的指导意见

12. 国务院办公厅关于加强农产品质量安全监管工作的通知

13. 国务院办公厅关于进一步动员社会各方面力量参与扶贫开发的意见

14. 国务院办公厅关于引导农村产权流转交易市场健康发展的意见

15. 国务院关于大力发展电子商务加快培育经济新动力的意见

16. 国务院办公厅关于加快转变农业发展方式的意见

17. 国务院印发《关于开展农村承包土地的经营权和农民住房财产权抵押贷款试点的指导意见》

18. 国务院办公厅关于促进农村电子商务加快发展的指导意见

19. 国务院办公厅关于推进农村一二三产业融合发展的指导意见

20. 国务院发布《农民专业合作社登记管理条例》

三、农业农村部出台的相关政策文件

1. 农业农村部关于印发《新型农业经营主体和服务主体高质量发展规划

（2020—2022 年）》的通知（农政发〔2020〕2 号）

2. 关于印发《开展农民专业合作社"空壳社"专项清理工作方案》的通知（中农发〔2019〕3 号）

3. 农业农村部办公厅中国邮政集团公司关于印发《农业农村部办公厅 中国邮政集团公司共同促进农民专业合作社质量提升实施方案》的通知（农办经〔2018〕27 号）

4. 农业农村部办公厅关于组织申报农民专业合作社质量提升整县推进试点有关事项的通知（农办经〔2018〕11 号）

5. 农业农村部办公厅 自然资源部办公厅关于做好农村集体资产清产核资工作的补充通知（农办经〔2018〕10 号）

6. 农业农村部 中国人民银行 国家市场监督管理总局关于开展农村集体经济组织登记赋码工作的通知（农经发〔2018〕4 号）

7. 农业农村部 国家发展改革委 财政部 商务部 中国人民银行 国家税务总局 中国证券监督管理委员会 中华全国供销合作总社关于印发《农业产业化国家重点龙头企业认定和运行监测管理办法》的通知（农经发〔2018〕1 号）

8. 农业农村部办公厅关于认真做好《农业部 国家发展改革委 财政部关于加快发展农业生产性服务业的指导意见》宣传和贯彻工作的通知（农办经〔2018〕8 号）

9. 农业农村部 中国邮政储蓄银行关于加强农业产业化领域金融合作 助推实施乡村振兴战略的意见（农经发〔2018〕3 号）

10. 农业部办公厅 国家农业综合开发办公室 中国农业银行办公室关于开展农业产业化联合体支持政策创新试点工作的通知（农办经〔2018〕3 号）

11. 农业部 国家发展改革委 财政部 国土资源部 人民银行 税务总局关于促进农业产业化联合体发展的指导意见（农经发〔2017〕9 号）

12. 农业部办公厅关于大力推进农业生产托管的指导意见（农办经〔2017〕19 号）

13. 农业部 国家发展改革委 财政部关于加快发展农业生产性服务业的指导意见（农经发〔2017〕6 号）

14. 农业农村部办公厅中国中化集团有限公司关于印发共同促进农民合作社质量提升实施方案的通知（农办经〔2019〕3 号）

15. 农业农村部关于加快推进品牌强农的意见（农市发〔2018〕3 号）

16. 农业部 国家发展改革委 科技部 财政部 国土资源部 环境保护部 水利部 国家林业局关于印发《全国农业可持续发展规划（2015－2030 年）》的通知（农计发〔2015〕145 号）

四、云南省出台的相关政策文件

1. 中共云南省委、云南省人民政府关于大力发展现代农业庄园的意见

2. 中共云南省委办公厅、云南省人民政府办公厅印发《关于加快发展家庭农场的意见》的通知

3. 云南省人民政府办公厅关于培育壮大农业小巨人的意见

4. 云南省人民政府关于促进农民合作社规范发展的意见

5. 云南省人民政府办公厅关于推进现代农业产业园建设的指导意见

6. 中共云南省委办公厅、云南省人民政府办公厅印发《关于加快构建政策体系培育新型农业经营主体的实施意见》的通知

7. 云南省人民政府关于加快发展家庭农场的意见的通知

8. 云南省工商行政管理局公布云南省家庭农场工商登记注册试行办法

9. 云南省农业厅、云南省林业厅关于印发《云南省省级示范家庭农（林）场评定办法》的通知

10. 云南省林业厅关于申报 2017 年省级示范家庭农（林）场的通知

11. 云南省农业厅印发《关于 2017 年培育壮大农业"小巨人"及促进规模以上农产品加工企业发展工作方案》

12. 云南省农业厅、省联社部署推进农业小巨人发展三年振兴计划

13. 中共云南省委　云南省人民政府关于加快高原特色农业现代化实现全面小康目标的意见

14. 云南省人民政府办公厅关于培育壮大农业小巨人的意见

15. 云南省国土资源厅、省农业厅关于印发云南省设施农用地实施管理细则（试行）

16. 云南省培育农民合作社三年行动方案（2018—2020 年）

17. 云南省培育家庭农场三年行动方案（2018—2020 年）

附录 2　农民合作社管理人员调查问卷表①

问卷编号：

尊敬的合作社管理者您好，为了农民专业合作社更好地参与扶贫，了解农民合作社参与精准扶贫的详细情况，我们开展了此次调查。本调查问卷表仅用于学术研

---

① 该问卷于 2018 年初设计，调研时间是 2018 年 5 月。

究，不会涉及您及您所在合作社的隐私，请您放心填写此调查问卷。谢谢您！

调查地点：_____乡（镇）_____村（居委会）

调查时间：____年____月____日

一、合作社基本情况

1. 合作社的名称：_____。

2. 合作社所在地：_____。

3. 主要产品类型（　　　）。

A. 粮食　B. 蔬菜　C. 水果　D. 茶叶　E. 油料　F. 花卉　G. 其他

4. 具体产品名称：_____。

5. 合作社经营的时间____年。

6. 合作社资产总额____万元，其中，固定资产总额____万元。

7. 合作社带动社员种植规模____亩。

8. 合作社拥有专利、发明的个数____个。

9. 无公害产品、绿色产品、有机产品认证和地理标志的农产品个数____个。
   具有的商标的品牌农产品个数____个，品牌为_____。

10. 您认为合作社的盈利能力如何（　　　）。

A. 差　B. 较差　C. 一般　D. 较好　E. 好

11. 您认为合作社内部制度是否健全（　　　）。

A. 是　B. 否

12. 合作社开展培训的次数____次/年。

13. 合作社的示范级别（　　　）。

A. 无　B. 地市级示范社　C. 省级示范社　D. 国家级示范社

14. 获得过哪一级财政扶持（　　　）。

A. 其他部门扶持　B. 地市一级扶持　C. 省部一级扶持

15. 合作社领办类型（　　　）。

A. 农民自办　B. 龙头企业领办　C. 供销社领办　D. 政府领办　E. 其他

16. 合作社所在地到乡镇政府的距离____里。

17. 合作社所在地到一般直销点的距离____里，运输方式为_____。

二、合作社销售收入情况

1. 2017 年合作社年收入____万元，其中，农产品销售收入____万元，物资销售收入____万元，服务收入____万元，租金收入____万元，利息收入____万元，各级财政直接补助____万元。

2. 合作社年利润____万元。

3. 产品的销售渠道和各自的比重：直销____%；批发商____%；电商____%；加盟连锁____%；其他渠道为____，比重为____%。

4. 合作社的分红形式（　　）。

A. 月结　B. 季度结　C. 年度结　D. 其他（补充）：_____

三、管理者基本情况

1. 您的年龄____岁。

2. 您的文化程度（　　）。

A. 小学及以下程度　B. 初中程度　C. 高中或中专　D. 大专及以上

3. 您的风险态度（　　）。

A. 风险厌恶　B. 风险中立　C. 风险偏好

4. 您的政治身份（　　）。

A. 无　B. 村组干部　C. 党员

四、社员基本情况

1. 合作社全部社员____户，____人。

2. 社员年人均纯收入____元。

3. 为社员统一购买的农资占社员所需农资的比例（　　）。

A. 0～20%　B. 21%～40%　C. 41%～60%　D. 61%～80%　E. 81%～100%

4. 为社员统一销售的农产品占社员生产的农产品比例（　　）。

A. 0～20%　B. 21%～40%　C. 41%～60%　D. 61%～80%　E. 81%～100%

5. 合作社盈余的返还比例（　　）。

A. 0～20%　B. 21%～40%　C. 41%～60%　D. 61%～80%　E. 81%～100%

6. 所在地区农民的年人均纯收入____元。

五、扶贫相关情况

1. 合作社内现有认证过的贫困户____户，有劳动能力的贫困户社员数量____户；其中低保户社员数量____户，在加入合作社期间已经实现脱贫____户。

2. 是否参与政府扶贫开发项目（　　　）。

A. 是　　B. 否

3. 能不能通过扶贫信息平台或其他渠道获得贫困户信息（　　　）。

A. 是　　B. 否

4. 合作社获得的信贷资金共计＿＿＿万元。

5. 合作社对脱贫能否起到作用（　　　）。

A. 能　　B. 有一定的促进作用　　　C. 作用不大　　　D. 基本起不了作用

6. 合作社期间是否有贫困户选择退出合作社（　　　）。

A. 很多　　B. 很少　　C. 基本没有　　D. 没有

7. 扶持贫困种植户社员发展的措施（可多选）（在"□"内打"√"）。

具体方式	选项
统一销售	□
组织培训	□
田间指导	□
优惠提供种苗	□
优惠提供农资	□
贫困户土地入股	□
贫困户在合作社务工	□
租种合作社土地给予补贴	□
小额贷款支持	□
其他方式请列出：	

8. 扶贫过程中遇到的主要问题有（可多选）（在"□"内打"√"）。

存在主要问题	选项
政策扶持力度不够	□
贫困户脱贫意识不强	□
分散经营，质量难以控制	□
宣传推广不力，销售渠道有限	□
与贫困户的联结关系松散	□
其他方式请列出：	

附录 3　农民合作社原贫困社员调查问卷表①

问卷编号：

尊敬农户朋友您好，为了农民合作社更好地参与扶贫，了解农民合作社参与精准扶贫的详细情况，我们开展了此次调查。本调查问卷表仅用于学术研究，不会涉及您及您所在合作社的隐私，请您放心填写此调查问卷。

谢谢您！

调查地点：_____乡（镇）_____村（居委会）

调查时间：___年___月___日

一、基本情况

1. 您所在的（组/队）_____。

2. 您的性别（　　）

A. 男　B. 女

3. 您的年龄____岁。

4. 您的文化程度（　　）。

A. 小学及以下程度　B. 初中程度　C. 高中或中专　D. 大专及以上

5. 家庭人口数____人，有劳动能力人口____人，务农人口数____人，务工人口数____人，无劳动能力人口____人，在读学龄人口____人。

6. 您家属于以下哪种类型：____。

A. 纯农户　B. 兼职农业　C. 在外务工

7. 从事打工的地点是____。

A. 本市　B. 本省　C. 外省

8. 从事的行业是____。

9. 您家庭劳动力具体状况（年龄及学历）。

姓名	关系	年龄	学历	职业	工作地	年收入

---

① 该问卷于 2018 年初设计，调研时间是 2019 年 3 月和 2020 年 9 月。

续表

姓名	关系	年龄	学历	职业	工作地	年收入

10. 家庭收入的来源（　　　）（可多选）。

A. 农产品销售　B. 本地就业　C. 外出务工　D. 子女赡养　E. 低保收入

F. 其他请列出____。

11. 家庭一年纯收入____元，家庭一年消费____元。

12. 耕地面积____亩；种植的农产品分别是_____，_____；种植面积分别为____亩，____亩；分别种植了____年，____年。

13. 生产销售中存在的最主要困难（　　　）。

A. 生产资料价格较高　B. 销售价格低下　C. 技术培训不足

D. 资金周转不足　　　E. 劳动力缺乏

14. 农产品是通过下列哪些途径进行销售及对应的比重：①自己走村销售____%，②当地农贸市场销售____%，③商贩上门收购____%，④公司或企业直接收购____%，⑤农民专业合作社收购____%，⑥供销社收购____%，⑦当地批发市场销售____%。

15. 致贫原因（　　　）。

A. 孤寡老人　B. 孤儿　C. 因灾因病致贫

D. 丧失劳动能力　E. 其他原因

16. 对扶贫政策的了解程度（　　　）。

A. 一点不了解　B. 听说过　C. 一般　D. 比较了解　E. 非常了解

二、参与合作社情况

1. 已加入的合作社名称：_____。

2. 您主要通过什么途径了解和掌握信息并加入农民合作社的？____（请最多选3项）。

A. 电视　B. 报纸杂志　C. 广播　D. 电脑网络　E. 亲戚、朋友或邻居

F. 道听途说突然了解　G. 合作团体或协会　H. 政府传达　I. 都没有

3. 该合作社的类型（　　　）。

A. 粮食　B. 蔬菜　C. 水果　D. 茶叶　E. 油料　F. 花卉　G. 其他：____

4. 哪一年加入的该合作社____年。

5. 参与该合作社组织培训的次数____次/年。

6. 从合作社得到了哪些扶持和帮助（可多选）（在"□"内打"√"）

具体方式	选项
农产品销售	□
参与生产种植相关培训	□
获得田间指导	□
优惠获得种苗	□
优惠获得农资	□
土地入股	□
在合作社务工	□
租种合作社土地获得补贴	□
获得小额贷款	□

7. 去年您家在合作社分红资金＿＿＿元，平均每年合作社分红资金＿＿＿元。

8. 如果您自家同时从事养殖，请问您家养殖的项目是什么？＿＿＿。

A. 猪牛羊等大型传统牲畜　B. 鸡鸭等传统家禽　C. 其他物种

D. 其他：＿＿＿＿

9. 每年在养殖方面的收入为＿＿＿元。

10. 如果您自家同时从事种植，请问您家种植的项目是什么？＿＿＿。

A. 谷物（水稻）　B. 蔬菜类　C. 水果类　D. 其他：＿＿＿＿

11. 每年在种植方面的收入为＿＿＿元。

12. 您认为农民专业合作社是否能帮助您家实现脱贫：＿＿＿。

A. 是　B. 否

13. 您对合作社的建议或希望：＿＿＿＿＿＿。

三、满意度情况

1. 加入合作社对获得更多农业信息的满意度（　　　）。

A. 非常不满意　B. 不满意　C. 一般　D. 满意　E. 非常满意

2. 加入合作社对减少时间与精力投入的满意度（　　　）。

A. 非常不满意　B. 不满意　C. 一般　D. 满意　E. 非常满意

3. 加入合作社对获得稳定农资供应的满意度（　　　）。

A. 非常不满意　B. 不满意　C. 一般　D. 满意　E. 非常满意

4. 加入合作社对降低生产费用的满意度（　　　）。

A. 非常不满意　B. 不满意　C. 一般　D. 满意　E. 非常满意

5. 对生产种植相关技术培训的满意度（　　　）。

A. 非常不满意　B. 不满意　C. 一般　D. 满意　E. 非常满意

6. 加入合作社对提高农产品价格（　　　）。

A. 非常不满意　B. 不满意　C. 一般　D. 满意　E. 非常满意

7. 加入合作社对降低营销成本的满意度（　　　）。

A. 非常不满意　B. 不满意　C. 一般　D. 满意　E. 非常满意

8. 加入合作社对获得合同保障的满意度（　　　）。

A. 非常不满意　B. 不满意　C. 一般　D. 满意　E. 非常满意

9. 加入合作社对提高农产品质量的满意度（　　　）。

A. 非常不满意　B. 不满意　C. 一般　D. 满意　E. 非常满意

10. 对合作社扶贫工作态度的满意度（　　　）。

A. 非常不满意　B. 不满意　C. 一般　D. 满意　E. 非常满意

11. 对合作社扶贫工作透明度的满意度（　　　）。

A. 非常不满意　B. 不满意　C. 一般　D. 满意　E. 非常满意

后 记

本书系国家自然科学基金项目"农民合作社异质性与反贫困绩效研究"（72063036）、国家自然科学基金项目"农民合作社内部信任及其对绩效的影响研究"（71763032）、国家社会科学基金项目"基于农民合作社的西南边疆民族地区返贫阻断机制研究"（19BSH153）、云南省社会哲学重点项目"云南城乡融合发展政策协调多向度实证研究"（ZD201810）、云南省社科联社会智库项目"农民合作社发展政策协调多维实证研究"（SHZK2019309）、兴滇英才支持计划"青年人才"专项阶段性研究成果。我们将课题研究成果付梓成书，以期能够为欠发达地区的干部群众及关注乡村振兴问题的人们提供一点帮助与启发，为乡村振兴事业尽一点微薄之力。

因时间、地域限制，我们只对调查对象的生产经营做了初步了解，其内部的管理及日常运作没有特别深入的理解。由于研究实验条件的限制，所能获得的数据基本上是截面数据，没有机会应用动态的时间序列模型进行动态的拟合估计，结论缺乏时间上的动态规律性。同时，问卷以利克特量表为主，而这种量表的选择结果或多或少还是带有一定的主观色彩，在问卷设置上还需要进一步完善。就本书已有的研究而言，如何从合作社可持续性、返贫阻断等方面研究深化、系统化也是作者一直在思考的问题。

借此机会感谢各位领导和同事的大力支持，没有你们，本书不可能顺利出版。同时，感谢云南大学陈军、何梦丹、陈婷婷，他们在资料的收集、数据的处理等工作中付出了辛勤的汗水。感谢科学出版社老师在本书编辑、校对过程中的辛苦付出。最后，谨以此书献给关注、关心和热爱乡村振兴事业的人们。

秦德智

邵慧敏

2022 年 9 月